巴曙松 王志峰◎著

从珠澳合作看
城市群金融创新
与合作路径

The Path to Financial Innovation and Cooperation of
Urban Agglomerations from the Perspective of
Zhuhai-Macao Cooperation

厦门大学出版社 国家一级出版社
XIAMEN UNIVERSITY PRESS 全国百佳图书出版单位

图书在版编目(CIP)数据

从珠澳合作看城市群金融创新与合作路径/巴曙松,王志峰著.—厦门:厦门大学出版社,2020.10
ISBN 978-7-5615-7892-6

Ⅰ.①从…　Ⅱ.①巴…　②王…　Ⅲ.①城市群—地方金融事业—经济发展—研究—珠海、澳门　Ⅳ.①F832.765

中国版本图书馆 CIP 数据核字(2020)第 175997 号

出 版 人	郑文礼
策　　划	宋文艳
责任编辑	施建岚
责任校对	胡　佩
技术编辑	许克华
封面设计	李夏凌

出版发行	厦门大学出版社
社　　址	厦门市软件园二期望海路 39 号
邮政编码	361008
总　　机	0592-2181111　0592-2181406(传真)
营销中心	0592-2184458　0592-2181365
网　　址	http://www.xmupress.com
邮　　箱	xmup@xmupress.com
印　　刷	厦门市金凯龙印刷有限公司

开本	720 mm×1 000 mm　1/16
印张	21.5
插页	2
字数	352 千字
版次	2020 年 10 月第 1 版
印次	2020 年 10 月第 1 次印刷
定价	73.00 元

本书如有印装质量问题请直接寄承印厂调换

厦门大学出版社
微信二维码

厦门大学出版社
微博二维码

《从珠澳合作看城市群金融创新与合作路径》
课 题 组

主 持 人:巴曙松
组 长:王志峰
课题执笔人:喻 奇 白海峰 郑伟一 胡文韬
朱伟豪 唐时达 徐晓宇 杨璨瑜

前　言

2019 年中国常住人口城镇化率首次超过 60％,高于全球 55％的平均水平,但仍低于经济合作与发展组织国家约 80％的平均城镇化率。在城镇化稳步推进中,城市群正成为观察我国区域发展的重要视角。从人口集聚程度、产业分布、经济密度和创新动力等角度来看,长三角、粤港澳、京津冀三大城市群已经建立起顶端优势,与成渝城市群、武汉城市圈、中原城市群、长株潭城市群等形成了发展级差。2018 年长三角、粤港澳、京津冀三大区域经济总量占全国总量超过 45％,数据显示,2019 年中国人口吸引力排名前 20 位的城市中有 14 个位于这三大区域,约 70％的新增城镇流入人口聚集于杭州湾与粤港澳城市群。

当前,在"以国内大循环为主体,国内国际双循环相互促进"的新发展格局下,伴随着人口与产业的集聚,城市群将成为未来中国经济增长转向内需主导的主动力。当前中国区域经济增长格局出现了一个新变化,三大城市群之外的若干城市群呈现出较强的增长动力,包括以武汉为龙头的长江中下游城市群和中部地区的增长潜力日益凸显,成渝城市群在汽车制造、电子信息制造等领域加速推动产业升级等。未来的中国经济发展将围绕城市群的竞争而展开。

《关于构建更加完善的要素市场化配置体制机制的意见》等重要文件的出台,将推动劳动力、产业等要素进一步向城市群集聚,并在中心城市及其周边区域形成更加紧密和高效的要素双向流动。在要素集聚后,城市群内部通常将经历多样化与高级化两类产业升级过程。一般而言,区域将会由传统形态走向服务经济、创新经济阶段,这在工业结

1

构上表现为由劳动密集型、资源密集型产业向资金密集型、知识密集型产业转化,在产业结构上表现为第三产业占比提升以及第三产业业态的多元化。产业的多样化和复杂度提升,要求区域金融业由航运金融、商业保险、银行信贷等服务传统工业的单一业态,发展为包括风险投资、金融科技、金融商务、绿色金融在内的多元化业态。从横向看全球主要城市群的发展,也可以发现,区域内金融合作是其发展多元化金融业态的重要驱动力。

粤港澳大湾区在中国的几大城市群中有其鲜明特色,即市场化水平较高、开放性较大以及多种经济金融体制并存。在中国经济金融转型加速、扩大金融业对外开放的背景下,粤港澳大湾区的金融发展与创新,不仅有助于打造中国最具经济活力和创新动能的区域,更将担当起我国金融开放的先行区和试验田的重任。

粤港澳大湾区"9+2"城市群中的澳门和珠海,是同一城市群范围内两个中等规模的城市,探索其金融创新与合作机制的特色化将为全国城市群内部合作提供良好范例。澳门作为粤港澳大湾区的核心城市之一,拥有最高的人均 GDP、特色化的经济金融结构,但澳门地域空间狭窄,市场规模小,产业结构较单一;第三产业特别是博彩业产值占比接近50%,吸附了大量有限的人力与土地等社会资源;金融机构以商业银行为主,缺乏足够的场地空间和专业金融机构。除此之外,澳门在金融监管法规建设、特色金融人才储备、人才引进与流动政策等方面仍存在较多不足。珠海与澳门地理位置临近,具备较丰富的土地资源,对于向内地开展金融业务有更便利的政策和人才条件,作为连接粤港澳的交通枢纽,其已形成了粤港澳大湾区、自贸区及大桥经济区三区叠加优势,将是面向澳门合作发展特色金融的主力军。

有鉴于此,本书主要研究珠海特别是紧邻澳门的横琴新区在粤港澳城市群金融融合、珠澳合作发展特色金融的大趋势下,围绕特色化金融市场、金融产业、金融机构协同发展以及金融基础设施建设等方面如何支持珠澳特色金融发展,在经贸合作平台搭建、跨境金融创新及监管、金融机构准入、人才流动等政策安排上如何突破,从而为《粤港澳大湾区发展规划纲要》(简称《纲要》)提出的打造粤港澳深度合作示范区提供金融支持。此外,我们亦希望能够基于珠澳案例,提炼出城市群金融合作的一般性经验,从而为内地诸多城市群内部金融合作提供经验借鉴。

本书一共分为五个部分,具体内容如下:

在第一部分,我们梳理区域经济与城市经济学相关文献,以及全球若干代表性城市群的发展案例,总结城市群金融创新与合作的理论基础与实践经验。在此基础上,结合《纲要》等顶层设计,我们提出珠海与澳门在粤港澳大湾区城市群中的特色化定位,同时在对比中发现,珠澳金融业现状与《纲要》提出的目标仍存在较大差距,发展空间广阔。

在第二部分,我们从金融市场各个细分领域,研究珠海与澳门的合作前景与路径。具体包括:在澳门打造葡语国家人民币清算中心的过程中珠海如何参与;珠海与澳门在金融衍生品市场方面如何对接;两地在跨境结算、跨境投融资等跨境金融合作方面如何寻求更多的政策突破;在出口信用保险、绿色金融等领域珠海与澳门如何合作以实现共同发展。

在第三部分,我们从特色金融产业创新发展的角度,重点研究珠海与澳门在融资租赁、财富管理、不良资产、金融科技以及数字货币交易所等领域有所作为的可行性,并认为两地紧密合作将为多数的特色金融业务带来良好前景。

在第四部分,我们从两地特色化金融机构的协同发展角度分析,认为珠澳合作可在模式上有所突破。澳门地域狭窄,市场规模小,金融产业单一,但在法律体系、税收环境、人均财富存量等方面较内地有优势,两地金融机构开展双向跨境展业的需求长期存在。但同时也可以看到,当前各类金融机构跨境设立分支机构与自由展业方面尚存直接政策限制,两地税收体系、金融监管差异以及资金、人才、信息跨境流动壁垒也导致了部分间接限制。对此我们提出,珠澳金融合作可考虑试行"单一通行证""飞地+自贸区"两类模式。

在第五部分,我们聚焦于为发展两地特色金融,以及促进两地金融协调发展而建设的配套金融基础设施。一方面，需要完成顶层设计，建立更为聚焦特色金融的咨询委员会和反馈机制；另一方面，需要从融资租赁、人民币清算及一些促进两地金融融合发展的硬件基础设施出发，以及法律、语言、人才、创新等软件基础设施出发，进一步为两地特色金融的发展助力。

在本书的组织编写过程中，我们专门成立了协调小组，具体负责课题研究和撰写工作。协调小组由我牵头，王志峰博士担任组长，负责确定课题方向、构建研究框架，对研究进行全程指导。全书写作主要由王志峰、喻奇、白海峰、郑伟一、胡文韬、朱伟豪、唐时达、徐晓宇、杨璨瑜完成。

值本书写作阶段，中央与广东省两个层面的有关粤港澳大湾区建设，特别是推动其金融发展的重要政策相继落地。我们希望从城市群合作角度，继续关注珠海与澳门的金融合作动态，研究其合作模式，并期望能够将其有益经验推广至更多具备金融合作前景的城市群。在书稿完成的过程中，广东省地方金融监督管理局、珠海市金融工作局、横琴新区金融局等监管机构提出了十分有益的建议，在此一并表示感谢。由于课题组水平有限，缺点和错误在所难免，希望读者批评指正，以期在今后的研究中不断改进提高。

巴曙松

2020 年 9 月于香港

目 录

第一部分
城市群金融创新与合作的理论基础与实践

第二部分
金融市场创新、合作的路径与珠澳实践

第三部分
珠澳特色化金融产业创新与合作发展设计

第四部分
金融机构协同发展现状、模式探索与珠澳实践

第五部分
城市群金融创新与合作中的基础设施保障

第一部分
城市群金融创新
与合作的理论基础与实践

从人口集聚程度、产业分布、经济密度和创新动力看,当前中国的区域发展已步入城市群时代。《关于构建更加完善的要素市场化配置体制机制的意见》《2020年新型城镇化建设和城乡融合发展重点任务》等重要文件的出台,将推动劳动力、人口、产业等要素向城市群集聚,并在中心城市及其周边区域形成更加紧密和高效的要素双向流动。从横向看,全球主要城市群均以"金融+"的形式实现特色化发展,并伴随着金融业态的日益多元化,由传统形态走向服务经济、创新经济阶段,而区域内金融合作是这一过程的重要驱动力。

澳门和珠海是同一城市群范围内金融合作的特色案例,研究其发展经验、探索其金融合作机制将为城市群建设提供良好示范和经典案例。二者位置相邻,资源禀赋互补性强,借鉴纽约湾区城市群金融合作等国际经验,珠澳金融合作应立足两地实际,坚持市场化导向与开放性,发展特色金融,实现金融要素在两地的优化配置。《粤港澳大湾区发展规划纲要》(简称《纲要》)对珠海和澳门的城市定位、实体经济定位和金融服务定位进行了战略性安排,也提出了更高的要求。从现实看,珠澳金融业规模较小,业态单一,金融资源和能力与《纲要》的要求存在较大差距。结合珠澳金融业的现状和《纲要》对珠澳的战略要求,珠澳金融合作应围绕珠澳金融业特色化定位,构建葡语国家人民币清算中心,推进珠海与澳门在黄金及大宗商品的金融衍生品市场上对接,推动珠澳发展跨境金融,支持澳门发展出口信用保险,并推动珠澳绿色金融发展;围绕珠澳的实体经济定位,强化跨境联动,推动澳门融资租赁产业、财富管理、不良资产跨境交易及金融科技发展,助力两地金融融合发展,打造全球数字货币交易所之都,同时推行金融机构"单一通行证",在横琴试点"飞地+自贸区"的模式,促进珠澳特色化金融机构协同发展;完善珠澳两地金融基础设施,完善顶层设计,建立聚焦金融业的咨询委员会,加强金融基础设施的硬件建设和软件设施配套。

第一章

金融合作、多元化发展与城市群建设

2018年,全球有55％的人口居住在城市,而这一数字在1950年仅为30％。根据联合国预测,全球的城市化率在2050年将升至68％。城市与城市群作为一种要素与经济活动空间集聚的现象,已普遍成为工业化国家的增长极与创新中心。从经济理论角度看,城市群形成的驱动因素可概括为:(1)规模经济和成本考量;(2)专业化分工与协同效应;(3)知识流动与溢出效应。特别地,知识的空间集聚驱动城市群成为经济体内部的创新与创意源泉。

与经济发展阶段相一致,当前中国的区域发展已步入城市群时代,城乡融合的步伐将会继续加快。当前仍待回答的问题是:(1)如何将京津冀、长三角、粤港澳三大城市群的发展经验推广至其他区域,如长江中游城市群、中原城市群、成渝城市群、关中平原城市群等;(2)如何更好地推动三大城市群的产业升级与经济结构优化,实现其发展规划的中长期目标,跻身世界一流城市群,并引领中国乃至世界的经济发展与创新潮流。

第一节　城市群将成为未来中国建设主方向

(一)城市群已成为工业化国家的增长极与创新中心

城市、城市圈与城市群均可视为要素和经济活动在经济体内部的空间集聚,区别在于空间维度。城市群应为在城市圈之上的最大的城市概念空间①,包括至少一个中心城市,多个次中心城市、中小城市、城镇、郊区。发达国家的发展历程显示,后工业化时代城市群(或大都市圈)普遍成为经济

---

① 站在决策者的角度,城市群之所以被称为一个载体,是因为它可在一个更加多元、开放、更加富有容量的地理空间上实现三重目标:其一,实现大、中、小城市和小城镇的协调发展,实现城市和农村的融合、城市经济和农业现代化的互动;其二,分流特大中心城市的人口和产业,以解决城市综合承载能力的问题;其三,可以形成新兴的增长极,既可以平衡区域发展不协调的矛盾,也可以在未来成为带动经济增长的新力量。见巴曙松.城市群是未来中国建设的主方向[J].经济,2014(6):9.

增长极与创新中心[①]。美国东北部和五大湖两大城市群,日本东京、大阪、名古屋三大都市圈在经济和人口方面均占据本国总量的 40% 以上;以硅谷为代表的美国旧金山城市群已发展为全美乃至全球创新中心。

1.要素空间集聚的驱动力

人力资本、固定资产等要素与经济活动的集聚形成了城市群,在工业化国家普遍发生的这一过程的一般性驱动因素可概括为:

(1)规模经济与成本考量。与城市形成的机理类似,产业集聚与规模扩张能够带来原材料和中间品运输、固定资产使用和劳动力成本下降[②]。其中,劳动力成本下降源于劳动力市场匹配效率的提升,由于劳动力的集聚、劳动技能的多样化(或人力资本的积累)以及产业结构的多元化,大型城市或城市群的劳动力市场降低了雇主与雇员的搜寻成本。从企业角度,效率的提升不仅有助于给高技能劳动力合理定价,而且有助于企业将节约的成本更多地投向研发创新或市场开拓。

(2)专业化分工与协同效应。自亚当·斯密以来,分工就被视为经济发展的驱动力[③],企业或区域层面的专业化分工水平提升往往带来整体层面(如国家或经济体层面)经济活动的多样化,并推动整体效率提升与技术进步。城市群研究中,值得特别关注的是产业集聚允许企业共享法律、金融等专业化服务。

(3)知识流动与溢出效应。产业集聚和多样化会促进知识的流动和交互,这对于发展知识密集型产业和服务业有极大的价值,产业集聚的背后可能是创新需要。Jacobs 提出 Jacobs 外部性[④],即区域经济活动的多元化推动创新与增长,她认为企业之间的知识溢出与行业之间的知识交流对于创新均至关重要。Frenken 等进一步指出[⑤],只有当集聚的产业彼此之间

① SHEFER D, FRENKEL A. Local milieu and innovations: some empirical results[J]. Annals of regional science, 1998, 32(1):185-200.

② 埃德加·M.胡佛. 区域经济学导论[M]. 王翼龙,译. 北京:商务印书馆,1990.

③ 亚当·斯密指出,分工的专业化程度受市场规模、市场机制完善程度影响,且产权、制度、基础设施、特殊技能等很难参与国际层面的分工。

④ JACOBS J. The economy of cities[M]. New York: Random House, 1969.

⑤ FRENKEN K, FRANK V O, THIJS V. Related variety, unrelated variety and regional economic growth[J]. Regional studies, 2007, 41 (5): 685-697.

存在一定的联系和相似性（例如上下游或竞争关系），Jacobs 外部性才可能显现。

2. 知识的空间集聚与城市群创新

我们吃着别人种植的食物，穿着别人做成的衣物，说着别人发明的语言，用着别人倾尽一生所钻研和建立的数学理论。我的意思是，我们一直在使用别人的成果。进行发明创造并将成果累积到全人类的经验和知识中去，是一件很了不起的事情。

——斯蒂夫·乔布斯

如前所述，从知识流动与溢出角度可以看到地理集聚对于创新的意义，鉴于创新对于区域发展的重要作用，有必要单独分析此要素在城市群中的集聚。全球主要的城市群基本上是其所在经济体的知识中心、创新创意中心，部分区域甚至能引领全球技术发展潮流。经济理论也普遍认为城市群有着更高的创新潜力[1]。从知识的本质看，在信息高度流动和碎片化的当今时代，知识依然形成了空间集聚（如有关智能手机的生产技术往往集中于某些城市），这种地理分布的原因在于：不论对于国家、区域还是个人，积累新知识（或者说人力资本积累[2]）都并非易事。从知识的特征看，人类学习的过程具有社会性和经验性[3]，人们往往受所处社会的影响，并从父母、老师、同学、朋友处学习知识；特别地，如果需要学习一项新技能，比从教科书中学习的更好方式是向有丰富经验的人学习，而此时身处一个拥有此类人的网络将非常有

---

① KLAESSON J, JOHANSSON B, KARLSSON C. Metropolitan regions: knowledge infrastructures of the global economy[M]. DE: Springer press, 2013.

② Mankiw 等扩展索洛模型并将人力资本包含在内，认为人力资本包括教育、学习、知识或技术，但他们使用的人力资本测度是学校招生或考试数据，这很难说是对他们所定义的人力资本的准确测量。在生产或服务过程中所需要的知识和经验多数并非从学位教育中得到，标准化的教育与测试也很难测度个体的经验、责任心、创造力和团队合作能力，这也是多数工作需要富有工作经验而不仅仅是获得学位的人的原因。此外，很可能每个个体具有不同的天赋，考试难以衡量这些特有的知识和能力，但这些很可能会在学生进入社会后起决定性作用。因此，人力资本的概念远不局限于受教育水平。见 MANKIW N G, ROMER D, WEIL D N. A contribution to the empirics of economic growth[J]. The quarterly journal of economics, 1992, 107(2):407-37.

③ HIDALGO C A. Why information grows: the evolution of order, from atoms to economies[M]. New York: Basic Books, 2015.

帮助[①]。尽管互联网的兴起降低了获得知识对地理距离的要求,但学习成本亦可能伴随信息的冗杂以及沟通的欠缺而增加,且要想获取在生产过程中真正需要的知识,往往需要能带来实际经验的锻炼(而不仅仅是学位教育)。此类机会的分布存在明显的地域不均现象,其表现形式是创新企业、高技术工人和学者的集聚。

在知识的空间集聚之下,城市群成为创新的"培养皿"[②]。首先,产业的多元化与知识的多样性作为"并蒂莲",均助推了创新机制的成熟与创新成本的降低[③]。高素质劳动力、研究人员以及高效组织的企业集聚既为知识积累提供了载体,也为创新提供了主体,并降低了知识交流与创新分工的成本。其次,城市群也为产品和服务创新提供了巨大的潜在市场和较低的获客成本。成功的商业创新将迅速在城市群内部获得收益和关注,在城市群内部的创新实验更可能较快盈利,这将带动区域的创新氛围。此外,如前所述,城市群更可能提供专业化的金融和法律服务,包括风险资本等支持创新的新业态。

3.城市群而非单一超级城市的经济逻辑

严格来说,城市或城市群均可视为产业空间集聚,那么为何需要形成拥有多个中心城市的城市群而非单个超级城市?经济学理论已经从土地和交易成本、收入不平等现象加剧、人口集聚的负外部性等角度解释了城市产业无法无限扩张的原因。首先,人口和产业集聚加剧城市土地资源紧张现状,推升住房和工业用地价格,抬高劳动力生活成本以及企业经营成本;其次,随着产业升级由多样化转入复杂化,对高素质劳动力的需求增加,而城市普通劳动者、服务业从业者的工资增长有限,拥有房产等资产的群体将会形成利益集团并维护此类"食利"机制,城市的老龄化亦可能使社会收入分配中财产继承而非个人奋斗成为决定性因素;再次,环境污染与资源浪费带来的负外

① MORGAN T J, RENDELL L E, EHN M, et al. The evolutionary basis of human social learning[J]. Proceedings of the royal society B: biological sciences, 2012, 279(1729):653-62.

② CHINITZ B. Contrasts in agglomeration: New York and Pittsburgh[J]. American economic review, 1961.

③ 当然,如约瑟夫·熊彼特强调的,创新的核心作用之一是推动经济的结构转换,即淘汰旧的经济部门与产生新的经济部门,实现"创造性破坏"(creative destruction)。在创造性破坏的过程中经济部门的多样性水平可能呈现螺旋式的增长,而非线性增加。见约瑟夫·熊彼特. 经济发展理论[M]. 王永胜, 译. 上海:立信会计出版社,2017.

部性往往需要城市所有群体承担,低收入群体更难以承受;最后,单一城市的知识积累和创新动能也无法无限扩张,个人和企业能够掌握的知识、技术总量是有限的[①],因此城市知识总量的增加将最终依赖于高素质劳动力和创新企业数量的增加,一旦此类要素受前三点因素影响而集聚放缓,甚至向外扩散,则城市的创新动能将会大幅弱化。

(二)中国区域经济发展已步入城市群时代

2018 年中国城镇化率达到 59.2%,略高于全球平均水平 55.3%,仍低于经济合作与发展组织(Organization for Economic Co-operation and Development,OECD)国家的平均城镇化率 80.6%,也低于俄罗斯(74.4%)、巴西(86.6%)等新兴经济体。就观察中国的区域发展格局而言,城市群将是一个越发重要的视角。城市群的概念在城市圈的概念之上,是最大的城市空间概念,它包括至少一个中心城市(例如,上海是长三角城市群的唯一中心城市;香港、深圳和广州则是珠三角城市群的 3 个中心城市)、多个次中心城市、中小城市、城镇、郊区。未来,城市群也将成为中国主导性的空间载体。

从大城市化率看,中国居住人口在 100 万以上的较大城市人口占比约为30%,美国这一数字为 47%,日本则超过 60%;从区域战略规划看,2015 年以来《京津冀协同发展规划纲要》《粤港澳大湾区发展规划纲要》《长江三角洲区域一体化发展规划纲要》等重要文件的相继出台已凸显了当前中国三个标志性城市群的定位。如表 1-1 所示,从 GDP 总量看,2018 年京津冀、粤港澳大湾区和长三角三大区域占中国经济总量的 9%、14% 和 24%[②],合计超过45%。从人口总量看,2018 年三大城市群合计占全国总量约 32%。从人均GDP 看,2018 年三大城市群人均 GDP 均超过 8 万元,其中粤港澳大湾区超10 万元。从城镇化率看,三大城市群也已普遍接近发达国家的平均城镇化

---

① 个人的知识容量有限是容易理解的,那么为什么企业可以掌握的知识总量也是有限的?可以从经济学中企业无法无限制扩张的原理分析:由于交易成本的存在,当企业的外部交易成本比内部交易成本低时,企业不会继续扩张。因此随着当今产品越来越复杂,我们观察到最复杂的产品往往是由企业网络合作制造的。

② 数据来源于香港环亚经济数据有限公司(CEIC)数据库,京津冀包括北京市、天津市、河北省,粤港澳包括广东省、香港特别行政区和澳门特别行政区(按当年汇率换算),长三角包括上海市、江苏省、浙江省、安徽省。下同。

水平。百度地图数据显示,2019 年中国人口吸引力排名前 20 位的城市中有
14 个位于三大城市群。从研发投入看,2017 年三大城市群专利申请数量合
计占全国比重超过 60％,已成为全国的创新中心,如图 1-1 所示。

表 1-1　2018 年三大城市群经济与人口指标

城市群	人口总量/ 100 万人	城镇化率	人均 GDP/ 万元	GDP 占全国比重/%
京津冀城市群	112.70	0.66	8.37	9
粤港澳大湾区	121.54	0.73	10.63	14
长三角城市群	225.35	0.67	9.83	24

资料来源:CEIC 数据库,课题组整理。

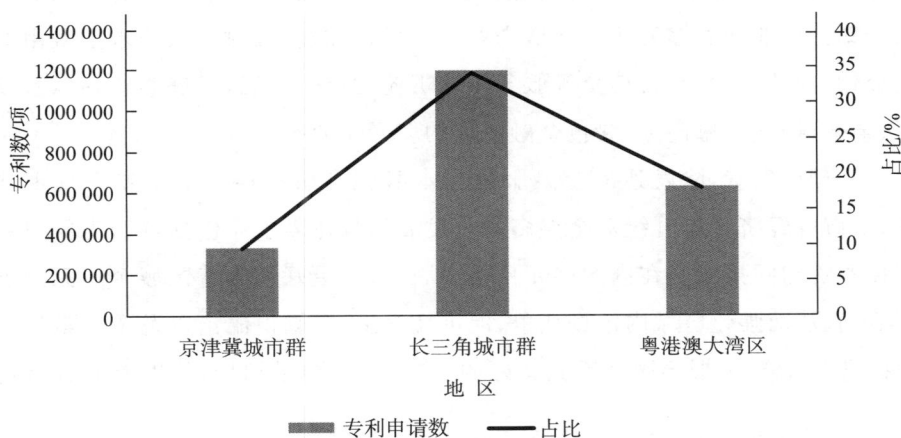

图 1-1　2017 年三大城市群专利申请数及其占全国比重

资料来源:国家统计局,课题组整理。

城市群在区域中的发展不仅源于其经济实力,也顺应了技术与经济发展
的大趋势。集聚的经济驱动力促使城市和城市圈形成,信息化与交通的极大
便捷化促使邻近的城市形成网络,强化其要素流通与主体合作,中国融入全
球化的进程助力部分开放条件优越的区域(如湾区经济)以企业、资本、出口
产品等形式在全球产生影响力。如果将区域经济视为复杂网络,那么长三
角、粤港澳大湾区将是以上海、深圳、香港等核心节点形成的网络化体系,将
节点连接起来的是经济要素的流动程度以及产业联系程度。当前,中国三大
城市群在经济实力和产业形态上已形成国际影响力和示范效应。

第二节　金融合作与多元化发展是城市群发展的重要驱动力

(一)区域经济转型升级,要求金融多元化发展

在产业集聚催生城市群形成后,区域通常将经历多样化与专业化两类产业升级过程[①]。一般而言,区域将会经历由传统形态走向服务经济、创新经济的转型升级过程,这在工业结构上表现为由劳动密集型、资源密集型产业向资金密集型、知识密集型产业转化,在产业结构上表现为第三产业占比提升以及第三产业业态多元化。区域产业的多样化和复杂度提升,要求金融由航运金融、商业保险、银行信贷等服务传统工业的单一业态,发展为包括风险投资、金融科技、金融商务、绿色金融在内的多元化业态。

从理论上看,除发达的金融服务业本身就是服务经济的重要表现形式外,城市群经济转型升级对金融多元化发展的具体需求还包括:(1)需要包括直接融资与间接融资在内的多元化融资服务,以更好地支持区域企业家的创新活动,从而强化区域内市场竞争,促进技术进步、知识溢出以及全要素生产率提升[②][③];(2)需要金融体系具备好的、非单一的金融结构,能够有效分散风

[①] Imbs、Wacziarg 认为产业多元性与收入水平呈倒 U 形关系。具体而言,一个经济体在其发展最初期,可能依赖自然资源开发与出口等单一部门,此时经济体会有多元化发展产业以对冲单一部门可能面临的经济冲击的需求;在其尚未较好地融入国际贸易时,高昂的交易成本导致比较优势无法发挥,经济体会发现国内提供的某些产品和服务的成本要低于进口的成本,因此倾向于开辟新类型的生产部门。此后伴随着收入水平提高,专业化分工的价值显著提升。首先,收入水平提高带来居民对于更高层次产品和服务的消费需求,该国原有的不具备优势的部门将难以满足需求的增长;其次,国内产业的技术升级需要依赖外商直接投资引进技术、本地企业参与全球制造分工等环节;再次,对外贸易增长可通过更好地利用国际市场和自身要素价格优势,推动经济增长和收入水平提高。见 IMBS J, WACZIARG R. Stages of diversification[J]. American economic review,2003,93(1):63-86.

[②] 约瑟夫·熊彼特. 经济发展理论[M]. 王永胜,译. 上海:立信会计出版社,2017.

[③] AUDRETSCH D B, KEILBACH M. Entrepreneurship and regional growth: an evolutionary interpretation[J]. Journal of evolutionary economics,2004,14(5):605-616.

险,降低市场交易成本和信息成本,从而推动实体经济发展、产业结构优化[1][2];(3)需要多样化金融产业集聚,形成金融中心与金融增长极,在核心区形成增长效应的同时,通过涓流效应推动周边区域边际资本生产率、储蓄投资转化效率提升[3],实现区域协调发展。

从全球主要城市群的发展历程看,尽管其具体形式存在差异,但基本是以"金融＋"的形式实现差异化发展,助推自身经济转型升级,从而佐证金融多元化促进经济转型升级的理论逻辑。

——纽约湾城市群以金融商务服务业为主导的产业集群形成了产业互补、错位发展的多核格局,金融作为具有高附加值的主导产业直接推动区域经济发展,以占美国1%左右的面积创造了占全美近9%的生产总值。其中,纽约市拥有纽约证券交易所和纳斯达克证券市场,其全球金融中心指数(Global Financial Centers Index, GFCI)长期稳居第一。

——旧金山城市群的金融特色一方面在于以旧金山市为代表的银行业、证券业、保险业,另一方面在于以硅谷为代表的风险资本集聚,拥有美国36%、全世界16%的风险资本,形成包括政府、产业联盟、高校科研机构、资本、人才、孵化器在内的科技产业生态链,有"科技湾区"之誉。旧金山城市群家庭年收入中位数超过80 000美元,高出全美平均水平约40%。

——东京湾城市群经济总量占全日本的40%,依托东京与横滨(京滨)、东京与千叶(京叶)两大工业带形成了生产服务业集群,主要以银行体系支持企业的产品研发、技术创新,以政府主导的政策性金融机构通过专项贷款引导产业转移与结构调整,推动实现日本政府的规划目标。

(二)城市群金融合作是区域金融多元化、特色化发展的"点睛之笔"

在金融发展带动经济转型升级的理论与经验逻辑下,如何实现金融发展

① LEVINE R. Finance andgrowth: theory and evidence[M]// AGHION P, DURLAUF S. Handbook of economic growth. Amsterdam: Elsevier, 2005:865-934.

② 林毅夫,孙希芳,姜烨.经济发展中的最优金融结构理论初探[J].经济研究,2009,44(8):4-17.

③ BALDWIN R E, MARTIN P, OTTAVIANO G I P. Global income divergence, trade, and industrialization: the geography of growth take-offs[J]. Journal of economic growth, 2001, 6(1):5-37.

将是一个现实命题。城市群金融合作将是推动区域金融发展、形成多元化金融业态的重要路径。具体而言,城市间金融合作通过削弱制度和基础设施约束、促进金融要素在城市之间的自由流通,能发挥城市群内部金融产业的集聚[①]与辐射效应,即在区域金融中心通过集聚实现规模经济,降低金融机构之间的交易成本与合作分工成本;而随着中心地带成本提高、竞争加剧,周边区域将陆续承接资本、资金、服务的输出以及金融产业转移等辐射效应[②]。同时,区域内不同城市由于要素禀赋、发展阶段、产业链分工、发展机遇不同而自然形成了差异化的特色金融,催生了区域多元化金融业态。

以美国旧金山湾区为例,其多元化金融业态(图 1-2)以及与之对应的多层次金融服务体系离不开旧金山、圣何塞、奥克兰等城市之间的金融资源流动与合作分工。

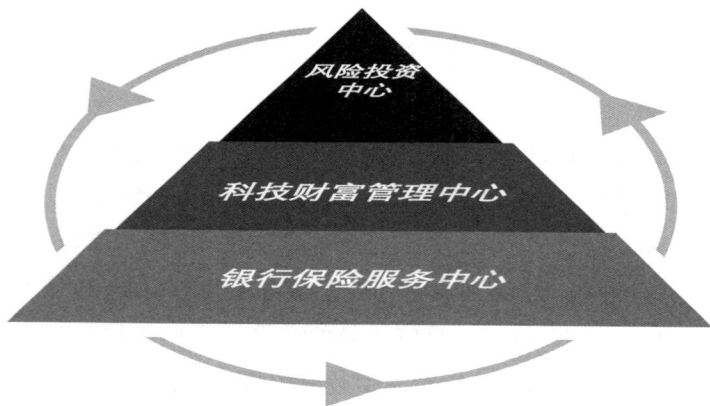

图 1-2 旧金山湾区多元化金融业态

资料来源:课题组整理。

旧金山湾区城市群五大区域如图 1-3 所示。

---

① 金融产业集聚一般指通过金融资源与地域条件协调组合,在一定地域空间生成金融地域密集系统的变化过程。集聚的金融发展效益主要为节约周转资金的外部规模经济效益、节约交易费用的网络效应、专业化分工下的自我强化机制。参见刘军,黄解宇,曹利军.金融集聚影响实体经济机制研究[J].管理世界,2007(4):152-153.

② 丁艺.金融集聚与区域经济增长的理论及实证研究[D].长沙:湖南大学,2010.

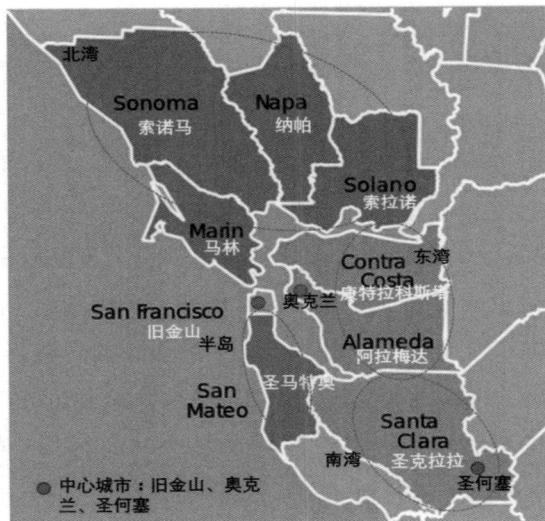

旧金山市：美国西海岸金融中心，服务业发达，以金融、商业贸易等产业为主。

半岛：旧金山和南湾的连接地区，吸引众多中产和富裕家庭居住和生活。

南湾：以硅谷地区为主，高新科技企业云集，涉及计算机、通信、互联网、新能源等多个产业。

东湾：拥有湾区最大海港——奥克兰港，以及加利福尼亚大学伯克利分校。

北湾：休闲养老区域和葡萄酒产地，人口密度小，资源环境好，是湾区唯一没有通勤轨道交通的地区，金门大桥是通往旧金山的唯一通道。

图 1-3 旧金山湾区城市群五大区域

资料来源：中国指数研究院。

——银行、保险等传统金融业态持续健康发展。截至 2018 年底，旧金山湾区注册有 184 家商业银行、19 家证券公司、44 家保险公司总部，是美国仅次于纽约的第二大银行服务业中心。早期，服务于贸易与航运的银行、保险业伴随着旧金山市的工业化而产生。20 世纪 30 年代，旧金山-奥克兰海湾大桥、金门大桥建成后，旧金山市、奥克兰、北湾之间的交通时间大大缩短，成本大大降低。20 世纪 70 年代以来，加州政府严禁企业限制员工合理流动，旧金山市的金融业岗位与人才伴随着工业、制造业向奥克兰、圣何塞等周边城市扩散。一方面，旧金山市金融机构在周边城市逐步设立分支机构（旧金山市最大的商业银行美国银行在 1985—1995 年间迁移了近 50％的工作岗位至郊区及附近城镇）[①]；另一方面，旧金山市内逐渐形成以银行保险为主的金融业态，20 世纪 90 年代金融、保险、房地产部门雇用了全市劳动力总数的 25％，工资开支占全市的 40％。

——美国重要的财富管理中心。风险投资机构之外，私募股权投资在旧金山湾区也有较好发展。管理规模超过 100 亿美元的 Hellman & Friedman

---

① ZUCKERMAN S. Bank America to reduce San Francisco office space[J]. American banker, 1989, 154(217): 3.

和 Silver Lake Partners 总部位于湾区。整个湾区的高科技企业和富裕家庭是这些投资机构基金募集资金的重要对象。可以说旧金山湾区是美国的科技财富管理中心。

——全美风险投资中心。旧金山半岛南部的硅谷作为美国军方曾经的研发基地，随着美国对航天、卫星等领域的大量研发投入而得到发展，于 20世纪 70 年代后在斯坦福大学等高等学府鼓励创业的氛围中吸引大量风险资本集聚（至 21 世纪初硅谷年风险投资量占全美的 25%，如图 1-4 所示）。早期的风险资本公司主要源于美国东海岸和旧金山市传统金融业态的转移，包括 J.H.惠尼特、美国研究与发展公司、太平洋海岸公司等，此后硅谷成功的高科技公司又为硅谷发展特色化的金融机构提供资源与人才，如 1972 年两位仙童公司①前雇员在硅谷沙丘路成立了红杉资本（Sequoia Capital）、1983 年成立了为风险资本提供短期信用借款的硅谷银行等②③。此外，加利福尼亚

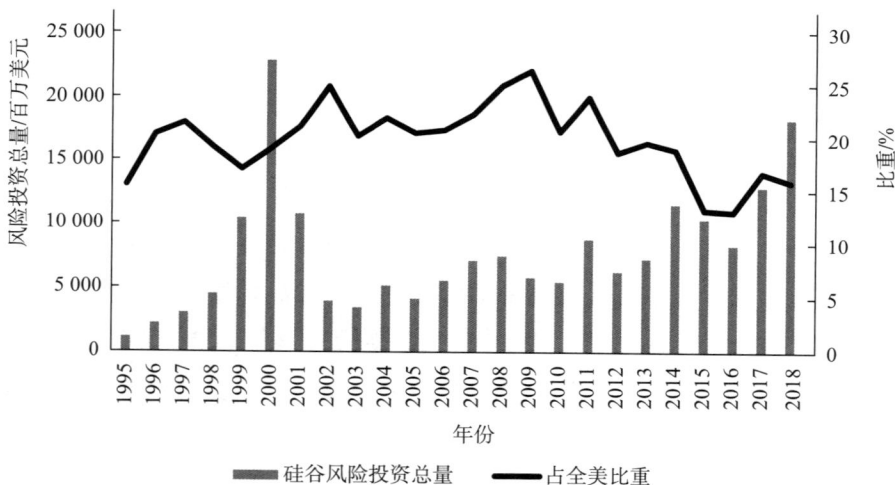

图 1-4　1995—2018 年硅谷风险投资总量及其占全美比重

资料来源：普华永道资金树报告（PwC MoneyTree Report）。

---

①　创立于 1957 年的仙童半导体公司（Fairchild Semiconductor）是硅谷早期最成功的高科技企业之一。

②　李希义.我国的科技银行应该学习硅谷银行什么？[J].中央财经大学学报,2015(11).

③　迈克尔·斯多波,塔纳·奥斯曼,托马斯·凯梅尼,等.城市经济的崛起与衰落：来自旧金山和洛杉矶的经验教训[M].刘淑红,译.南京：江苏教育出版社,2018.

州不承认"非竞争协议",允许人才自由跳槽到竞争公司,或开办新公司与前雇主竞争,使加州劳动力市场极具流动性,并带动硅谷的创业公司与风险资本快速扩张。由此,孵化众多科创企业、推动新经济增长的风险投资模式成为旧金山城市群的金融新业态。

第二章

城市群金融创新合作的
国际案例与湾区视角

纵观全球主要区域的经济转型升级过程,多元化金融业态均起到了关键作用。而在实现区域金融协同发展、形成多元化金融业态过程中,城市群的金融合作实为"点睛之笔"。如纽约湾区的金融发展模式:纽约周边"卫星城"推行新自由主义城市治理思路,深化与纽约市的金融合作,吸引纽约金融产业转移、强化其金融辐射效应,金融业分布由纽约单核心走向纽约-泽西市-斯坦福德-纽瓦克等多核心,代表性案例包括与曼哈顿一河之隔的泽西市、"全球对冲基金之都"格林威治镇等。总结全球城市群发展经验,有助于从金融角度回答产业升级之问。

在总结全球城市群发展经验的基础上,本章第二节将重点关注粤港澳大湾区,这一叠加"湾区经济"与"城市群"两个重要概念的区域。在中国经济金融转型加速、扩大金融业对外开放的背景下,粤港澳大湾区的金融发展与创新,不仅有助于打造中国最具经济活力和创新动能的区域,更承担了我国金融开放的先行区和试验田的角色。第二节将梳理粤港澳大湾区金融发展的主要特点和进展,提出了理解当下粤港澳大湾区金融发展的三个关键词,并从金融机构、市场、产品和监管层面,系统分析了粤港澳大湾区金融的发展趋势。

第一节　纽约金融"卫星城"基于新自由主义结构的金融产业协同发展

(一)纽约"卫星城"推行新自由主义治理,吸引纽约金融产业转移

作为一种城市治理理论[①],新自由主义(neoliberalism)[②]诞生于 20 世纪 70 年代,此后基于该理论的新自由主义治理模式迅速成为西方发达国家城市化进程中的主流模式,其主要包括以推行自由市场、减少政府管制为主要特征的一系列政治经济政策。由于资本具有在地理空间上不断积累和扩张的特性,且以美国为代表的发达国家中央政府对地方政府的财政支持较弱,每个城市都想吸纳更多的资本,促进更多的消费[③][④],因此在 20 世纪 70 年代新自由主义经济学成为发达国家主流思潮后,城市是其主要试验区域,由此诞生了新自由主义的城市治理理论与模式。甚至有学者认为,虽然新自由主义经济学在不同的层面上均有体现,但"真正的新自由主义"主要反映在城市治理领域[⑤]。Hackworth、张庭伟[⑥]、萨维奇等[⑦]总结了新自由主义治理模式

---

① 城市经济学中的"城市治理"(urban governance)问题起源于西方,研究的是全球化挑战下,政府在城市管理中如何通过改变角色定位,从"管理"走向"治理",以提高城市竞争力。城市治理主要需要处理好两种关系:一是不同层级(中央政府与地方政府)或同一层级(地方政府之间)的治理关系;二是城市内部政府(权力)、社会(民众)、市场(资源)之间的关系。参见 HACKWORTH J R. The neoliberal city: governance, ideology, and development in American urbanism[M]. Ithaca: Cornell University Press,2006.

② 新自由主义广义上指一类西方经济学主流理论。该理论继承了古典自由主义对于贸易自由化、价格市场化和产权私有化的推崇,其诞生直接源于哈耶克等经济学家对凯恩斯主义的批判。虽然二战结束后其主要思想已基本形成,但直到 20 世纪 70 年代滞胀型的经济危机爆发、对凯恩斯主义的批判日益增多后,才逐渐成为主流理论,"里根经济学"和撒切尔政府的私有化政策均以该理论为指导。本课题所研究的新自由主义治理理论与模式是新自由主义思想在城市经济学中的分支、在城市发展规划中的具体表现形式。

③ 张家睿,宋雨儒.新自由主义的危机与都市治理:从全球到地方[J].人文地理,2017,32(6).

④ 吴晓林,侯雨佳.新自由主义城市治理理论的批判性反思[J].中国行政管理,2017(9).

⑤ JESSOP B. Liberalism, neoliberalism, and urban governance: a state-theoretical perspective[J]. Antipode, 2002,34(3): 104-125.

⑥ 张庭伟.新自由主义·城市经营·城市管治·城市竞争力[J].城市规划,2004(5).

⑦ 汉克·V. 萨维奇,罗纳德·K.福格尔. 区域主义范式与城市政治[J].罗思东,译.公共行政评论,2009,2(3).

的主要政策,包括在社会福利方面推动教育、医疗、住房等带有公共品性质的资源市场配置,就业政策方面强调通过职业培训形成"具有市场价值的本领",经济建设方面强调以政府和企业公私合作的伙伴关系形式运作基建项目,区域合作方面主张区域内各级不同政府或者政府部门间的灵活协作、中央政府减少对区域内部合作的干预。同时需要指出的是,经历了近 40 年的城市发展,也有不少学者批评新自由主义治理模式造成了高度竞争、发展不均的城市空间分割格局,产生了如收入差距拉大、社会阶层分化、社会公平严重受损等问题①。

纽约湾区城市群的发展历史是新自由主义治理理论付诸实践的代表性案例。纽约周边"卫星城"推行新自由主义治理以及面向纽约市的金融合作,吸引纽约金融产业转移,强化纽约金融辐射效应,形成了特色化的金融发展模式,促进了纽约湾区经济转型升级、整体收入水平提升。

纽约湾区总面积 33 483 平方千米,是包括纽约州、新泽西州和康涅狄格州的大都市区(图 2-1),其金融发展格局总体经历了纽约单核心向纽约-泽西市-斯坦福德等多核心的演变趋势。如图 2-2 所示,20 世纪 60 年代以来,纽约湾区的主要城市普遍经历了就业结构由制造业向金融业转移的过程,新泽西州整体制造业就业比重由 40% 下降至不到 10%。90 年代后,伴随着纽约市金融业的对外扩散,纽约金融就业比重由 1990 年的 14.6% 下降到 2018 年的 10.4%,周边城市金融就业比重迅速上升,如泽西市金融就业比重由 1990年的 9% 上升至 2018 年的 12%。

纽约金融业对外扩散的驱动力首先在于纽约市土地、房价成本高企引发的挤出效应。剔除通胀影响,1980—2000 年纽约市中心曼哈顿的房价中位数实际增长 1.5 倍,实际增速达到年均 2.2%②;而 1999—2006 年纽约市及其周边区域整体土地价格增长近 8 倍③,市内金融产业有向外扩散以开拓业务、降低成本的需求。

---

① 大卫·哈维.新自由主义简史[M].王软,译.上海:上海译文出版社,2016.

② GLAESER E, GYOURKO J, SAKS R. Why is Manhattan so expensive? Regulation and the rise in housing prices[J]. Journal of law and economics,2005,48(2):331-369.

③ HAUGHWOUT A F, ORR J A, BEDOLL D. The price of land in the New York metropolitan area[J]. Current issues in economics and finance,2008,14(3).

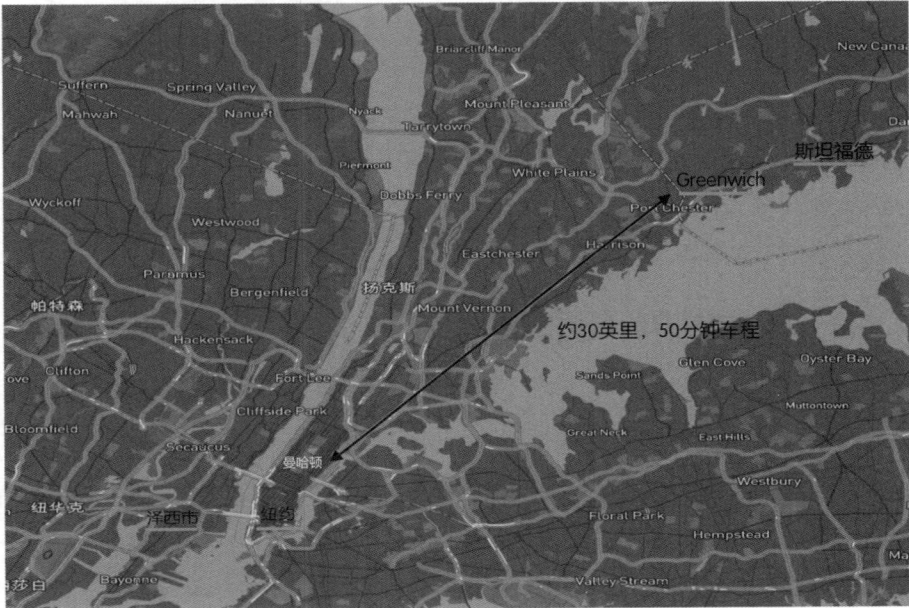

图 2-1　纽约市周边城镇分布与交通路线图

资料来源：谷歌地图，课题组整理。

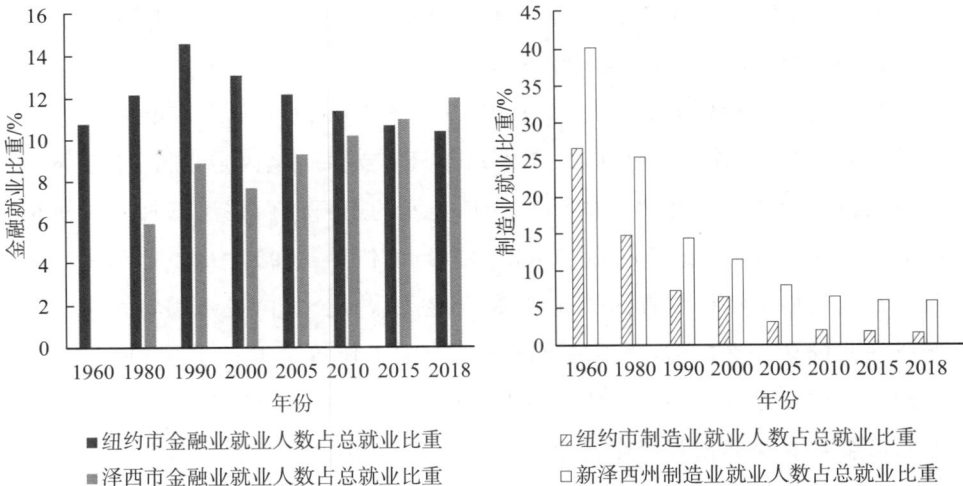

图 2-2　新泽西州、纽约市、泽西市金融业与制造业就业比重(1960—2018)

资料来源：美国商务部人口调查局。

　　此外，20 世纪 80 年代开始，纽约周边泽西市、格林威治镇、斯坦福德等城镇面对自身经济不景气、就业机会向乡镇流失、政府税收缩减的形势，为吸引纽约优质产业转移以实现经济重振，采取了一系列基于新自由主义治理模式的引资举措,例如减免企业税、工资税、商业租金税等,大力推行政府和社会资本合作(Public-Private Partnership,PPP)模式运作公共基础设施建设,成立企业园区(urban enterprise zone),向考虑入驻的企业出售公共土地、写字楼并提供配套公共服务,从而显著降低了纽约金融、地产企业转移的成本,最终成为众多国际知名金融机构与世界 500 强企业的总部所在地,积累了长达数十年的金融集聚效应,带动了居民整体收入水平跃升。

(二)泽西市与格林威治镇承接纽约金融产业转移,实现特色化发展

位于纽约市西面新泽西州的泽西市与纽约曼哈顿区仅隔一条哈德逊河。泽西市与纽约曼哈顿的金融合作使其经济发展步入起飞阶段。泽西市政府于 1980 年成立了泽西市经济发展公司(Jersey City Economic Development Corporation),其主要任务是为泽西市招商引资,对城市的土地用途、城市建设出资方以及建设方案具有决定权。此后,泽西市以 PPP 模式引入私人资本,并对项目进行税收减免、现金补贴,在曼哈顿的河对岸纽波特市(Newport)新建大量写字楼、豪华宾馆、购物中心与公寓,从而为吸引纽约企业、人才转移构建了良好的配套基础设施与服务体系。例如,泽西市为了支持来自纽约市的投资商 Samuel J. LeFrak 建设 Newport,给予其购物中心 15 年的税收减免(具体形式是在 15 年内每年只需支付一笔固定现金,不用再支付更高额的税费),并补贴其总额 1.35 亿美元的由新泽西住房抵押融资机构(New Jersey Housing Finance Agency)发行的债券。1982—2008 年,由于泽西市在土地租金和税收方面的优势,部分金融服务公司由曼哈顿转移至泽西城或在此设立分支机构,使当地金融服务业的工作机会增长了 5.59 倍,增量分别是同期哈德逊郡和新泽西州金融就业机会增量的 3 倍和 9 倍。2008 年,泽西市金融业及其相关产业就业人口占其私营部门总就业人口的 52%。此外,金融服务业转移一方面为部分高素质人群提供了直接就业机会,另一方面也带动了当地的餐饮、清洁等低端服务业发展,为低收入群体提供工作机会。1990—2017 年,泽西市的家庭年收入中位数增长近 2.5 倍,2017 年已超过全美平均收入水平(图 2-3)。

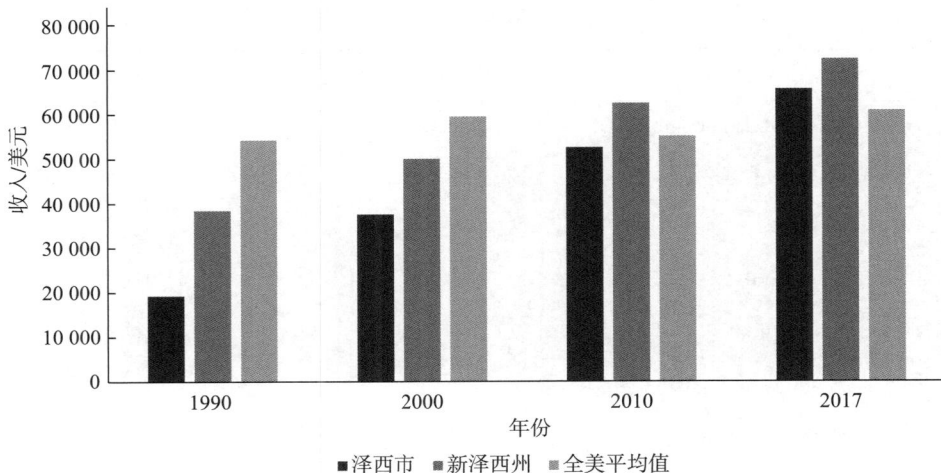

图 2-3 泽西市、新泽西州与全美家庭年收入中位数

资料来源:美国社区调查(American Community Survey),课题组整理。

格林威治镇走金融特色化发展之路,成为"全球对冲基金之都"。格林威治镇地处纽约州旁的康涅狄格州西南部,为康州距离纽约市最近的城镇之一,处在"纽约一小时经济圈"之内。早在 19 世纪,地处纽约与长岛海峡之间的格林威治镇就是纽约人的度假地。格林威治镇凭借距纽约 45 分钟车程的地理位置、明显低于纽约州的康州个人所得税率以及安静的自然环境,聚集了大量对冲基金与对冲基金经理,且其政府在政策上长期维持了低税率、放松的基金监管以及良好的生态环境保护。截至 2018 年,康州活跃的对冲基金约 211 家(主要对冲基金见表 2-1),居全美第三位,仅次于纽约州和加州,其中超过 100 家均位于格林威治镇,包括成立于 1998 年、管理规模接近 2 000亿美元的世界第二大对冲基金 AQR 资本管理公司(AQR Capital Management)。金融特色化发展也促使格林威治镇收入水平提升。2017 年格林威治镇家庭年收入中位数为 9.43 万美元,高于康州的 7.38 万美元和全美平均水平 5.77 万美元,其中金融业岗位年收入中位数为 16.9 万美元,金融业就业人数占总就业人数比重超过 10%。

表 2-1　总部位于格林威治镇的主要对冲基金

对冲基金	管理资产规模/亿美元	成立年份
AQR Capital Management	1 960	1998
Viking Global Investors	250	1999
L Catterton	150	1989
Lone Pine Capital	147	1997
Silver Point Capital	131	2002
Kensico Capital Management	100	2000
Strategic Value Partners	86	2001
Altrinsic Global Advisors	70	2000
Gramercy Funds Management	57	1998
Contrarian Capital Management	53	1995
Aristeia Capital	51	1997
Paloma Partners Management	40	1981
JAT Capital Management	38	2007
Blue Harbour Group	30	2004
Verition Fund Management	26	2008
Lucerne Capital Management	17	2000
Sageview Capital	12	2005
Mile 26 Capital	1.5	2015

资料来源:课题组整理。

注:管理资产规模为 2018 年底数据。

(三)新自由主义治理与金融产业单向转移弊端

与此同时,以产业单向转移为主的金融合作使纽约周边城镇产生了区域内部发展不平衡、收入差距拉大、产业结构失衡、房价大幅上涨等"市场失灵"现象,且新自由主义治理模式下政府的"有形之手"缺位。

理论上,房地产与金融等虚拟经济的过度发展一方面会形成次优的资源配置,挤占用于实体经济直接创造价值的资源[①][②];另一方面金融发展与居民收入分配存在倒 U 形的库兹涅茨效应[③],金融发展导致劳动力市场对于高技能劳动力的需求增速持续高于对低技能劳动力的需求增速。穷人由于其低人力资本积累,只能主要在传统部门工作,因而工资低,只能持有低收益资产,这使得在一定的金融发展阶段内,收入分配不均等程度加深[④]。这种伴随金融自由发展而产生的"市场失灵"现象需要政府的"有形之手"加以干预,而新自由主义治理模式导致政府在财富再分配、教育与城市建设等公共品提供方面的能力与意愿不足,从而加剧了"市场失灵"。

上述理论逻辑能够较好地解释纽约湾区特别是泽西市发展过程中出现的产业结构不均衡、收入差距拉大的现象:

一是就业结构失衡,就业机会分配不均。在泽西市的经济起飞过程中,大量由纽约转移而来的金融服务业并未给泽西市本地人提供足够的就业机会,泽西市总就业量中泽西居民所占比重由 1990 年的 50% 降至 2000 年的 35%,其中金融服务业所占比重仅 14%,远低于医疗、建筑、娱乐、住宿服务等部门的比重。

二是产业结构的过度"金融化""房地产化"抬升了居民生活成本。大量的豪宅、商业地产、金融公司总部挤占了泽西市的工业用地、住宅用地,限制了制造业发展空间和廉价住房建设,带来了商品房售价与公寓租金的持续上涨。2000—2014 年,租金支出占总支出 30% 以上的家庭占泽西市家庭总量的比重由 36.9% 上升至 45.2%。2017 年,泽西市已成为新泽西州基尼系数最高的城市,虽然较纽约市仍有差距,但高于纽约湾区和美国平均水平。

---

① MURPHY K M,SHLEIFER A,VISHNY R W. The allocation of talent:implications for growth[J]. Quarterly journal of economics,1991,106(2):503-530.

② 黄宪,黄彤彤.论中国的"金融超发展"[J].金融研究,2017(2):26-41.

③ Kuznets 最早提出城乡收入差距随着经济发展存在"先恶化,后改进"的倒 U 形关系。Greenwood、Jovanovic 认为金融发展与收入差距同样存在倒 U 形关系,财富的门槛效应会导致低收入群体在金融发展的初始阶段难以获得有效的金融服务,收入差距拉大,此后随着经济发展和金融市场成熟,大多数人会越过这一门槛。参见 KUZNETS S. Economic growth and income inequality[J]. The American economic review,1955,45(1):1-28;GREENWOOD J,JOVANOVIC B. Financial development,growth,and the distribution of income[J]. Journal of political economy,1990,98(5):1076-107.

④ BECK T,LEVINE R,LEVKOV A. Big bad banks? The winners and losers from bank deregulation in the United States[J]. Journal of finance,2010,65(5):1637-1667.

三是新自由主义治理思路下，泽西市政府数十年来应对收入不均的作为十分有限。一个典型的例子是，早在 1982 年泽西市议会就出台了项目劳动协议(Project Labor Agreement)，要求参与建设 Newport 的企业必须将半数以上的工作机会提供给本地人，但随后泽西市议会即遭到外来公司工会的控告，法院最终裁定该协议违宪。此后泽西市议会对协议做了修改，使其不再有强制约束力，且市政府长期没有组织人力、物力对协议内容进行监督执行。

(四)全球城市群金融合作经验总结

纽约湾区的成功在于市场主导的开放性金融合作推动了城市间优势互补、有效配置金融资源，其中新自由主义治理模式发挥了重要作用。湾区内金融产业集聚、城市间金融合作以及金融资源在区域间的配置过程，均是以市场为主导。纽约周边城镇政府所扮演的角色是充分考量当地在地理区位、产业生态、发展阶段方面的优势，推出能够吸引金融产业转移、适应金融集聚的宽松政策，加强服务平台搭建与金融基础设施建设，甚至不惜牺牲政府公共开支、转移支付能力，以长期低税率政策招商引资，由此金融发展需求和金融产业链内在分工自然促进了金融资源的市场化配置、金融产业的特色化发展，实现了当地整体收入水平大幅提高。

但同时也可看到，纽约湾区周边城市收入差距明显拉大、发展不均衡的现状与新自由主义治理模式有紧密联系。总结来看，该模式的弊端包括：(1)对于"市场失灵"问题没有好的解决方案，城市政府普遍在公共品提供和财富再分配等方面缺位，也难以应对部分区域房价飙升的问题；(2)强调城市空间的经济功能而忽视其社会功能[①]，大量土地被用于开发豪宅、写字楼等房地产，吸引金融服务企业入驻，导致用于发展制造业、社会公益事业的土地储备不足。

结合旧金山湾区、纽约湾区城市群发展经验，国内城市间的金融合作在大方向上应立足两地实际，坚持市场化主导，充分利用制度差异发展特色金

[①] 城市经济学中的城市增长机器(urban growth machine)理论认为城市空间价值可分类为交换价值和使用价值，其内涵类似经济功能与社会功能；前者指城市空间用于促进经济增长和创造企业利润的价值，后者指城市居民利用城市空间创造优质生活环境的需求。两类价值的矛盾是城市非均衡发展的根源。参见约翰·R.洛根，哈维·L.莫洛奇，陈那波.都市财富——空间的政治经济学[M].上海：格致出版社，2015.

融,实现金融要素的高效配置及金融业态的多元化发展。

具体而言,一是地方政府之间可部分借鉴新自由主义治理模式中的市场导向理念,完善金融产品跨境交易机制,打破金融机构跨境展业壁垒,促进两地金融产品和服务的自由流动,从而实现供需匹配。二是借鉴格林威治镇成为"全球对冲基金之都"的经验,结合本地优势发展特色金融,可以在融资租赁、财富管理、金融科技、人民币清算等特色金融领域重点发力,形成多元化金融业态。三是借鉴泽西市为吸引纽约市金融产业转移而在曼哈顿对岸搭建良好配套服务设施的经验,为城市间金融机构合作、金融资源跨境流动搭建好平台以及配套软硬件基础设施。

最后,城市间金融合作也要注重为本地居民带来实实在在的获得感。如前文所述,纽约湾区的金融合作与发展在带动经济发展、产业升级的同时也拉大了收入差距,本地居民受限于人力资本积累不足、人力资本投资门槛较高而较少有就业升级的机会,纽约湾区各市政府秉持的新自由主义治理模式未能较好地解决发展不均衡的问题。就金融领域而言,地方政府应打造"有为政府",在大力吸引外来资本、内地金融机构以及内地高端金融人才的同时,警惕伴随着政策红利而来的"炒房团",注重以金融科技手段推动民生金融和普惠金融发展,为本地居民做好相关技能培训和人才培养,使居民在城市发展中获得就业、收入增长机会以及更加便捷、高质量的金融服务,提升其获得感。

第二节　从湾区视角看城市群金融发展
——以粤港澳大湾区为例

(一)湾区经济的内涵

湾区经济是拥有较发达港口群、产业群和城市群的区域所衍生出的经济形态,通常拥有更为开放的经济结构、更为高效的集聚外溢效应和更为发达的国际经济交流网络①。从经济总量、人口规模、金融业发达程度等角度看，世界级的湾区经济主要包括纽约湾区、旧金山湾区和东京湾区，其中东京湾区 GDP 占本国经济比重超过 40%（见图 2-4）。总结来看，发展较成功的几个主要湾区，其经济发展历程可归纳为以装卸运输为主导的港口经济、以临港工业为主导的工业经济、以现代服务业为主导的服务经济和以新兴产业为主导的创新经济四个阶段（表 2-2）②。

注：东京湾区 GDP 为 2015 年数据，其余为 2017 年数据。

图 2-4　湾区经济规模及其占本国经济规模比重

资料来源：Statista 全球统计数据库。

表 2-2　湾区经济发展阶段与主要产业形态

发展阶段	主要产业形态
港口经济	农产品及初级工业品贸易、仓储、转运等
工业经济	钢铁、石化、机械制造、集成电路、家电、汽车、精细化工等
服务经济	港口物流、金融保险、商业服务、专业服务等
创新经济	研发、创意、信息、网络、供应链管理、创新金融等新兴产业

资料来源：课题组整理。

　　并非所有的湾区均形成了城市群或大都市区，但需要指出的是，全球有重大影响力的城市群往往地处河流入海口或拥有发达港口群，湾区要素强化

---

① 20 世纪 90 年代，"湾区经济"概念诞生，被认为是区域经济合作交流的高级形态，已经成为开放型经济体制中的重要增长极和辐射点，对区域开放起引领作用。全球 60% 的经济总量集中在港口海湾及其腹地，世界上 75% 的大城市、70% 的工业资本和人口集中在距海岸 100 千米的海岸带地区。

② 卢文彬.湾区经济：探索与实践[M].北京：社会科学文献出版社，2018.

了此类城市群的开放性和包容性,有助于其在历史上实现外贸兴盛、商业繁荣。

粤港澳大湾区是中国最具代表性的湾区,指的是分布在珠江三角洲的"9+2"城市群——广州、深圳、佛山、珠海、惠州、东莞、中山、江门、肇庆、香港、澳门。截至 2018 年底,区域 GDP 总量超过 10.5 万亿元,整体城镇化水平超过 80%,正在形成科技和金融双轮驱动、服务业占主导的产业集群,并已成为我国综合实力最强、开放程度最高、经济最具活力的地区之一。2019 年 2 月 18 日,国务院印发《粤港澳大湾区发展规划纲要》,按照规划,粤港澳大湾区将建成充满活力的世界级城市群、国际科技创新中心、"一带一路"建设的重要支撑、内地与港澳深度合作示范区。

(二)粤港澳大湾区发展呈现四大特点

当前粤港澳大湾区的发展呈现如下四个特征:

第一,全球主要湾区均以"金融+"带动经济转型升级,粤港澳大湾区的主要特征是"金融+融合"。

世界级的湾区主要包括纽约湾区、旧金山湾区和东京湾区,据测算,2000 年以来全球三大湾区的产业高级化水平与金融业增加值相关性均高于 60%。与其他主要湾区比较,粤港澳大湾区的最大特点是拥有差异化的经济金融体制,即"一二三四"(一个国家、两个体制、三个关税区、四个核心城市)"三套监管体系、多个监管主体"的特征。在这样的制度化优势下,在保持自身特色的基础上实现三地金融业的融合发展将是主要趋势。在中国经济金融转型关键期、中美贸易摩擦持续化的背景下,粤港澳大湾区的金融发展与创新,不仅有助于将大湾区打造成中国最具经济活力和创新动能的区域,也能够为全国其他区域发展提供示范和样本,进而助推整体经济转型升级。

第二,当前大湾区正处于由服务经济向创新经济转型升级的关键阶段。

从产业结构看(图 2-5),香港与澳门服务业产值占 GDP 比重已超过 85%;珠三角九市第三产业产值占 GDP 比重由 2005 年的 46.3% 持续提升至 2018 年的 57.2%,第二产业中高技术制造业产值增速明显快于第二产业整体增长,形成了较为先进、完整的制造业产业链。从研发投入看,珠三角九市研发支出占 GDP 比重的均值由 2010 年的 1.7% 提升至 2017 年的 2.6%,其中广州、佛山、江门等城市在研发投入占比上有明显提升,改变了深圳一枝独秀的局面。从开放程度看,"9+2"城市群中,除澳门和肇庆外,其余各市(特区)的对外贸易依存度均大幅高于全国整体水平,其中香港对外贸易依存度超过300%,东莞、深圳、珠海的对外贸易依存度超过100%,是高度开放的经济体系。

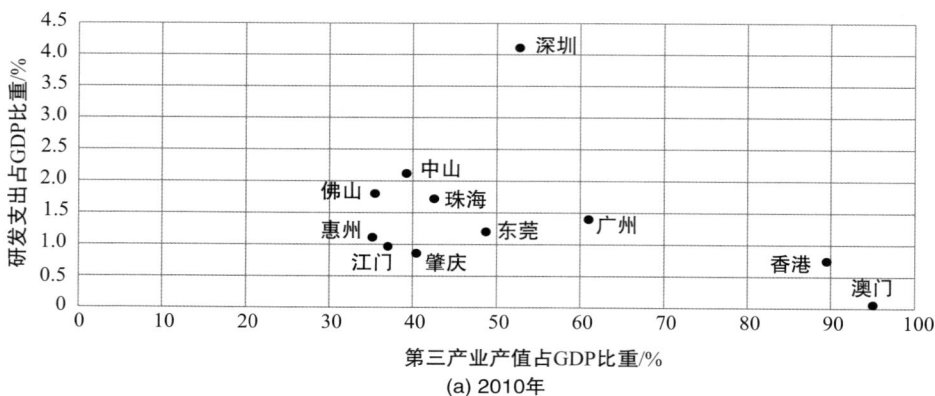

(a) 2010年

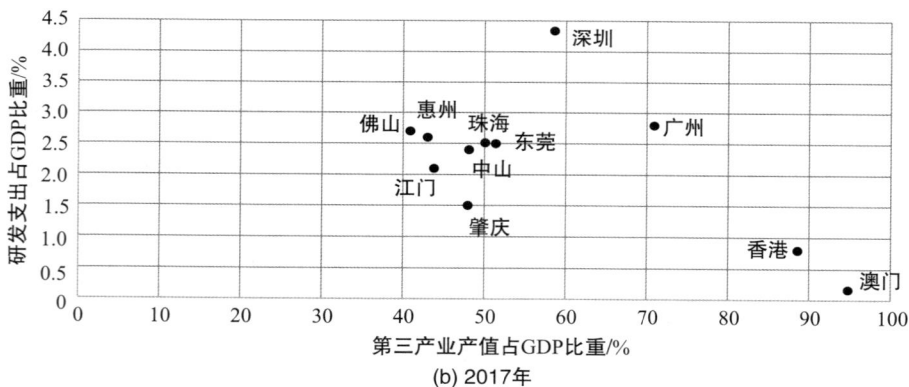

(b) 2017年

注:香港第三产业产值占比使用服务业产值占 GDP 比重。

图 2-5　粤港澳大湾区第三产业产值、研发支出占 GDP 比重演变

资料来源:珠三角各市统计局、政府工作报告,CEIC 数据库。

第三,金融资源在三地的自由流动与合理配置将是大趋势。

大湾区存在广泛的跨境金融需求,包括大湾区基础设施建设与新经济企业发展带来的跨境融资需求、粤港澳三地企业与居民的跨境支付结算需求[①]、

---

①　2017 年广东省 13.87 万亿元人民币的跨境结算中,就有 70%是经港澳地区进行的。

内地居民对于香港优质人寿保险和财产保险等保险产品的需求、港澳居民对于大湾区优质资产的配置需求、三地居民对于跨境车辆险实现产品互认的需求等。在内地金融开放提速的背景下,粤港澳三地金融机构的跨境展业、金融服务的跨境提供以及金融市场的互联互通在形式上将更加丰富。

第四,"9+2"城市群金融业"中心-外围"结构持续。

据测算,2016—2018 年"9+2"城市群金融业规模变化率的峰值维持在3,金融业空间分布呈现以香港、深圳和广州三地为核心集聚城市,其他 8 地为外围城市的"中心-外围"结构。将"9+2"大湾区城市按金融业增加值划分梯级,可发现 2018 年的第一梯队为香港、深圳和广州,金融业增加值均超过 2 000 亿元,其中香港总体金融业发展水平最高,深圳在证券交易规模上占优,广州则在保险业上具有相对比较优势;第二梯队包含东莞、佛山、澳门、中山、珠海和惠州,金融业增加值介于 200 亿元和 1 000 亿元之间;第三梯队为江门和肇庆,金融业增加值在 200 亿元内。

(三)理解粤港澳大湾区金融发展的三个关键词

第一,差异化。

这是大湾区创新发展的独特优势。从经济发展角度看,粤港澳大湾区呈现典型的梯度化发展格局,不同城市处于不同比较优势的产业发展梯度上,这就为粤港澳大湾区发挥各自的优势进行梯度合作提供了巨大的空间。从金融角度看,与全球其他湾区相比,粤港澳大湾区具有独特的"一个国家、两种体制、三种货币金融体制"优势,这就为大湾区中的内地城市高效率地通过港澳地区实现金融资源的国际化配置提供了便捷的条件。粤港澳大湾区还拥有不同优势的金融中心,包括香港国际金融中心、深圳活跃的资本市场、广州集聚功能强劲的信贷等,这三个不同层面的金融中心为粤港澳大湾区的发展提供了差异化、良好互补的发展条件。

第二,纽带。

指粤港澳大湾区在新的国际环境下有望发展成为中国与欧美联系的纽带。当前国际经济环境处于百年未有之大变局,中国经济的崛起,中美贸易摩擦的持续,有可能会逐步形成中美并行的全球化新格局。但是,无论是否会出现中美之间的产业链或其他方面的脱钩,中美这两大经济体之间始终会有巨大的相互合作交流的需求。粤港澳大湾区有条件发展成为新的国际经济金融环境下,联系中美经济金融活动的纽带。这既包括香港和澳门继续发挥独特的"一国两制"优势,也包括大湾区中的内地城市积极扩大开放,成为吸引国际资本流入中国的主要区域,也有条件在粤港澳大湾区探索内地资金走出去的路径。

第三,先行先试。

这既包括深圳作为先行先试的示范区所具有的创新需求,同样也包括粤港澳大湾区的其他城市,在顺应中国大的发展需求前提下,在特定领域进行先行先试,为全局性的改革提供经验。例如,随着中国经济的不断发展,企业和居民进行对外投资是必然的趋势,人民币国际化也需要提上议事日程,以推动人民币在国际金融体系中获得与中国的经济规模相称的地位。但是,要在全局范围内贸然推动大规模的金融改革,可能会对金融体系的运行带来压力,粤港澳大湾区可以承担先行先试的职责,在大湾区范围内探索提升人民币国际化的多种路径。随着大湾区金融机构融合、市场融合取得越来越多突破,建立与跨境金融创新相适应的监管体系成为重要的任务,2020年也有条件在粤港澳大湾区通过"监管沙盒"等机制创新、"单一通行证"等探索尝试,为大湾区金融创新、互通互联持续深化奠定重要基础。

第三章

从珠澳合作看城市群金融创新
与合作的定位设计

第一节　珠海与澳门在粤港澳大湾区城市群中的特色化定位

粤港澳大湾区战略推出至今,各方对其发展已形成五个期待:一是充满活力的世界级城市群;二是具有全球影响力的国际科技创新中心;三是"一带一路"建设的重要支撑;四是内地与港澳深度合作示范区;五是宜居宜业宜游的优质生活圈。纵观全球主要湾区,金融都是湾区发展的重要驱动力,推动粤港澳金融市场、产业、机构的融合发展及金融监管的协调将是实现上述五大发展目标的重要路径。

澳门与珠海是粤港澳大湾区城市群中富有鲜明特色的城市对。在粤港澳"9+2"城市群中,澳门作为中心城市之一,拥有最高的人均 GDP、特色化的经济金融结构,在建设世界旅游休闲中心、打造中国与葡语国家商贸合作服务平台等方面已有较深厚的积累。但澳门地域空间狭窄,市场规模小,产业结构较单一,第三产业特别是博彩业产值占比接近 50%,吸附了大量有限的人力与土地等社会资源,金融机构以商业银行为主,缺乏足够的场地空间和专业金融机构。另外,澳门在金融监管法规建设、特色金融人才储备、人才引进与流动政策等方面仍存在较多不足。通过发展特色金融来促进经济适度多元化发展,提升澳门总体经济的抗逆力和竞争力,将是澳门实现粤港澳大湾区五大发展目标,打造有别于香港、深圳的区域金融中心的重要方案。

澳门在资源禀赋、产业结构、基础设施与法律法规建设的不足,对其经济金融发展形成了障碍,加强与珠三角特别是珠海的合作是可能的破局之策。澳门与珠海在发展特色金融、促进澳门经济适度多元化方面具备广阔合作空间。珠海与澳门地理位置临近,具备较丰富的土地资源,对于向内地开展金融业务有更便利的政策和人才条件,作为连接粤港澳的交通枢纽,其已形成了粤港澳大湾区、自贸区及大桥经济区三区叠加优势,将是合作建设澳门特色金融的主力军。珠澳合作将增强其特色金融对"一带一路"沿线国家及内地的辐射力。

　　当前,珠澳合作已在金融市场互联互通、金融科技与智慧金融、合格境外有限合伙人(Qualified Foreign Limited Partner,QFLP)基金等领域有所突破,在此基础上,本书主要研究下一步珠海特别是横琴在粤港澳城市群金融融合、珠澳合作发展特色金融的大趋势下,在特色金融市场、金融产业、金融机构协同发展以及金融基础设施建设等方面如何支持珠澳特色金融发展,在经贸合作平台搭建、跨境金融创新及监管、金融机构准入、人才流动等政策安排上如何突破,从而为《纲要》提出的打造珠海横琴粤港澳深度合作示范区提供金融支持。此外,我们亦希望能够基于珠澳发展的合作模式与经验,提炼出城市群金融合作的一般性经验,从而为内地诸多城市群内部金融合作提供经验借鉴。

第二节　珠澳金融业现状与《粤港澳大湾区发展规划纲要》存在较大差距,发展空间广阔

　　《纲要》对珠海和澳门的城市定位、实体经济定位和金融服务的定位进行了战略安排。从城市定位上看,澳门为极点城市,珠海为重要节点城市,极点带动节点,引领粤港澳大湾区深度参与国际合作;从实体经济定位上看,珠澳是粤港澳大湾区科技创新走廊的重要组成部分,是全球贸易的中葡经贸合作平台,是"一带一路"的中拉经贸合作平台;从金融服务的定位上看,珠澳是国际金融体系中的金融枢纽,是粤港澳大湾区的特色金融中心,是"一带一路"的金融重要参与者。

　　但是,珠澳当前的金融服务资源尚不能满足《纲要》对珠澳在粤港澳大湾区中的定位需要,具有较大的提升空间。一是珠澳金融业规模较小,业态单一,与同样为"极点带动节点"的"香港-深圳""广州-佛山"相差较远。二是缺乏服务中葡经贸合作和中拉经贸合作的金融资源,无法满足《纲要》对珠澳实体经济定位的要求。三是缺乏中葡金融服务资源,尚待发展特色金融产业。

　　结合珠澳金融业的现状和《纲要》对于珠澳的战略定位,珠澳金融合作要服务于珠澳的城市定位,引领粤港澳大湾区深度参与国际合作,具体可从以下几个方面展开:一是围绕珠澳的实体经济定位,不断丰富珠澳金融业的业

态;二是围绕珠澳金融业特色化定位,不断提升珠澳金融业的开放程度;三是完善珠澳两地金融基础设施,为珠澳特色化金融合作提供保障。

(一)城市定位

《纲要》第三章"空间布局"的第一节"构建极点带动、轴带支撑网络化空间格局"指出,与"香港-深圳""广州-佛山"一样,作为极点城市的澳门和作为重要节点城市的珠海要强强联合,发挥引领带动作用,提升整体实力和全球影响力,引领粤港澳大湾区深度参与国际合作。具体来说,《纲要》第三章"空间布局"的第二节"完善城市群和城镇发展体系"指出,作为粤港澳大湾区四大中心城市之一,澳门将建设世界旅游休闲中心、中国与葡语国家商贸合作服务平台,促进经济适度多元发展,打造以中华文化为主流、多元文化共存的交流合作基地。作为粤港澳大湾区的重要节点城市之一,珠海则要强化与澳门的互动合作,充分发挥自身优势,深化改革创新,增强城市综合实力,成为特色鲜明、功能互补、具有竞争力的重要节点城市。

(二)实体经济定位

(1)粤港澳大湾区的科技创新走廊。《纲要》第四章"建设国际科技创新中心"的第一节"构建开放型区域协同创新共同体"在"加强科技创新合作"部分指出,澳门应充分发挥粤港澳科技和产业优势,积极吸引和对接全球创新资源,建设开放互通、布局合理的区域创新体系。推进"广州-深圳-香港-澳门"科技创新走廊建设,探索有利于人才、资本、信息、技术等创新要素跨境流动和区域融通的政策举措,共建粤港澳大湾区大数据中心和国际化创新平台。加快国家自主创新示范区与国家双创示范基地、众创空间建设,支持其与香港、澳门建立创新创业交流机制,共享创新创业资源,共同完善创新创业生态。

(2)全球贸易的中葡经贸合作平台。《纲要》第九章"紧密合作共同参与'一带一路'建设"的第三节"携手扩大对外开放"在"携手开拓国际市场"部分指出,要发挥澳门与葡语国家的联系优势,依托中国与葡语国家商贸合作服务平台,办好中国-葡语国家经贸合作论坛(澳门),更好发挥中葡合作发展基金作用,为内地和香港企业与葡语国家之间的贸易投资、产业及区域合作、人文及科技交流等活动提供金融、法律、信息等专业服务,联手开拓葡语国家和其他地区市场。

(3)"一带一路"的国际贸易通道。《纲要》第十章"共建粤港澳合作发展平台"的第三节"推进珠海横琴粤港澳深度合作示范"部分指出,支持横琴与澳门联手打造中拉经贸合作平台,搭建内地与"一带一路"相关国家和地区的国际贸易通道,推动跨境交付、境外消费、自然人移动、商业存在等服务贸易模式创新。支持横琴为澳门发展跨境电商产业提供支撑,推动葡语国家产品经澳门更加便捷进入内地市场。

(三)金融服务的特色化定位

(1)国际金融体系中的金融枢纽。《纲要》第六章"构建具有国际竞争力的现代产业体系"的第三节"加快发展现代服务业"在"建设国际金融枢纽"部分指出,支持澳门打造中国-葡语国家金融服务平台,建立出口信用保险制度,建设成为葡语国家人民币清算中心,发挥中葡基金总部落户澳门的优势,承接中国与葡语国家金融合作服务。研究探索建设澳门-珠海跨境金融合作示范区。

(2)粤港澳大湾区的特色金融中心。《纲要》第六章"构建具有国际竞争力的现代产业体系"的第三节"加快发展现代服务业"在"大力发展特色金融产业"部分指出,支持澳门发展租赁等特色金融业务,探索与邻近地区错位发展,研究在澳门建立以人民币计价结算的证券市场、绿色金融平台、中葡金融服务平台。

(3)"一带一路"的金融重要参与者。《纲要》第九章"紧密合作共同参与'一带一路'建设"的第三节"携手扩大对外开放"在"打造'一带一路'建设重要支撑区"部分指出,支持澳门以适当方式与丝路基金、中拉产能合作投资基金、中非产能合作基金和亚洲基础设施投资银行(以下简称亚投行)开展合作。在"全面参与国际经济合作"部分指出,充分发挥澳门在国家对外开放中的特殊地位与作用,支持澳门依法以"中国澳门"名义或者其他适当形式,对外签署自由贸易协定和参加有关国际组织,支持澳门在符合条件的情况下加入亚投行,支持丝路基金及相关金融机构在澳门设立分支机构。

第三节　珠澳金融资源与金融创新融合发展的现实要求差距研判

（一）珠澳金融业规模较小，业态单一，与同样为"极点带动节点"的"香港–深圳""广州–佛山"相差较远

从规模上看，2018年，澳门金融业增加值约为270.13亿澳门元，与此相对应的是，香港金融业增加值约为4 724.61亿港元，广州金融业增加值为2 079.46亿元；2018年，珠海金融业增加值为210.05亿元，深圳和佛山的金融业增加值分别为3 067.21亿元和397.44亿元，珠海分别仅为深圳和佛山的6.85％和52.85％。

从业态上看，珠澳金融业的业态较为单一。以澳门为例，澳门的金融业主要由商业银行和保险公司组成，商业银行是澳门金融业的主体。澳门现有银行29家，分支机构210个；保险公司24家，其中11家为人寿保险公司，13家为非人寿保险公司。与此相对应的是，香港、深圳、广州和佛山的金融业态十分丰富。以香港和广州为例，截至2018年底，香港共有152家持牌银行、18家有限制牌照银行和16家接受存款公司，证券持牌法团的总数为2 905家，获授权保险公司161家，资产管理机构1 563家；广州持牌金融机构314家，法人金融机构53家，小额贷款公司107家，融资担保机构32家，股权投资机构6 100家。

（二）缺乏服务中葡经贸合作的金融资源，无法有力支持粤港澳大湾区中葡经贸合作平台的建设

（1）缺乏葡语系人民币清算中心。澳门与人口超过2.6亿的葡语国家有着紧密的联系，人民币清算需求日益增长。以巴西和安哥拉两国为例，2018年中国对巴西和安哥拉的进口额分别为775.12亿美元和257.99亿美元，同比分别上涨32％和27％。作为中国与葡语系国家沟通交流的窗口，珠澳有必要建立葡语系人民币清算中心，以满足澳门日益增长的葡语国家人民币清算的需求。

（2）跨境金融市场没有发展起来。随着"一带一路"倡议的落实，澳门港

口贸易将迎来繁荣发展的重要机遇。2018 年中国与"一带一路"沿线国家货物贸易进出口总额达到 1.3 万亿美元,同比增长 16.3％,比同期中国外贸增速高 3.7 个百分点,占外贸总值的 27.4％。"一带一路"沿线国家贸易的持续增长有望为澳门带来大量业务机会,催生大量跨境投资、贸易结算、货币流通的跨境金融需求。因此,珠澳有必要发展跨境金融市场,满足港口贸易所产生的跨境金融需求,推动澳门积极参与"一带一路"建设。

(3)对黄金和大宗商品交易市场有迫切的需求。巴西、几内亚比绍等葡语国家黄金等矿产资源较为丰富,而中国是巴西等葡语国家铁矿石、石油等大宗商品的主要出口对象,出于规避黄金、大宗商品价格风险的需要,葡语国家对健全的黄金市场和大宗商品交易市场的需求迫切,该需求可为中葡开拓更广阔的合作空间,增强产业创新能力和服务功能,促进中葡商贸的发展。

(4)缺乏出口信用保险市场。商业风险和政治风险具有风险可测性较低、标的物存在同时大范围损失的可能以及出口信用风险在概率分布上呈现厚尾性和不规律性等特点,因而对其进行识别、预测和规避的难度大,通常不适用大数法则。澳门企业进入葡语国家的市场面临着难以预料的风险,一般的商业保险缺乏承保意愿,迫切需要政策性出口信用保险弥补市场的不足。

(三)尚未形成特色金融产业,无法满足对珠澳金融服务特色化定位的要求,无力支撑国际金融体系中的金融枢纽、粤港澳大湾区的特色金融中心的打造

(1)融资租赁市场较小。融资租赁是支持中小企业发展的重要融资来源。粤港澳地区的创新型科技公司众多,一些中小型企业在发展初期需要较大的资金成本支持,而由于银行的政策限制,中小型企业很难获得授信和较高的额度。因此,融资租赁在区域内依然有很大的发展空间。

(2)财富管理市场需求旺盛。根据波士顿咨询预计,2017—2022 年亚洲地区私人财富总额复合增速可达到 12％,将显著高于全球平均增速 7％。中国市场将成为全球财富增长的重要引擎,其中蕴藏财富管理行业发展的机遇。澳门目前已具备香港、新加坡、瑞士等财富管理中心发展模式中的部分条件,包括经济发达、商业环境良好、服务功能健全等,但在财富管理机构健全、资产配置品种多样化、金融基础设施完备、人才配套以及对应的监管体制

方面仍有所欠缺,由此为澳门建成财富管理中心提供了发展空间,也为横琴配合澳门财富管理发展提供了机遇。

(3)不良资产跨境交易尚未启动。目前,不良资产跨境交易逐步成为重要的行业发展方向,珠澳通过推动不良资产跨境交易的发展,可提升大湾区内不良资产的流动性,进一步拓宽境外投资者的投资标的,推动资本项目的进一步有序开放。

(4)金融科技发展较为落后。《纲要》中特别强调金融科技的重要性,金融科技将成为金融产业下一阶段竞争的核心生产力。澳门金融行业在金融科技开发和应用方面较为滞后,因此珠澳有必要积极发展金融科技,以金融科技为抓手,助力粤港澳大湾区的可持续发展。

习近平指出,深化金融供给侧结构性改革必须贯彻落实新发展理念,强化金融服务功能,找准金融服务重点,以服务实体经济、服务人民生活为本;要围绕建设现代化经济的产业体系、市场体系、区域发展体系、绿色发展体系等提供精准金融服务。

(5)人民币法定数字货币的研究亟待发展。2014 年,比特币、以太币等基于区块链技术的数字货币开始升温,引发了各国央行的关注,各国央行纷纷开展法定数字货币研究。在技术储备较为丰富的情况下,中国人民银行加快了人民币法定数字货币的研究步伐,人民币法定数字货币呼之欲出。有鉴于此,珠澳可积极争取人民币法定数字货币在珠澳进行试点,以此推动人民币国际化,这既是建设粤港澳大湾区科技走廊的重要手段,也是珠澳尤其是澳门产业结构转型的重要方向,更是全球连接中国的重要环节。

第四节　全面推进珠澳金融业创新与合作的整体设计

结合珠澳金融业的现状和《纲要》对于珠澳的战略要求,珠澳金融合作要服务珠澳的城市定位,要支持两地引领粤港澳大湾区深度参与国际合作,对此,两地的金融合作可主要围绕以下几个方面展开:

(一)围绕珠澳金融业特色化定位,发展六大金融市场,不断提升珠澳金融业的开放程度

建议1:澳门对接葡语国家的境外人民币市场需求,构建葡语国家人民币清算中心。(1)澳门需要与珠海共同合作,完善人民币金融基础设施,推进构建葡语国家人民币清算中心;(2)"珠澳合作"应以澳门为窗口,横琴为战略延伸,促进澳琴对"一带一路"沿线国家的贸易,增大互相投资与劳务合作,同时重点发展特色旅游业。

建议2:推动澳门发展离岸金融市场。(1)以服务葡语国家为主轴,打造葡语系离岸金融平台;(2)大力推动澳门与珠海的跨境融资发展,使其成为横琴跨境业务的重要支点;(3)强化澳门与横琴金融基础设施合作,推动跨境金融便利化。

建议3:推进珠海与澳门在黄金、大宗商品的金融衍生品市场对接。澳门可在棉花、大豆、玉米、原糖等农副产品大宗商品方面与香港期货交易所互补发展。考虑到香港交易所在2017年7月才推出双币计价(人民币计价和美元计价)的黄金期货,目前仍处于发展初期,澳门也可考虑设计以双币计价的黄金市场。利用自由贸易和金融开放的优势,满足离岸人民币的投资需求,为投资者提供更多选择,时机成熟时甚至可以设想与香港期货交易所合作或者合并。

建议4:推动珠澳发展跨境金融。(1)在跨境结算方面,澳门与横琴可达成同城清算,加强两地金融机构合作;(2)在跨境融资方面,澳门与横琴可实现债权市场互通,推动澳门对横琴的跨境人民币贷款;(3)跨境投资方面,澳门与横琴可适当放宽限制,鼓励发展QFLP基金;(4)为了推进发展多元化金融产业,澳门可逐渐发展衍生品市场,通过降低衍生品保证金门槛和丰富基础资产来促进澳门的衍生品市场发展,这样将有助于澳门逐渐摆脱依赖博彩行业的单一发展模式。

建议5:支持澳门发展出口信用保险。在珠海政府的支持下,澳门引入珠海的中国信保分支机构或其他保险机构作为共同发起人,提供出口信用保险服务,以承担一般财产保险公司不愿意或无力承担的政治风险和中长期商业风险,打造葡语国家区域性信用保险机构。

建议 6:推动珠澳绿色金融发展。针对大湾区建设中一些社会效益好且资金需求量较大的环保项目和生态工程,可考虑由澳门与横琴两地银行合作,在岸和离岸同时发行绿色金融债券。(1)通过合作发行的方式来促进两地绿色金融协调机制的发展,通过具体项目的合作,国内企业在环保认定标准、信息披露内容上能够更趋于国际化,最终形成粤澳信息共享平台。或充分利用横琴新区、横琴自贸港等优惠政策支持,由澳门特区政府背书,为符合条件的澳门绿色企业赴横琴发行绿色债券建立绿色通道。(2)在募集资金用途上,也可结合"一带一路"倡议和大湾区建设中在基建领域的资金需求发行绿色债券。对于支持的重点领域建设项目,珠澳应鼓励采用项目收益债券、企业债券、公司债券、中期票据等多种绿色债券类型来筹措资金。

(二)围绕珠澳的实体经济定位,聚焦五大金融产业,不断丰富珠澳金融业业态

建议 7:强化跨境联动,推动澳门融资租赁产业快速发展。聚焦珠澳本地经济、中葡合作领域,进一步扩展至整个大湾区来推动融资租赁业务拓展,通过跨境联合租赁、跨境转租赁、为中国-葡语国家合作项目提供租赁、探索不动产租赁创新等模式,将有效推动行业规模快速壮大,成为澳门特色金融的重要支柱。

建议 8:推动澳门发展财富管理。参考香港虚拟银行模式,通过在澳门搭建横琴自贸区金融开放平台、对接两地投融资机构、丰富澳门当地理财产品类型等方式,放开澳门财富管理市场和降低其机构准入门槛。

建议 9:推动澳门发展不良资产跨境交易市场。联合珠海通过推动不良资产跨境收购处置、跨境合作不良资产投资基金以及跨境投资高收益债券等方式,形成不良资产跨境投资示范合作区,将澳门打造为境外专业不良资产投资机构的"桥头堡"。

建议 10:发展金融科技,助力两地金融融合发展。珠海可借助较低的展业成本、宜居的生态环境、有利的交通区位、四区叠加的政策优势、在大数据及物联网等领域的已有基础,聚焦粤港澳大数据联通、跨境资产投资管理、跨境支付等核心领域,着重吸引粤港澳金融、科技资源入驻,推进内地与粤港澳地区金融科技互联互通,打造金融科技对外开放的先锋城市。

建议11：积极争取法定数字货币试点，助推人民币国际化。珠澳可依托粤港澳大湾区内的科技和金融生态体系以及粤港澳大湾区三个货币区的独特区位特点，争取人民币法定数字货币在珠澳开展跨境应用的试点，吸引人民币法定数字货币产业链各环节（包括法定数字货币硬件钱包、存储、交易、流通等）落地横琴，构建粤港澳大湾区法定数字货币应用的高地。

（三）降低珠澳金融机构跨境展业的直接与间接限制，推动机构协同发展

建议12：在大湾区范围内推行金融机构"单一通行证"，将仅限于银行、保险机构的设立自由拓展为港澳各类金融机构均享有服务自由。仿照欧盟框架允许粤港澳三地监管机构授予当地合格金融机构"单一通行证"，获准"单一通行证"的合格金融机构可以在大湾区自由开展业务，无须展业地监管机构的进一步审批（可由银行、保险业务逐步放开至证券、投资机构）。通行证的授予权由金融机构所在地监管机构掌握。例如获得通行证的港澳金融机构在大湾区跨境展业时首先向港澳金融监管部门报备，港澳监管部门随后通知广东和深圳金融监管部门即可，而无须内地监管机构再次审批，也无须在内地单独设立子公司。在具体推行过程中，内地监管部门也可考虑设立总资产等方面的准入门槛，先行授予符合条件的5～10家港澳银行及保险机构"单一通行证"，后续再逐步取消授予门槛。

建议13：试点"飞地＋自贸区"的模式，在由横琴主导的自贸区内设立一块由澳门主导的"经济飞地"。可考虑将该飞地命名为"澳门特色金融服务基地"或"珠澳特色金融合作区"（简称"合作区"），区内社会管理、经济建设可由澳门特区政府以选派合作区管理委员会成员等形式主导，实行澳门法律体系、关税体系以及自由贸易制度，允许澳门元、港元和人民币在合作区内兑换流通，由澳门特区政府承诺未来一定期限内将合作区税收七成用于合作区建设，剩余三成补贴给珠海市或横琴新区，合作区内GDP由两地协商共享。此外，探索在合作区与横琴自贸区之间实现金融服务一体化，即允许符合条件的两地特色金融机构在琴澳范围内自由提供跨境服务，合作区内机构在横琴展业只需遵守澳门监管标准，涉及在内地展业而澳门监管体系不涉及的制度安排，可参考并遵守内地监管标准。

（四）完善珠澳两地金融基础设施，为珠澳特色化金融合作提供保障

建议 14：完善顶层设计，建立聚焦金融业的咨询委员会，加强特色化金融业务统筹推进。（1）建立合作委员会，自上而下地构建协同发展新格局；（2）在合作委员会下建立专业委员会，为两地金融协同发展献策；（3）建立与业界紧密联系的反馈机制，关注政策落实动态和相关反馈。

建议 15：加强金融基础设施的硬件建设。（1）借鉴香港"外汇交易同步交收"的机制，发展澳门人民币即时支付结算系统，以提高同步交收服务的效率，降低因与葡语国家存在地区时差而造成的交收风险；（2）以澳门的粤澳跨境电子直接缴费系统中的电话支付系统 eBilling 为基础，与珠海横琴地区推出联合结算机制，进一步扩大与粤港的合作；（3）发展澳门证券登记结算系统，与内地、香港互相连接，并在此基础上与国际登记结算机构联网。

建议 16：加强金融基础设施的软件建设。（1）两地政府要加强立法，为金融协同发展提供法律环境和法律支持，同时要加强建设国际商事仲裁系统。（2）吸引和培养熟悉两地金融市场的人才，为两地特色化金融提供葡语人才。一是两地高校都要注重"经管＋葡语"的复合型人才的培养；二是珠海（横琴）需根据城市（区）定位，考虑自身与深圳，以及澳门与香港的差异，制定差异化的人才引进模式。（3）提升城市创新能力，助力特色金融业发展。

（五）《关于金融支持粤港澳大湾区建设的意见》为推动建设澳门-珠海跨境金融合作示范区、加速澳门特色金融发展指明具体方向

2020 年 5 月 4 日，央行等四部门联合发布《关于金融支持粤港澳大湾区建设的意见》（简称《意见》），从促进粤港澳大湾区跨境贸易和投融资便利化等五个方面提出 26 条建议措施，主要包括：

《意见》提出，要促进粤港澳大湾区跨境贸易和投融资便利化，提升本外币兑换和跨境流通使用便利度。措施包括：在粤港澳大湾区内地（指珠三角九市）统一实施资本项目收入支付便利化试点，简化结汇和支付管理方式；研究建立本外币合一银行账户体系，优化银行账户开户服务；探索建立跨境理财通机制；等。

《意见》提出,要扩大银行业、证券业、保险业对外开放,深化内地与港澳金融合作。措施包括:支持港澳银行机构以在内地设立法人机构和分支机构等方式展业;支持在粤港澳大湾区内地有序设立外资控股的证券公司、基金管理公司、期货公司,依法扩大合资券商业务范围等;支持在粤港澳大湾区内地设立外资控股的人身险公司。

《意见》提出,要推进粤港澳资金融通渠道多元化,促进金融市场和金融基础设施互联互通。措施包括有序推进大湾区金融市场和基础设施互联互通、支持港澳发展离岸人民币业务等。

《意见》提出,要进一步提升粤港澳大湾区金融服务创新水平。加强科技创新金融服务,大力发展金融科技,支持粤港澳大湾区内地在金融领域中推广区块链等科技应用。推动移动支付工具在粤港澳大湾区互通使用。

此外,为切实防范跨境金融风险,《意见》提出:研究建立跨境金融创新的监管"沙盒";强化内地属地金融风险管理责任,协同开展跨境金融风险防范和处置;加强粤港澳金融消费权益保护,探索构建与国际接轨的多层次金融纠纷解决机制。

《意见》为深化粤港澳金融合作,加速金融支持粤港澳大湾区建设指明了政策方向,在跨境资本流动限制、金融监管体系差异、跨境展业约束条件下,未来仍需以制度创新推动《意见》所提建议与措施的落地,实现深层次互联互通,服务大湾区建设发展。

对于涉及珠海和澳门的具体条款,《意见》明确提出:"支持澳门打造中国－葡语国家金融服务平台,建立出口信用保险制度,建设成为葡语国家人民币清算中心,承接中国与葡语国家金融合作服务,支持澳门发展租赁等特色金融业务,推动建设澳门－珠海跨境金融合作示范区。支持澳门在符合条件的情况下加入亚洲基础设施投资银行,支持丝路基金及相关金融机构在香港、澳门设立分支机构。"

围绕《意见》指引,珠澳金融机构可加大金融创新力度,协同合作,围绕大湾区一体化建设和服务实体经济,提供便捷高效的跨境金融产品服务,加速建设澳门－珠海跨境金融合作示范区,特别是在跨境投资、跨境融资、跨境支付结算等方面,满足大湾区企业和居民跨境金融需求,推动跨境贷款、非银行金融机构跨境融资、跨境担保、跨境资产转让、跨境资金池、跨境理财通、跨境征信合作,探索推进征信产品互认,以及私募股权投资基金跨境投资等跨境金融项目。

《意见》明确提出"支持符合条件的港澳保险机构在深圳前海、广州南沙、珠海横琴设立经营机构",围绕《意见》指引,境内银行、证券、保险等金融业将继续加大对港澳的开放力度,鼓励澳门银行、保险金融机构进驻内地设立分支机构或保险售后服务中心,并通过金融监管协调降低监管成本,支持澳门保险资金、银行理财资金参与大湾区相关基金,为大湾区建设注入各类澳门社会资本,促进大湾区实现人流、物流、资金流高效便捷流动,提升大湾区整体资源配置效率。

第二部分
金融市场创新、合作的
路径与珠澳实践

金融创新的落脚点在于：城市群将促进整个地区的金融发展，使得各城市间的金融创新产生协同效应。从特色化金融市场的视角来看，珠澳作为城市群，实现金融创新具有广阔空间。根据《纲要》对珠海和澳门的定位，本书第二部分以跨境人民币业务、离岸金融业务、金融衍生品、跨境金融合作、出口信用保险、绿色金融业务等六大市场创新作为珠澳金融市场合作的主要路径，具有较大的可行性。

第四章

澳门对接葡语系境外人民币市场
需求,为珠澳创新性合作提供空间

　　大力发展跨境人民币业务,既是推进人民币国际化的重要方式,又为澳门和珠海的城市群多元化发展提供新途径。外汇储备以及外汇形式的资产是澳门的主要资产,但近年来由于旅游业不景气,澳门经常项目下跨境贸易人民币结算比重逐年降低,规模逐年缩小。与此同时,澳门对葡语国家的进口呈不断上升之势,这也是澳门与葡语国家贸易采用人民币结算的发展基础。未来,在推进澳门跨境人民币业务时,澳门需要与珠海合作完善人民币金融基础设施,推进构建葡语国家人民币清算中心。珠澳合作应以澳门为窗口,横琴为战略延伸,扩大澳琴对"一带一路"国家的贸易,促进互相投资与劳务合作,同时重点发展特色旅游业。

第一节　澳门外汇与跨境人民币业务发展情况

(一)澳门外汇资产中人民币偏少

　　澳门金融管理局数据显示,澳门政府的资产以外汇储备和本地区对外放款与投资为主。如表4-1所示,截至2018年底,澳门总资产2 626.22亿澳门元,其中外汇储备1 635.97亿澳门元,占总资产的62%。而澳门的外汇储备以银行结存和海外债券的资产形式为主,在外汇储备中的占比分别是59%和29%。本地区对外放款与投资规模为979.81亿澳门元,占比37%,是澳门金管局第二大资产项目。而其中,外币投资达976.30亿澳门元,显示对外投资基本是以外币形式实现的。

　　相较之下,澳门资产端并没有较大规模的对政府债券和对其他存款性公司债权,这与其他国家或地区央行性质机构的资产构成不同。例如,澳门金管局资产负债表中外汇占总资产比保持在60%左右,对其他存款性公司债权占比约30%,对政府债券即国债占比约4%,可见澳门的货币供应体系主要受外汇储备的外部因素影响。对于人民币而言,随着澳门离岸人民币业务的开展以及离岸人民币的集聚,人民币可以在澳门的外汇资产储备中占据一席之地。而随着中国资本账户与内地资本市场开放程度的不断提高,澳门金管局加大人民币对外投资是可行的。

表 4-1　2018 年澳门金管局资产负债表

资产账户	金额/亿澳门元	负债账户	金额/亿澳门元
外汇储备	1 635.97	澳门币负债	2 269.61
银行结存	966.07	特区政府存款	542.46
海外债券	476.63	金融票据	308.15
外币投资	193.00	金融机构存款	258.93
其他	0.26	负债证明书	184.51
本地区对外放款与投资	979.81	外币负债	0.00
外币投资	976.30	其他负债	3.96
其他资产	10.44	资本储备	352.63

资料来源:澳门金管局。

(二)2015 年以来澳门跨境贸易人民币结算持续下滑

2015 年以前,随着澳门经常项目进出口的迅猛增长,澳门跨境贸易人民币结算规模飞速扩张。2010 年澳门跨境贸易人民币结算总额仅为 60 亿元,而 2015 年达到了 2 581.90 亿元,是 2010 年规模的近 43 倍。但 2016 年成为拐点,2016—2018 年跨境贸易人民币结算总额分别为 1 209.82 亿元、670.49 亿元和 402.30 亿元,规模较 2015 年出现显著回落。具体如图 4-1 所示。

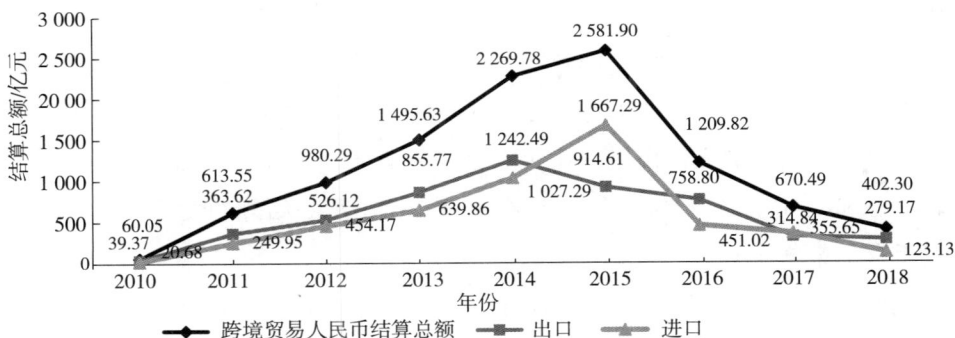

图 4-1　2010—2018 年澳门跨境贸易人民币结算总额

资料来源:澳门金管局。

随着澳门跨境人民币结算规模缩小，澳门经常项目下跨境贸易人民币结算比重也明显下滑。跨境贸易分为货物进出口贸易和服务进出口贸易。跨境贸易人民币结算率，是指跨境贸易人民币结算总额占跨境贸易进出口总额的比例。2010 年人民币结算率仅为 3%，随着澳门经常项目的飞速扩张，该比例在 2015 年达到峰值 73%，但 2016 年、2017 年出现断崖式下跌，分别降至 36%、17%（表 4-2）。

表 4-2　2010—2017 年澳门经常账户人民币结算总额

年份	人民币结算总额/亿元				跨境贸易人民币结算率/%
	货物	服务	货物及服务贸易	跨境贸易	
2010	508.52	1 750.33	2 258.85	60.05	3
2011	660.12	2 365.38	3 025.50	613.55	20
2012	786.77	2 770.80	3 557.57	980.29	28
2013	900.92	3 253.46	4 154.38	1 495.63	36
2014	1 025.35	3 268.74	4 294.09	2 269.78	53
2015	1 033.60	2 485.42	3 519.02	2 581.90	73
2016	880.59	2 462.77	3 343.36	1 209.82	36
2017	936.05	2 904.27	3 840.32	670.49	17

资料来源：澳门金管局。

2004 年 11 月，中国银行澳门分行获批成为澳门人民币清算行，正式办理澳门个人人民币业务。随着澳门与内地贸易往来的加深，以及前往澳门旅游的内地游客数量持续增长，澳门的人民币存款总额从 2004 年底的 0.82 亿元人民币增长至 2014 年 4 月的峰值 1 288 亿元人民币（1 644 亿澳门元）。澳门人民币存款增加的主要原因还包括 2009 年内地人民币结算政策的出台。该政策将在澳门的人民币存款由个人客户存款扩展至个人与非个人客户存款的总和，且以非个人客户为主导，极大地支持了贸易结算的发展，使澳门人民币存款激增。

但是，2014 年开始，人民币存款总额开始出现下滑。如图 4-2 所示，2014 年 5 月，人民币存款总额达到历史最高的 1 644 亿澳门元，此后便经历了三段明显下降的阶段。2015 年 4 月，人民币存款总额降至 1 109.79 亿澳门元，较前一年下降 32.5％；2015 年 6 月小幅上升后再次出现明显下滑，至 2016 年 2 月澳门人民币存款总规模减少至 661.68 亿澳门元，较 2015 年 4 月下降 40.4％；此后经过半年回升，人民币存款总额再次走低，至 2017 年中，澳门人民币存款总额仅为 350 亿澳门元左右，比 2016 年初下降了 47.1％。自 2017 年中以来，在澳门的人民币存款总额相对稳定，在 400 亿澳门元左右波动。持续下滑的澳门人民币存款总额表明，经过澳门银行体系流转的人民币数量在下降。

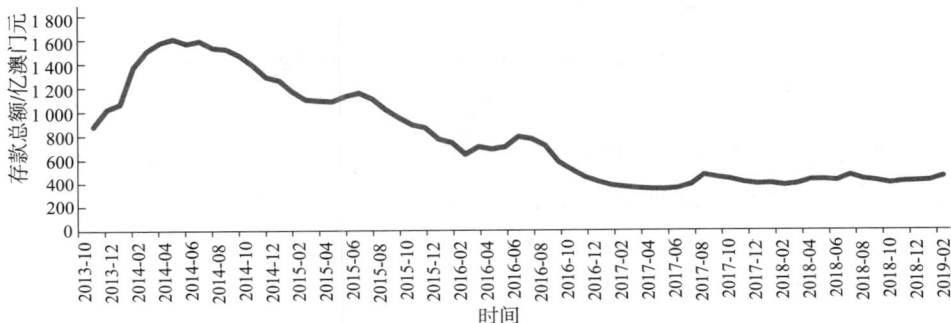

图 4-2　2013—2019 年澳门人民币存款总额变化趋势

资料来源：万得资讯（Wind）。

（三）跨境贸易人民币结算规模缩小的原因

人民币结算规模的缩小主要是汇率改革后，人民币经历了一轮较明显的贬值周期。澳门的贸易项变动主要由服务的出口项引致，而服务出口项最明显的下滑源自 2015 年，该年的跨境贸易结算人民币占比是 73％，服务出口量下滑并不明显，因此人民币结算率的下降或与人民币贬值相关，2016 年、2017 年全国跨境贸易人民币结算规模与人民币结算率也均出现了明显下滑。汇率改革后，美元兑人民币从 2015 年 7 月的 6.12 升至 2016 年底的 6.92（图 4-3）。从澳门跨境人民币结算的月度数据观察得知，月人民币结算额的下降正是从 2015 年 10 月汇率改革后一个月左右开始的。

就澳门的产业结构来看，澳门特别行政区的支柱产业为第三产业，主要依靠旅游产业与博彩业，而第一、二产业微乎其微。根据澳门统计暨普查局（DSEC）的数据，2017 年澳门第三产业比重高达 94.9％，第二产业仅为 5.1％，其中博彩业占比 49.13％，批发零售、酒店业、饮食业、租赁与工商服务业等与

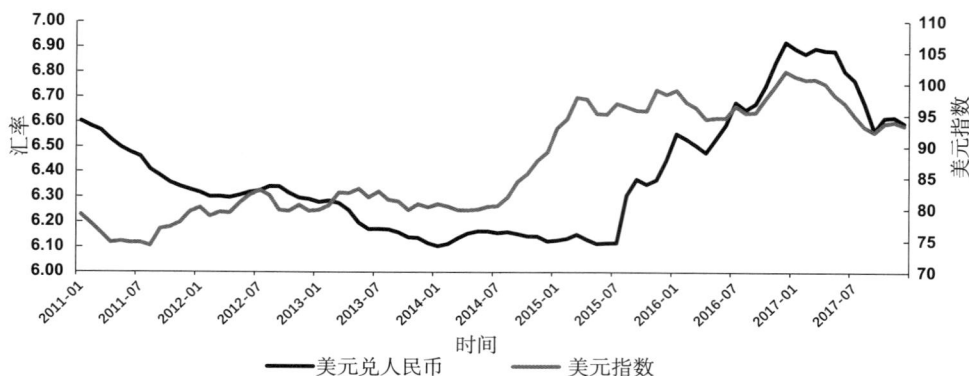

图 4-3　2011—2017 年人民币与美元指数走势

旅游密切相关的产业占比 18.75％,二者合计 67.88％。无论是博彩业还是旅游业,本质上都是来自外部入澳的娱乐服务需求。从 2013—2017 年澳门的国际收支服务贸易统计(BOP)来看,澳门国际收支的经常项目保持较大顺差,主要是因为服务项保持大额顺差。而澳门经常项目中的货物出口小于进口,所以总体来看澳门是货物的净进口地区和服务的净出口地区。而在服务项目内部,旅游又占据绝对的主导地位,所以澳门经常项目的走势主要由旅游出口分项的走势决定。如表 4-3 所示,2013—2014 年,澳门的旅游出口都在 3 400 亿澳门元以上,但在 2014 年已经出现相较于 2013 年的小幅下滑,显示出 2014 年是一个拐点。2015 年,旅游出口暴降至 2 478 亿澳门元,比 2015 年下降 27.4％,而 2016 年继续维持在 2 400 多亿澳门元的规模,直到 2017 年才出现 18％左右的回升。

表 4-3　2013—2017 年澳门国际收支平衡表

单位:亿澳门元

项目	年份				
	2013	2014	2015	2016	2017
经常项目净值	1 657	1 511	917	987	1 337
货物净值	−842	−945	−927	−810	−844
服务净值	3 323	3 302	2 349	2 320	2 750
其中:旅游出口	3 446	3 414	2 478	2 438	2 884

资料来源:澳门特别行政区统计暨普查局。

澳门旅游业的客源主要来自内地和香港,特别是内地游客更是近年来的主力。2008—2014 年,内地游客人数和占比呈上升趋势,远高于其他国家和地区。如图 4-4 所示,2014 年来自内地的游客达到了 2 125 万人次,占当年澳门旅游总人次的 67%,2015 年内地游客首次出现负增长,比 2014 年减少84 万人次。澳门发达的旅游业,以及来自内地游客巨大的消费需求是 2014年以前澳门人民币使用迅速增长的原因之一。澳门的博彩业不可使用银联卡,资金在支付结算体系之外,但是由于资金量巨大,涉及人民币数额较多,与人民币的交易、外汇买卖等密切相关。尽管博彩业涉及的人民币交易不在银行体系内,但难免也会受到澳门游客数下降的影响。

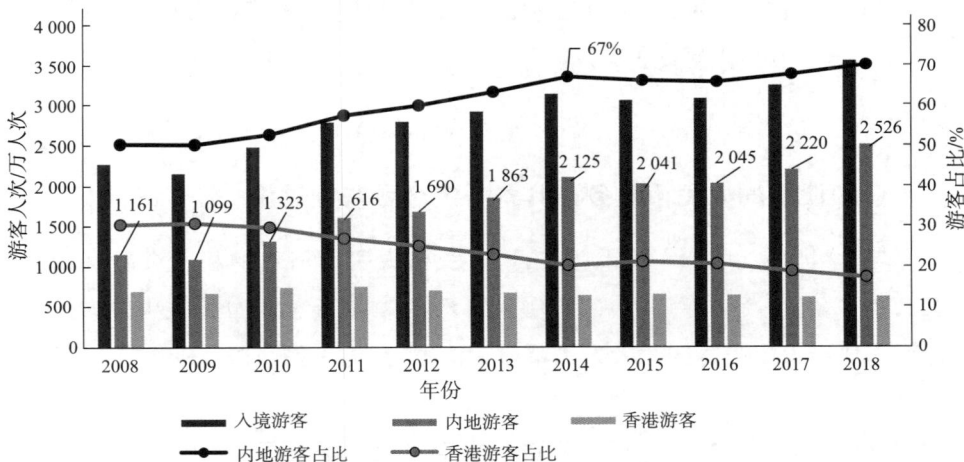

图 4-4 澳门地区游客人次统计

资料来源:澳门特别行政区统计暨普查局。

(四)重视和加强跨境人民币业务

由于人民币在澳门的支付结算规模缩小,跨境人民币业务在澳门的展开需要政策支持。跨境人民币业务的蓬勃发展对于内地和澳门都具有重要意义。

首先,跨境人民币业务的发展是推进人民币国际化的重要方式。人民币国际化可以使人民币分享国际货币的铸币税收益,减轻输入型通胀的压力。而对于国际货币地位的争夺,不是一朝一夕、一蹴而就的事。澳门是葡语系的窗口,在与葡语国家的往来中形成人民币结算的习惯,是千里之行的第一步。其次,提高人民币结算率可以降低以澳门为窗口的外贸企业的汇兑成本和外汇风险。澳门与葡语国家一旦采用人民币结算,即可省去多次换汇带来的成本损失,以及规避采用第三方货币结算的汇率风险。再次,人民币使用量的上升一定伴随需求的提升,而需求的提升正是澳门经济发展所需要的。澳门人民币结算规模的缩小及经贸往来下滑与澳门经济自身的单一性相关。近年来,澳门提出的经济适度多元化的目标即在一定程度上摆脱过于依赖博彩业作为经济支柱的现状,而澳门经济适度多元的发展方向也需要内地的参与。

第二节　珠澳共同完善人民币金融基础设施,推进构建葡语国家人民币清算中心

(一)澳门的人民币业务已具备一定金融基础设施

自澳门回归以来,人民币业务日渐发展,人民币清算的相关金融基础建设自 2004 年逐渐完善。2004 年 9 月 17 日,中国银行澳门分行被中国人民银行正式选定为澳门特区个人人民币业务清算行,为人民币跨境业务在澳门的发展打下基础。

2012 年 9 月 24 日,中国人民银行决定授权中国银行澳门分行继续担任澳门人民币业务清算行,续签《关于人民币业务的清算协议》,中国银行澳门分行成为澳门特区唯一一家人民币境外清算行。2015 年 8 月,澳门分行获得中国人民银行准许,将人民币清算服务提供范围扩大到港澳及东盟以外地区,包括葡语国家市场。2015 年,澳门人民币清算总量增至 1.57 万亿元,其中为葡语国家提供人民币清算业务达到 76 亿元;2016 年澳门与葡语国家银行间人民币清算量达到 138.94 亿元。2016 年 3 月 7 日,澳门建成了由 28 家获准的金融机构参与的澳门人民币即时支付结算系统并正式投入服务,该系统为银行客户之间与银行间的人民币资金流动提供即时结算服务,并且支持中国内地与葡语国家贸易的人民币结算,使用后将缩短人民币结算所需时间,减少成本,扩大人民币适用范围,为推进双边贸易提供较为便利的金融支持。

2018 年 5 月，中国银行澳门分行获得中国人民银行准许成为人民币跨境支付系统（CIPS）的参与机构，基本完成葡语国家人民币清算渠道的搭建。此次参与使得澳门获得了人民币清算领域的重要基础设施，在该领域取得重大突破。6 月 21 日，中国银行澳门分行与葡萄牙商业银行、葡萄牙农业信贷合作银行分别签署《人民币业务清算及结算协议》《人民币业务协议》。在上述协议中，澳门分行将为葡萄牙商业银行开立澳门首个葡语国家银行人民币参加行账户，便于该行办理中葡人民币清算业务，在葡语国家人民币清算方面跨出了一大步。2019 年 1 月 15 日，中国银行澳门分行副行长王军在人民币清算推介会中提到，中国银行澳门分行已经与安哥拉、莫桑比克、东帝汶、佛得角、葡萄牙以及巴西等国家的 30 多家银行建立起代理行关系，为葡语国家提供优质高效的人民币清算服务。

（二）商贸发展情况保障澳门的人民币清算中心地位

澳门与人口超过 2.6 亿的葡语国家有着更加紧密的联系。基于国家定位以及葡语国家的现实情况，澳门正持续建设中葡平台的"三个中心"，即"葡语国家食品集散中心""中葡经贸合作会展中心""中葡中小企业商贸服务中心"，总而言之均与商贸有关。

澳门进出口贸易以转口贸易为主，如图 4-5 所示，2018 年澳门出口贸易总额达到 121.9 亿澳门元，其中转口贸易约 106.6 亿澳门元（折合人民币 91 亿元），占总额的 87.4％。因此，从澳门的角度，做好中葡之间的贸易对接，并利用区位和政策优势，推动人民币在贸易交易中的结算，可为澳门打造葡语人民币清算中心奠定一定基础。此外，单从有限的澳门与葡语国家之间的直接贸易情况来看，澳门对葡语国家的进口呈现出韧性，从进出口总额占比上看，对葡语国家进口的占比在不断上升，并没有因 2015 年澳门对外进口总额的下滑而下降。可见葡语国家贸易在澳门也存在黏性，澳葡之间日益加深的经贸合作将为澳门打造至少区域级别的人民币清算中心提供较大的可能。

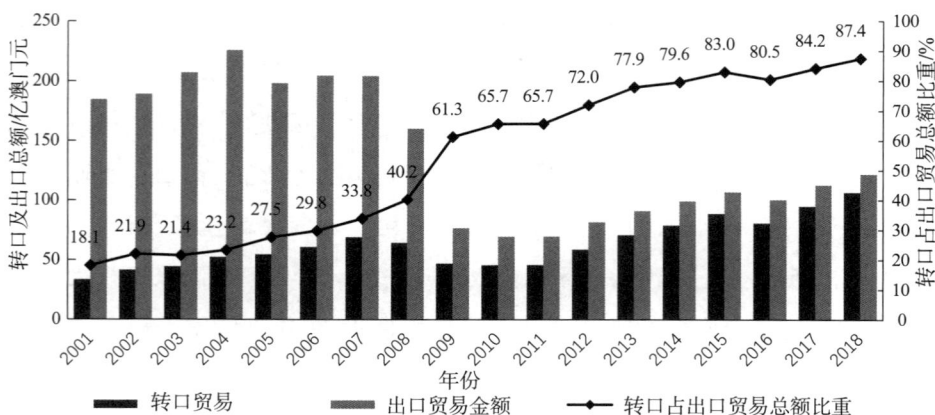

图 4-5　2001—2018 年澳门对外贸易情况

资料来源：Wind。

从中国对葡语国家的进口情况（表 4-4）来看，在葡语国家内部，巴西和安哥拉两国占据绝对的主导地位，两国之和基本等于中国对葡语国家的进口额。2017 年，中国从巴西进口的货值为 588.57 亿美元，从安哥拉进口的货值为 206.99 亿美元，均创 2015 年以来的新高。2018 年，中国从巴西进口775.12 亿美元，同比上涨 32%；中国从安哥拉进口 257.99 亿美元，同比上涨 25%。

表 4-4　2010—2017 年中国对葡语国家的进口情况

年份	进口额/亿美元							
	东帝汶	巴西	葡萄牙	安哥拉	佛得角	几内亚比绍	莫桑比克	圣多美和普林西比
2010	0.00	381.25	7.54	228.16	0.00	0.04	2.01	0.00
2011	0.02	523.94	11.62	249.22	0.00	0.04	2.57	0.00
2012	0.01	523.29	15.15	335.62	0.00	0.07	4.02	0.00
2013	0.00	542.99	13.99	319.73	0.00	0.17	4.55	0.00
2014	0.00	516.53	16.63	311.06	0.00	0.50	16.50	0.00
2015	0.01	440.89	14.62	160.02	0.00	0.18	4.53	0.00
2016	0.00	458.55	15.83	139.66	0.00	0.00	4.79	0.00
2017	0.02	588.57	21.39	206.99	0.00	0.00	5.29	0.00

资料来源：国家统计局。

从中国对葡语国家的出口情况（表 4-5）来看，巴西是葡语国家中中国商品最重要的出口地，出口额占比在 80％左右波动；而葡萄牙、安哥拉和莫桑比克出口额占比总体在提升，3 国合计占比在 20％左右。

表 4-5　2010—2017 年中国对葡语国家的出口情况

年份	出口额/亿美元							
	东帝汶	巴西	葡萄牙	安哥拉	佛得角	几内亚比绍	莫桑比克	圣多美和普林西比
2010	0.43	244.61	25.13	20.04	0.34	0.09	4.96	0.02
2011	0.70	318.37	28.01	27.84	0.50	0.15	7.00	0.02
2012	0.62	334.20	25.01	40.39	0.57	0.16	9.41	0.03
2013	0.47	358.95	25.07	39.64	0.62	0.12	11.99	0.05
2014	0.60	348.90	31.37	59.75	0.51	0.17	19.69	0.06
2015	1.05	274.12	28.95	37.17	0.43	0.17	19.38	0.06
2016	1.64	219.79	40.04	16.81	0.49	0.21	13.09	0.06
2017	1.33	289.51	34.45	22.57	0.69	0.34	13.07	0.07

资料来源：国家统计局。

对于巴西而言，其寄希望于出口的改善，而澳门是葡语系的重要窗口，同时背靠内地，具有巨大优势。就中巴之间的进出口情况（图 4-6）来看，2017年以来进出口都出现回升，双方经贸状况呈现了逆转之势。这也为双边贸易中更多地采用人民币结算提供了基础。

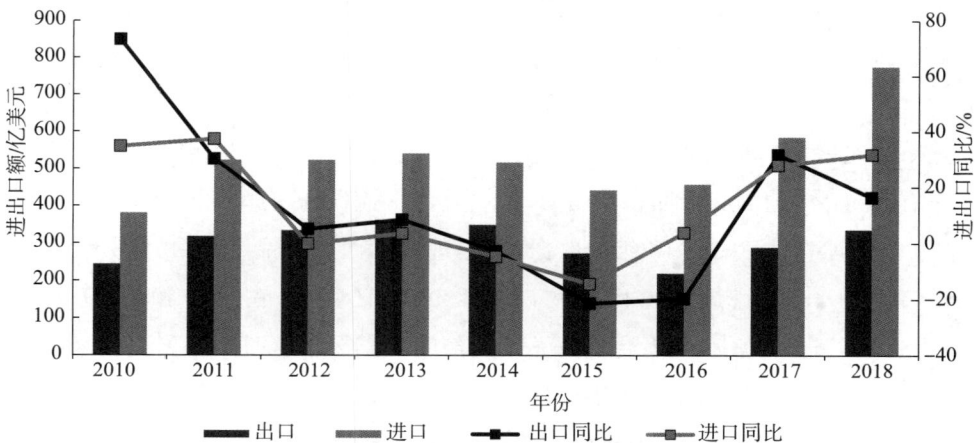

图 4-6　2010—2018 年中国对巴西进出口及同比

资料来源：Wind。

如表 4-6 所示,2018 年,巴西总出口金额为 2 398.99 亿美元,其中中国占比 32%,为 2010 年以来最高;而总进口金额 1 812.31 亿美元,其中中国占比 19%,与 2017 年持平,也是近年来最高的水平。从规模、占比与增长情况来看,中国对巴西产品的进口是双方贸易最重要的驱动力。

表 4-6 2010—2018 年巴西以及中巴进出口情况

年份	金额/亿美元				巴西出口中国占比/%	巴西进口中国占比/%
	巴西对外总出口	巴西对外总进口	巴西出口中国	巴西进口中国		
2010	2 017.88	1 817.75	381.25	244.61	19	13
2011	2 559.36	2 262.44	523.94	318.37	20	14
2012	2 422.77	2 233.67	523.29	334.20	22	15
2013	2 419.68	2 396.81	542.99	358.95	22	15
2014	2 249.74	2 291.28	516.53	348.90	23	15
2015	1 909.71	1 714.59	440.89	274.12	23	16
2016	1 852.32	1 375.86	458.55	219.79	25	16
2017	2 177.39	1 507.49	588.57	289.51	27	19
2018	2 398.89	1 812.31	775.12	336.69	32	19

资料来源:Wind。

巴西出口商品以豆类、肉类、咖啡、糖等农副产品以及原油、铁矿石等工业原料和能源为主。其中,原油、铁矿石和豆类是中国的主要进口商品,需求量巨大。根据《巴西食品出口中国的研究报告》,中国是巴西食品出口国的首选市场之一:水果(巴西坚果)在中国的市场占有率达到 92%,鸡肉产品市场占有率 78%,糖酒类产品市场占有率 59%,大豆市场占有率 23%(截至 2015 年)。根据中国海关 2018 年的数据,中国进口巴西矿产品 352.03 亿美元,占进口额的 45.8%;进口巴西植物产品 289.84 亿美元,占进口额的 37.7%(表 4-7)。进口集中,二者合计占总进口额的 83.5%。从时间序列数据来看,二者合计占总进口额比处于历史最高水平,而矿产品的下降比重可以由植物产品代替。整体来看,中国对巴西的进口主要是矿产品与植物产品。

表 4-7　2018 年中国进口巴西商品明细占比

中国进口巴西商品类别	占总进口比/%
第 5 类 矿产品	45.8
第 2 类 植物产品	37.7
第 10 类 木浆等；废纸；纸、纸板及其制品	6.7
第 1 类 活动物；动物产品	3.6
第 15 类 贱金属及其制品	1.9
第 4 类 食品；饮料、酒及醋；烟草及烟草代用品的制品	0.8
第 8 类 革、毛皮及其制品；箱包；肠线制品	0.7
第 6 类 化学工业及其相关工业的产品	0.5
第 11 类 纺织原料及纺织制品	0.5
第 3 类 动、植物油、脂、蜡；精制食用油脂	0.4
第 7 类 塑料及其制品；橡胶及其制品	0.4
第 16 类 机电、音像设备及其零件、附件	0.3
第 9 类 木及木制品；木炭；软木；编结品	0.3
第 17 类 车辆、航空器、船舶及有关运输设备	0.2
第 14 类 珠宝、贵金属及其制品；仿真首饰；硬币	0.1
第 18 类 光学、医疗等仪器；钟表；乐器	0.0
第 12 类 鞋、帽、伞等；已加工的羽毛及其制品；人造花；人发制品	0.0
第 13 类 矿物材料制品；陶瓷品；玻璃及其制品	0.0
第 20 类 杂项制品	0.0
第 22 类 特殊交易品及未分类商品	0.0
第 21 类 艺术品、收藏品及古物	0.0

资料来源：wind。

从 2010—2018 年中国对第 2 类植物产品和第 5 类矿产品进口的情况（表 4-8）来看，从巴西进口矿产品占总矿产比重保持在 5%～8%，而从巴西进口植物产品占总植物产品比重却从 25% 上升至 46%，即中国将近一半的植物产品市场进口份额都被巴西占据。中国植物产品的另一大进口国是美国，2018 年中国只从美国进口 95.03 亿美元，比 2017 年的 169.77 亿美元下降 44%；2019 年 1—3 月中国进口 13.14 亿美元，尚未达以往年份 1 个月的水平。可见一旦中美谈判僵持不顺,巴西完全能够实现对美国的替代。另外,虽然进口的波动可能很大,但长期来看,中国对外经贸关系的加深还是体现在进出口规模的扩大上。从植物产品来看,2010—2018 年,进口年均增速达到 8.2%;从矿产品来看,进口年均增速达到 6.3%。

表 4-8　2010—2018 年中国总进口和从巴西进口植物、矿产品情况

年份	进口额/亿美元				植物占比/%	矿产品占比/%
	第 2 类植物产品	第 5 类矿产品	巴西第 2 类植物产品	巴西第 5 类矿产品		
2010	332.36	3 008.60	81.65	227.29	25	8
2011	403.26	4 299.04	118.12	312.71	29	7
2012	509.12	4 515.90	142.40	276.98	28	6
2013	559.79	4 687.09	191.44	256.60	34	5
2014	617.82	4 590.13	188.13	240.06	30	5
2015	598.37	2 990.82	170.08	182.94	28	6
2016	538.86	2 722.66	156.18	190.85	29	7
2017	619.48	3 773.44	210.37	269.79	34	7
2018	625.68	4 909.57	289.84	352.03	46	7

资料来源:Wind。

此外,对于中国而言,在中美贸易战的背景下,寻求进口的多元化符合国家的核心利益。在这一点上,中巴有利益的会合点,而澳门是进出口的重要平台与窗口。贸易需求是中巴采用人民币结算的基础。

2016 年 10 月,李克强总理来澳视察期间提出多项深化与葡语国家合作的举措和惠澳政策,包括"支持在澳门成立中国-葡语国家金融服务平台""支持在澳门建设葡语系国家人民币清算中心"。中国银行澳门分行作为澳门人民币清算行,在各级政府部门和银行同业的支持下,与 30 多家葡语国家银行建立代理行关系,先后为葡萄牙、巴西、安哥拉和莫桑比克等葡语国家与中国间的商贸往来提供跨境人民币清算服务,完成中国与葡语国家间人民币清算服务网络的搭建。经过两年多的发展,在政策支持下,澳门作为葡语系人民币清算中心已小有成效。根据中国银行澳门分行对外披露的信息,2017 年该行为葡语国家银行办理的人民币清算达到了 36 亿元人民币,而 2015 年该数值为 76 亿元人民币,表现为回落,但相对于整体跨境人民币结算规模来

看，葡语系清算占比反而从 2015 年的 2.9％上升至 2017 年 5.4％，年均提升1.21％。可见，未来随着中葡贸易的加深，澳门葡语系结算占比有望以不低于每年1.21％的比重提升。

(三)中国对葡语国家的投资促进人民币国际化

葡语国家如葡萄牙、安哥拉、佛得角、几内亚比绍、莫桑比克、圣多美和普林西比、东帝汶，都属于经济总量很小的国家，而中国是它们主要的投资国。而且中国主导对外投资是扩大人民币结算的重要契机。

澳门是中国最大的对外投资存量地区，比其他全部葡语国家之和还多。巴西是中国对外投资存量的第二大国，但近年来增速明显放缓。非洲稍大的葡语国家是中国对外投资的主要方向，其中安哥拉、莫桑比克、几内亚比绍均得到中国较大的资本支持。相对而言，中国对于葡萄牙和东帝汶、佛得角等小国的投资很少。预计中国在"一带一路"倡议下对主要葡语国家的投资还将不断增长，这与中国资本"走出去"的战略相一致。此外，主要葡语国家的地质和矿产资源丰富，也极具投资价值。

根据中国对葡语国家和地区的直接投资存量情况，安哥拉是中国在非洲葡语国家中最重要的投资合作国。根据中非合作论坛北京峰会精神，未来安哥拉的制造业、通信业、酒店旅游业、水电业是主要的投资方向。但对安哥拉投资仍存在一些风险：首先，安哥拉治安状况不佳，旅游吸引力差，投资酒店的资本回收周期长；其次，安哥拉通货膨胀率高，且实行外汇管制，出现风险事件时不利于资本的退出；再次，企业利润需缴纳 35％营业税且有配额限制，税收环境差。

莫桑比克是中国在非洲葡语国家中第二大投资合作国。中国对莫投资涉及能源资源开发、农业、房地产、建材、旅游设施、汽车加工、渔业、通信和零售贸易等领域。未来莫桑比克将重点发展工业制造业、农产品加工、矿产品加工等出口导向型产业，以及食品、纺织、服饰等日常消费产品和建材等进口替代型产业。莫政府对于吸引外资也持开放态度，在提高营商环境竞争力和投资吸引力方面不断努力。但对莫桑比克的投资也存在一些风险：第一，不佳的宏观经济和财政状况制约着莫的债务偿还能力；第二，多发的气象灾害造成财产损失。

中国在巴西直接投资额截至 2017 年累计约为 32.06 亿美元,这在葡语国家中居首位。能源、物流、农业、基础设施投资是中国对巴西投资的重点。未来,巴西政府还将鼓励中国继续针对巴西基础设施进行投资。投资巴西的风险主要有:政府承诺能否兑现、税负较重、经营程序复杂、外汇管制等。

(四)离岸人民币清算中心对比

随着人民币国际化的发展,境外出现了很多人民币清算中心。其中,香港由于自身的地位优势和与内地的特殊关系,是最早发展起来的,同时也是最大的人民币清算中心;而伦敦、法兰克福和卢森堡是欧洲三大人民币清算中心。澳门定位于葡语国家的人民币清算中心,从目标服务对象上需要与前四者形成差异。

从贸易结算和人民币资本项目来看,香港是主要的离岸人民币中心。2018 年,香港跨境贸易人民币结算规模约 4.21 万亿元,远高于伦敦的 3 770 亿元和澳门的 670 亿元。从人民币存款来看,香港人民币存款 6 577 亿元,远超伦敦和澳门。香港是离岸人民币第一大清算中心,而未来澳门可定位于服务中国与葡语国家的清算中心。从离岸人民币债券发行额规模来看,2019 年 2 月香港也以 4 270 亿元远高于伦敦的 328.5 亿元,而澳门于 2018 年 2 月才推出首单人民币债券,在人民币资本项目发展上,起步也相对较晚。

伦敦、法兰克福和卢森堡是欧洲的三大人民币离岸中心,分别侧重人民币离岸外汇交易、人民币贸易结算和离岸人民币证券投资。而澳门目前与这三个地区也存在差距。

由此,澳门打造的离岸人民币市场应定位于葡语国家窗口,以经贸服务为主,并适当开拓人民币资本项目的区域级离岸人民币中心。差异化的人民币业务和服务对象应该是澳门的发展方向,而不适宜对标香港等国际级离岸人民币中心。其中原因在于香港是全球最大的离岸人民币中心,无论在贸易和资本项目上,都极具优势;而澳门在经贸上,作为葡语国家的窗口,服务范围相对小,但在明确的定位下,有与葡语国家经贸加深的空间,存在着差异化的优势。未来澳门的增长点主要来自与内地的连接。横琴新区与港澳的联通,旅游休闲的需求将增加和提升人民币在区域内的使用频率与地位。珠海横琴与澳门毗邻,横琴的建设必将引致大量人口入住,从而带来大量的消费需求。随着澳珠互联互通的深化，珠澳往返将成为常态，珠海工作、澳门休闲将成为一种模式，而澳门的旅游需求将因便利化程度加深而扩张，适应人口数量占绝大多数的内地人的支付结算方式是区域一体化发展最经济的选择，从而人民币的区域结算货币地位可期。对于欧洲的人民币中心，在经贸关系上，澳门与欧洲联系较少，所以澳门对接葡语国家的离岸人民币中心将有助于澳门跨境业务差异化发展。

第三节　珠澳合作共赢的境外人民币业务发展机遇

澳门最具优势和基础的地方在于其对外开放窗口的地位。在"一带一路"的建设中，澳琴应加强合作，以澳门为对接内地的窗口，以横琴为战略延伸，促进澳琴与"一带一路"沿线国家的贸易往来，特别是服务贸易，以国家为主体，推进境内外企业的投资与劳务合作。

近年来，面对与"一带一路"沿线国家的贸易规模缩小的现状，澳门亟须加强与横琴的合作，扭转贸易趋势，打开增长空间。2010—2016 年，澳门与"一带一路"沿线国家的货物贸易总额从 34.8 亿澳门元增加至 47.5 亿澳门元，仅仅增长了 36%，而 2015 年成为下降的拐点。更为关键的是，澳门与"一带一路"国家的货物贸易总额占澳门货物贸易总额的比重持续下降至 6% 以下。服务贸易也出现了类似现象，2014 年起澳门与"一带一路"沿线国家的消费总额止升转降，且在澳门消费总额的比重也一直呈现下降的趋势。未来，根据横琴新区的产业发展重点方向，利用香港、澳门对国际游客的吸引力以及横琴便利的地理位置，顺道引客入琴，结合横琴海岛型的独特景观资源优势，发展横琴旅游休闲度假产业。利用横琴与港澳配套的国际知名休闲旅游胜地的建设再次提升澳琴地区的吸引力，扭转澳门贸易和服务总额下降的趋势。

受益于珠澳一体化，澳门与横琴的深度合作将促使对外经贸、投资合作加深。澳门是葡语国家的贸易窗口，也是著名的旅游休闲中心，不仅可以对外带回贸易与投资需求，而且投资建设后可以激发建设横琴新区的消费需求，而需求的满足要以货币支付购买的形式实现，这就是澳门人民币业务发展，或者说以横琴为窗口对接内地的发展机遇。横琴是内地唯一与香港、澳门路桥相连的地方,具有特殊的通关及财税政策、开放的产业和信息化政策,100 千米半径区域内拥有 5 个国际国内机场、4 个深水港,能够确保横琴对接内地和澳门窗口角色的扮演。对于澳门,贸易振兴、经济多元化和新增长点将来自与内地的深度融合和做好对外交流的桥梁。对于横琴,当地经济建设的加速和新经济发展机遇将来自与外部经济体的发展与合作。这对于澳门和横琴是一个可以实现共赢的选择。

对于人民币结算,珠澳一体化将极大地推动区域内人民币的使用,故而人民币结算率的上升应在预期之内。对于投资,新加坡是"一带一路"沿线国家中对澳门的主要投资者,而老挝、菲律宾是"一带一路"沿线国家中澳门对外投资的主要对象,考虑到澳门目前无论是输入还是输出都比较集中于博彩及酒店等旅游相关行业,未来应该进一步拓宽双边的投资范围。可以考虑鼓励新加坡对澳门、横琴进行金融投资,鼓励"一带一路"沿线国家投资横琴新区建设,以及以澳门、横琴为窗口扩大中国对"一带一路"沿线国家的投资。对于中葡合作,除了继续推动澳门或者澳琴作为葡语国家的人民币清算平台以外,还可推动依托双边贸易、投资领域的相关金融服务业的发展,例如通过进一步削弱对外资银行的资产规模限制(不低于 40 亿美元)和外资保险公司的多重限制(集团总资产在 50 亿美元以上,经营历史超过 30 年,内地设代表处超过 2 年),推动澳门的葡资金融机构在横琴落户,拓展葡资服务内地等金融需求的广度。

第五章

推动澳门离岸金融市场与珠海跨境金融市场联动发展

澳门离岸金融市场与珠海跨境金融市场在未来相互借力,将有助于进一步实现城市群金融市场联动发展。澳门离岸金融业务起步较晚,主要集中于跨境融资贷款、跨境资产转让等,从跨境人民币结算量来看,离岸金融发展潜力依旧巨大。目前,澳门离岸金融发展依然面临着总体贸易规模较小、离岸公司法取消、横琴跨境政策未充分释放的挑战。预计"一带一路"倡议落实将推动葡语国家、东盟国家与澳门贸易的快速增长,横琴快速发展将推动跨境金融需求增加,加之澳门已在加快搭建离岸融资平台,澳门的离岸金融也将获得更好的发展基础。未来,强化澳门为葡语国家提供离岸金融服务、推动横琴跨境金融政策先行先试、强化横琴与澳门金融基础设施建设,将是实现珠澳金融联动发展的主要举措。

第一节 澳门离岸金融市场的发展现状

(一)澳门离岸金融起步较晚

澳门政府于 1981 年 8 月颁布银行法令,其中允许以外资银行开设分行的形式开展离岸金融业务,澳门离岸金融起步于此。1987 年 5 月,澳门颁布了《离岸业务银行及有关活动制度法规》,规定了两类离岸银行业务机构及其注册条件:一类是离岸银行附属公司,是独立法人机构,其股本不得少于1 500万澳门元,母公司持股比例不得少于 90%;另一类是离岸银行分行,是非独立法人机构,其注册资本没有明确规定。20 世纪 90 年代初期,澳门有 3家银行经营离岸银行业务,截至 2019 年 4 月底,仅剩 1993 年设立的葡萄牙商业银行澳门分行(2010 年在澳门设立分公司)一家仍在经营。

(二)跨境业务以跨境贷款为主

2018 年底,澳门与内地的跨境业务结算额从 2017 年的 6 034 亿澳门元增长至 6 801 亿澳门元,增长 12.7%。其中,跨境业务类型主要以跨境融资贷款为主。2018 年底,澳门银行与内地相关的客户贷款规模合计 3 395 亿澳门元,占比约 50％,其中贸易融资贷款 549 亿澳门元,仅占 16％。在跨境资产转让等其他跨境金融业务方面,澳门银行主要通过与内地银行间的跨境业务来实现。2018 年底,澳门银行对内地银行在资产负债表内的相关业务合计 2 097 亿澳门元,占比约 31％。该项包括与内地银行的同业存放、贴现由内地银行发行的信用证、投资由内地银行发行的债券(2018 年内地政策性银行和国有商业银行的债权占比为 44.6％,其他内地银行的债权占比为 55.4％)。此外,2018 年澳门银行投资由内地非银行机构实体发行的债券合计 778 亿澳门元,远期合约及衍生工具、银行担保及其他资产负债表外项目合计 531 亿澳门元,总占比低于 20％。具体数据见图 5-1。

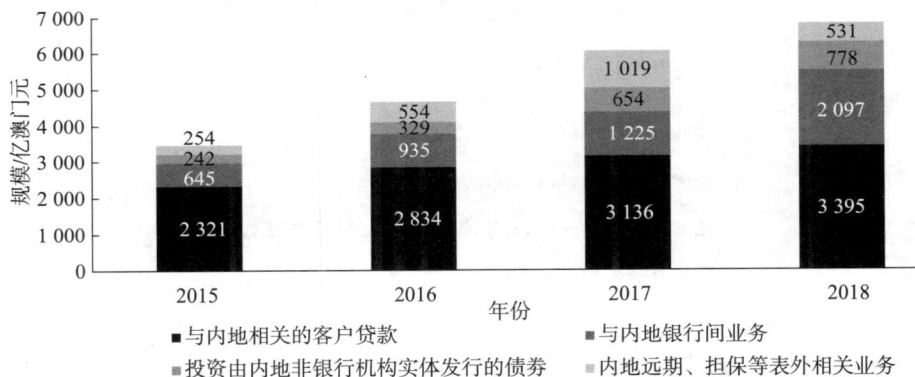

图 5-1　2015—2018 年澳门银行与内地相关业务规模

数据来源:澳门金管局。

(三)跨境人民币结算业务规模较小,发展潜力较大

从跨境人民币结算来看,澳门人民币业务仍有较大发展空间。2018 年澳门跨境贸易人民币结算总额为 402.3 亿元人民币,较 2017 年的 670.5 亿元下滑 40％(图 5-2)。相比之下,如图 5-3 和图 5-4 所示,香港跨境贸易人民币结算总额在 2018 年就达到了 4.21 万亿元人民币,是澳门同期跨境贸易人民币结算业务规模的 105 倍。从相对角度来看,2018 年香港跨境人民币结算额为内地与香港贸易总额的 110％以上,而澳门跨境人民币结算额仅为内地与澳门贸易总额的 19％。截至 2018 年底,澳门人民币存款余额为 418.6 亿元(图 5-5),低于同期香港(6 150 亿元)和新加坡(1 300 亿元)的水平,澳门构

建人民币离岸市场的基础仍较为初级。

然而澳门的人民币清算网络正在逐步完善,包括拥有直连中国人民银行中国现代化支付系统(CNAPS)的境外一级人民币清算行,其清算行与上海、中银香港、横琴已建立直通清算路径,与葡语国家的银行建立了业务合作,使得澳门具备成为离岸人民币业务重要中心的潜力。

图 5-2　2015—2018 年澳门跨境人民币结算总额

数据来源:澳门金管局。

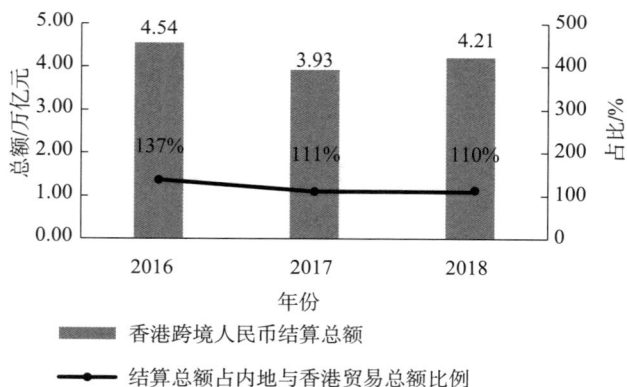

图 5-3　2016—2018 年香港跨境人民币结算规模

数据来源:澳门金管局。

图 5-4　2016—2018 年澳门跨境人民币结算规模

数据来源:澳门金管局。

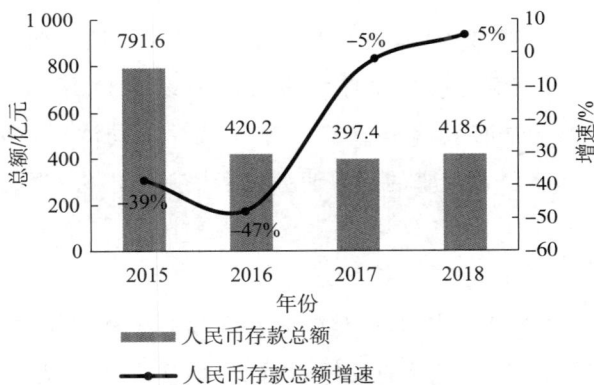

图 5-5　2015—2018 年澳门人民币存款总额

数据来源:澳门金管局。

第二节　澳门发展离岸金融面临的挑战与机遇

(一)澳门发展离岸金融面临的挑战

1.贸易规模相对较小

2018 年,澳门进出口贸易总额 253 亿澳门元(折合人民币 208.6 亿元),出口额 121.9 亿澳门元中转口贸易约 106.6 亿澳门元(折合人民币 91 亿元),占总额的 87.4%。而 2017 年香港进出口贸易总额超 7.50 万亿港元(折合人民币 6.59 万亿元),其中转口贸易额达到 3.83 万亿港元(折合人民币 3.19 万亿元),香港转口贸易额占内地转口贸易比重高达 98.9%。高度发达的转口贸易为香港开展离岸金融业务奠定了重要的基础。而澳门的进出口贸易及转口贸易规模相对较小,进一步限制了澳门离岸金融发展。一方面,2002 年澳门赌权开放以及 2005 年纺织品配额制取消(全球更多从内地进口纺织品,而澳门的出口恰以纺织品为主),造成澳门出口额持续萎缩;另一方面,澳门港口质量比香港差,导致澳门转口贸易不发达。

2.澳门离岸公司法被取消

1999 年澳门制定了离岸公司法,允许投资者在澳门成立及经营澳门离岸公司。由于澳门税收较为优惠,吸引了不少内地和香港的公司赴澳成立离岸公司,最高峰时超 600 家,截至 2018 年中已减至 360 多家。但由于澳门于 2016 年 11 月加入 OECD 的税基侵蚀与利润移转包容性框架,OECD 认为澳门离岸公司法是具有潜在损害性的税务制度,所以 2018 年 10 月澳门立法会通过法案,离岸公司法有效期至 2020 年底。离岸公司法的失效将导致澳门离岸公司锐减,离岸公司带来的附属业务机会也随之消失,根据法案,离岸银行也将逐步消失。

3.横琴跨境政策有待进一步释放

澳门与横琴合作已具雏形,但整体来看横琴的金融创新政策出台仍有待加快,政策优势仍未得到充分的发挥。目前《粤澳合作框架协议》中提出的"鼓励粤澳银行机构联合对重大跨境基础设施建设项目提供银团贷款"仍未能落实;此外,受到澳门金融机构规模等客观因素的限制,目前澳门机构进驻横琴参与组建消费金融公司、证券公司方面仍未实现突破。

表 5-1 为各自贸区跨境金融发展政策对比,与其他自贸区相比,横琴在跨境金融业务方面仍存在一定差距。在金融创新方面也存在以下三方面差距。一是,两地尚存政策制约和待细化,目前横琴税收优惠目录中不包含金融行业;开展探索资本项目可兑换的先行试验等政策尚待细化;横琴与澳门两地资金往来、机构进驻、产品相互覆盖等金融便利化措施与其他地区相比没有特殊政策支持。二是,由于横琴开发仍处于建设初级阶段,产业有待培育,缺乏产业链条及实体经济支撑金融体系的快速发展。三是,两地在人才、金融科技创新基础方面也存在明显差距。深圳背靠深交所,2018 年底全市

表5-1 各自贸区跨境金融发展政策对比

跨境金融业务	上海自贸区	前海自贸区	苏州工业园	横琴自贸区
个人跨境人民币	个人可办理跨境人民币收付、跨境电子商务人民币结算业务;在区内就业并符合条件的个人可按规定开展各类境外投资	未出台具体政策	园区内个人可以办理货物贸易、服务贸易以及其他经常项目的跨境人民币结算业务;可以使用自有金融资产进行对外直接投资;可以将其境外人民币直接投资本金及收益汇回境内	区内个人办理跨境人民币业务范围包括跨境货物贸易和服务贸易等经常项目和直接投资业务
跨境贷款	政策最开放。区内金融机构和企业可以从境外借入人民币资金,借用资金规模不超过实缴资本×X倍×宏观审慎政策参数。借用期限固定1年(不含)以上,借贷双方不能自由商定。区内企业、区内非银行金融机构借人跨境人民币资金,只能用于区内或境外	跨境贷款在细节上和上海有一定差别:一是实行余额管理,具体企业的贷款额度没有严格限制;二是贷款期限不固定。出台《前海跨境人民币贷款管理暂行办法》,允许香港银行机构对设立在前海的企业或项目发放人民币贷款。企业无须申请外债额度,贷款的用途要求符合前海的产业目录发展,用于前海建设与发展,优先支持进口及对外支付	相比于前海自贸区、园区跨境人民币业务的业务种类、使用范围及管理办法有较大突破,优惠程度更高。园区获取跨境人民币贷款的额度实行余额管理,这与前海自贸区相同。不同的是,园区对跨境人民币贷款采取负面清单管理,而前海自贸区采取正面清单;相对而言前者空间更大。贷款人为新加坡金融机构,包括中资的银行业在新加坡设立的分支机构。实施负面清单管理	资金使用范围限于区内或境外,包括区内生产经营、区内的境外项目建设以及区内企业投向应符合国家宏观调控方向和产业政策导向。跨境人民币贷款的期限、商业原则在合理范围内自主确定

73

续表

跨境金融业务	上海自贸区	前海自贸区	苏州工业园	横琴自贸区
跨境发债	政策最开放。允许到境外发债。区内企业的境外母公司可按国家有关法规在境内资本市场发行人民币债券。取消金融租赁类公司租赁业务的逐笔审批、境外债权业务等境内流程，实行登记管理	在前海注册、符合条件的企业和金融机构在国务院批准的额度范围内在香港发行人民币债券，用于支持前海开发建设	与前海类似。允许在园区内注册并有实际经营和投资的企业在新加坡发行人民币债券，鼓励发债所募资金在境外使用。中国人民银行对发债所得人民币资金回流中国境内使用进行管理	允许发债募集资金按实际需要回流境内使用。区内企业的境外母公司在境内发行人民币债券募集资金用于集团内全资子公司和集团境内成员企业借款的，不纳入现行外债管理
跨境投资	未出台具体政策	发改委批复原则支持设立前海股权投资母基金，并可将在香港募集的人民币资金投向前海使用	在园区内设立的股权投资基金以人民币形式对新加坡等东盟地区投资，可将境外投资本金及投资收益资金汇回。此外，新加坡获得RQFII试点，投资额度为500亿元人民币	在横琴新区新设立股权投资基金企业，前两年可享受按营业收入所缴纳营业税横琴新区留存部分的100%进行补贴，后三年按60%给予补贴。设立的外商投资租赁公司可开展跨境融资租赁业务的，按照境外主体代缴的预提企业所得税形成横琴新区年度财力贡献程度，给予奖励

持牌金融机构总数达 465 家,特许金融分析师协会(Chartered Financial Analyst Institute)2018 年调研报告显示,深圳金融从业人员总数居中国城市排名第三位,已形成以深圳为核心的珠三角金融人才聚集区。

(二)珠澳联动发展的机遇

1.澳门毗邻横琴,横琴的快速发展为澳门离岸金融的发展带来较大空间

横琴集聚了大西洋银行、东亚银行等港资、澳资金融类企业 174 家,在横琴注册的私募企业约 1 600 家,首期规模达 200.1 亿元的粤澳合作发展基金也落户横琴。横琴与澳门在跨境人民币业务、跨境保险、跨境基金等领域的金融合作上初见成效。

第一,在跨境人民币结算上,自 2010 年试点以来至 2018 年 9 月,横琴新区累计办理跨境人民币结算业务结算额约 4 387 亿元。2018 年 1—9 月,横琴跨境人民币结算金额就超过了 1 100 亿元。备案跨境人民币资金池有 7 个,资金池备案金额达 675.19 亿元。

第二,在跨境贷款上,横琴企业可以从港澳地区银行直接申请人民币贷款。截至 2017 年底,共有 27 家横琴企业获得澳门地区银行贷款,贷款额达 172 亿元。珠、港、澳三地之间要素流通越来越方便,吸引了不少澳门人在横琴买房置业,其中横琴新区港澳居民跨境住房按揭业务 2017 年累计收汇已超过 6.63 亿美元。

第三,在跨境保险业务上,粤澳保险机构相互提供跨境机动车保险服务政策于 2014 年 9 月 19 日正式"落地",澳门单牌车车主只需在澳门或横琴任意一地,就可以购买到两地的车险产品,有效解决了澳门单牌车进入横琴的保险服务问题。2018 年 5 月,国家外汇管理局广东分局批复同意横琴人寿经营外汇业务,在探索与港澳地区保险产品互认、资金互通、市场互联机制等迈出了关键的一步。

第四,在跨境投资上,澳门财政储备参与的"广东粤澳合作发展基金"已于 2018 年成立,并分批分期注资。作为澳门与广东省合作参与粤港澳大湾区建设的一个重要切入点,基金投向有利于两地经济民生且与大湾区建设相关的优质重点项目、广东自贸区的基础设施等,有助于澳门落实国家发展政策方针。

此外,澳门与横琴在金融基础设施与监管上均有深入合作。目前,澳门拥有两个实时全额支付系统(Real Time Gross Settlement,RTGS),即 2013 年 1 月 28 日投入使用的澳门元实时支付系统(MOP RTGS),以及 2016 年 3 月 7 日投入使用的人民币实时支付结算系统(RMB RTGS),主要是用于银行同业间的支付业务资金转拨。随着跨境金融业务规模的扩大,金融基础设施有进一步扩容的需求。此外,2019 年 4 月,澳门金管局与内地有关部委开展筹建"粤澳跨境电子直接缴费系统"工作,期望通过粤澳两地直连的金融网络,建立一个信息处理平台,通过澳门人民币实时支付结算系统处理缴费款项,为澳门居民缴付广东收费商户账单提供便利。

在金融监管合作方面,澳门金管局已与内地和香港的监管机构分别签订了多份监管合作协议,建立监管合作机制,透过定期的双边会议,就经济及金融的最新发展趋势、监管法律及法规的修订、相关金融机构的监管信息,以及双方共同关注的监管事宜进行讨论与交流。此外,粤、港、澳三地监管机构将继续通过磋商,积极探讨在大湾区内建立金融监管协调及沟通机制,加强跨境监管及资金流动监测分析合作,共同维护湾区金融系统安全,助力大湾区的可持续发展。

然而,澳门与横琴的合作仍有巨大的发展空间。如在跨境贷款上,截至 2016 年底,前海跨境人民币贷款备案数超过 1 100 亿元,累计提款 365 亿元,远高于横琴 2017 年底的水平。横琴新区重点发展商务服务、休闲旅游、科教研发、高新技术、金融服务、文化创意和中医保健七大产业。2014—2017 年,横琴地区生产总值从 68.03 亿元增长到 183.60 亿元,年均增长 39.2%,远高于广东省或珠海市的经济发展速度。横琴正处于快速发展阶段,仍有庞大的融资需求,随着澳门与横琴合作的进一步加深,澳门跨境融资规模将有望快速扩张。

2.澳门离岸融资平台已具雏形

为重点培育跨境资产转让市场,澳门鼓励企业到澳门发债以及进行离岸债券交易。为吸引海外机构到澳门发行债券,鼓励推行离岸债券交易,澳门政府已经在 2018 年 12 月 12 日推动成立中华(澳门)金融资产交易股份有限公司(简称"澳金所"),重点在于培育金融资产转让市场,使其成为澳门首家提供债券登记、托管、交易和结算等业务的金融服务机构。截至 2019 年 6 月共有 3 笔债券在该平台成功上市,分别是澳门国际银行股份有限公司在澳门公开发行及上市的首笔港元一级资本补充债券、中国银行股份有限公司澳门分行上市的首笔"粤港澳大湾区"澳门元债券以及绿地金融在境外发行 364 天期 2 亿美元规模企业债券。

第三节　打造葡语国家金融服务平台,以珠海跨境融资平台为路径,推动澳门离岸金融业务快速发展

(一)以服务葡语国家为主轴,打造葡语系离岸金融平台

随着"一带一路"倡议的项目落地,我国与葡语国家的经贸合作将愈加紧密,澳门应积极围绕葡语国家的金融需求创新开发业务。一方面,澳门的银行构建葡语国家贸易融资的产品体系(如进口授信开证、进口押汇、打包放款、出口押汇/贴现、福费廷、保理、信保融资、汇款融资、船舶融资),利用语言文化优势,吸引葡语国家客户,提供更为个性化的服务。推动中国-葡语国家贸易快速发展,将进一步加快离岸人民币结算、离岸人民币存款的发展。另一方面,澳门金融机构积极成为葡语国家在东亚的金融服务商,通过定期举办中国-葡语、东南亚-葡语国家经贸合作论坛等方式,为葡语国家"引路",搭建合作的桥梁。同时,构建境内投资项目库、东南亚国家投资项目库,为葡语国家进入境内、东南亚地区提供尽调、洽谈、外汇融资、清结算等业务支持,成为葡语国家的"探路人"。

(二)大力推动跨境融资的发展,成为横琴跨境业务的重要支点

随着横琴金融的发展,跨境融资仍有巨大的发展空间。

一方面,横琴可考虑积极与发展改革委沟通,争取政策先行先试,简化外债审批流程,对接澳门银行进一步推动跨境贷款便利化;横琴应进一步加快探索资本项目可兑换的步伐,如在额度范围内逐步放宽场外股权跨境转让、场外债权跨境转让等特色金融领域的资本管制,通过资本项目的先行先试,推动澳门成为境外金融机构的集聚地,围绕境外机构的金融需求开展离岸业务将成为重要的发展路径。

另一方面,根据《粤澳合作框架协议》,澳门将参与横琴新区的建设和开发,形成粤澳合作产业园区,共同发展旅游、会展、中医药、金融等产业。澳门金融机构积极对接珠澳共同合作项目,为项目提供跨境人民币贷款、跨境外汇贷款等。

此外,两地在人才、金融科技创新基础方面也存在明显差距。横琴可考虑加大金融专业人才、金融科技专业人才的引进力度,参考深圳等地出台更有吸引力的专业人才奖励政策,支持专业人才落户,使其成为推动横琴金融发展、澳门离岸金融发展的重要支柱。

(三)强化澳门与横琴在金融基础设施方面的合作,推动跨境金融便利化

目前,澳门与横琴在跨境金融基础建设发展方面仍有较大合作空间。由于澳门没有资本市场,金融基础设施发展水平暂未能满足跨境金融中心建设的需要,目前只有澳金所作为债券登记、发行、托管的机构,其跨境功能仍有待强化。为吸引海外机构到澳门发行债券,鼓励推行其他离岸金融交易,澳门与横琴可考虑推动共建跨境私募债券登记、发行、托管、结算系统,或跨境股权转让平台,推动离岸融资更为便利化,同时也提高金融监管效率与准确性。

第六章

以黄金、大宗商品为主，推进

珠澳金融衍生品市场对接

珠澳金融衍生品市场对接将共同促进两地金融业多元化。目前澳门金融业的市场结构相对单一，当地财富快速积累急需的多元化投资、葡语国家的潜在需求，以及创设黄金市场和大宗商品交易所带来的经济溢出效应，均有利于澳门发展其金融衍生品市场。此外，澳门自身的地理、政策优势，具备形成与香港期货交易所互补发展的能力。未来，为对接澳门金融衍生品市场的发展，横琴方面应大力投资交通基础设施和金融服务体系建设。

第一节　澳门金融衍生品市场状况及发展需求

(一)澳门居民财富积累较多,催生巨大的财富管理需求

2018 年澳门人均 GDP 达 66.7 万澳门元,折合 8.3 万美元。根据世界银行的数据,2017 年该值为 8.1 万美元,仅次于卢森堡的 10.4 万美元,人均GDP 位列全球所有国家和地区的第二名。根据国际货币基金组织(IMF)的2019 年预测报告,2018 年澳门人均 GDP 为 8.4 万美元,仅次于卡塔尔的12.9万美元,同样位列全球第二,IMF 预计 2020 年澳门人均 GDP 将达到14.3万美元,超越卡塔尔,成为全球最富有的地区。澳门已成为全球最富有的地区之一,并为最具有增长潜力的地区之一,居民财富积累已达较高水平,为财富管理行业提供了重要基础。

(二)澳门财富快速积累须进行多元化投资

从实体性中间金融资源层面看,澳门金融业的市场结构相对单一,未包括同业拆息的资金市场及外汇、黄金和证券市场等资本市场。澳门有单一信用市场,主要进行中、短期资金存贷业务,整个金融业基本是银行一统天下,企业和居民融资主要通过银行信贷。澳门本地金融业不发达,但澳门拥有一个高度开放的经济体,澳门居民因而能自由、方便地在澳门境外投放财富,其发展很大程度上依赖于香港,港币与澳门币同时流通,大宗交易一般以港币

结算,港币在澳门占主导地位。澳门银行存款的货币结构可反映澳门居民对投放财富在不同地区资产的取向。截至 2018 年底,澳门居民的澳门元、港元、人民币及美元存款分别占其总体存款的 26.9%、53.9%、4.8% 及 12.1%(图 6-1)。从金融机构体系(表 6-1)看,金融业对外依赖程度高,澳门银行主要为外资银行(18 家),数量占澳门银行总数的 67%,占金融机构总数的33%。澳门金融集聚力度不足,截至 2018 年,仅有 55 家金融机构。

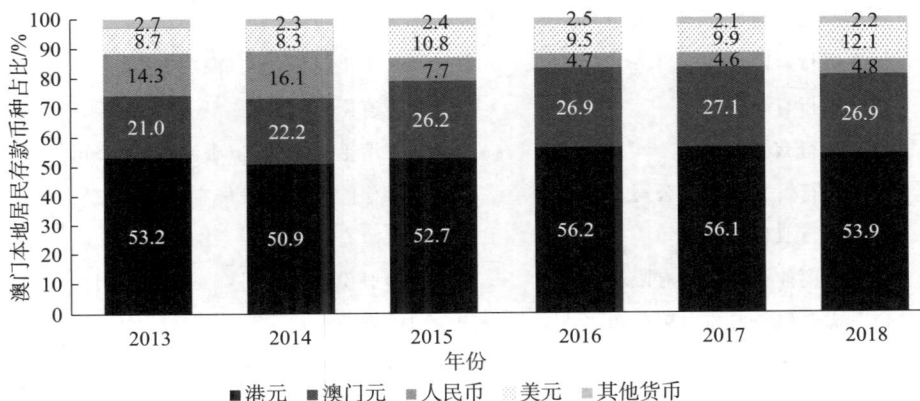

图 6-1　2013—2018 年澳门居民的存款结构

数据来源:Wind。

表 6-1　澳门的金融机构体系

银行/金融公司	其他信用机构
总行设于澳门的银行	
大丰银行股份有限公司	邮政储金局
华侨永亨银行股份有限公司	澳门通股份有限公司
汇业银行股份有限公司	莱茵大丰(澳门)国际融资租赁股份有限公司
中国工商银行(澳门)股份有限公司	工银金融租赁澳门股份有限公司
澳门国际银行股份有限公司	人寿保险公司
澳门商业银行股份有限公司	友邦保险(国际)有限公司
澳门华人银行股份有限公司	中国人寿保险(海外)股份有限公司
立桥银行股份有限公司	加拿大人寿保险公司
大西洋银行股份有限公司	安盛保险(百慕达)有限公司
总行设于外地的银行	宏利人寿保险(国际)有限公司
香港上海汇丰银行有限公司	泰禾人寿保险(澳门)股份有限公司

续表

银行/金融公司	其他信用机构
星展银行(香港)有限公司	忠诚保险公司(人寿)
中国银行股份有限公司	富卫人寿保险(澳门)股份有限公司
花旗银行	美国万通保险亚洲有限公司
渣打银行	联丰亨人寿保险股份有限公司
广发银行股份有限公司	汇丰人寿保险(国际)有限公司
永丰商业银行股份有限公司	非人寿保险公司
创兴银行有限公司	美亚保险香港有限公司(澳门分行)
东亚银行有限公司	亚洲保险有限公司
恒生银行有限公司	三井住友海上火灾保险(香港)有限公司
中信银行(国际)有限公司	中国太平保险(澳门)股份有限公司
交通银行股份有限公司	联丰亨保险有限公司
葡萄牙商业银行股份有限公司	澳门保险股份有限公司
第一商业银行股份有限公司	闽信保险有限公司
招商永隆银行有限公司	汇业保险股份有限公司
华南商业银行股份有限公司	昆士兰保险(香港)有限公司
中国建设银行股份有限公司	安达保险澳门股份有限公司
中国农业银行股份有限公司	巴郡保险公司
金融公司	安盛保险有限公司
工银(澳门)投资股份有限公司	

数据来源:澳门金管局。

近年来澳门金融产品也在不断丰富,服务渠道日益多元。澳门银行客户对金融服务的需求,已由以往按照银行提供某一特定范围的金融服务转向寻求综合性的金融服务。澳门金融业适应客户财富的积累,推出了各种各样的财富管理服务,为客户在环境层面寻找投资机会。澳门从以前只从事传统的存贷款业务逐步扩展至新型的基金、债券、金融衍生品等,同时还独立设计各种适合澳门本地的金融投资类创新产品。服务渠道也从"传统店面式"向"网络店面式"转变,澳门金融机构独立开发网上银行、流动银行、微信银行等多种服务渠道。根据 2016 年澳门金融学会管理委员会委员陈守信的发言,澳门财富管理客户的资产门槛一般在 50 万～300 万澳门元之间,而成为私人银行服务的个人资产门槛则设在 800 万澳门元以上的流动资产。但根据彭博数据库统计，这些澳门中、高端理财服务客户，一般喜爱将资产投放在香港上市的股票、债券、资金以及房地产上，合计约占总资产的55%，可见金融衍生品方面的财富管理仍有发展的空间。

（三）葡语国家存在建立健全黄金市场和大宗商品交易市场的潜在需求

从中巴贸易角度看，两国贸易投资量不断增加，中国在2009年跃升为巴西第一大出口目标国，截至2018年底，巴西仍占据中国在拉美地区的进口贸易额约1/2(图6-2)。巴西的农产品，铁矿石、石油和木材等制造业原材料是中国主要进口对象，中国向其出口通信电子设备、纺织品等。安哥拉是非洲第二大石油生产国，是中国在非洲地区最大的进口贸易伙伴，同时安哥拉从中国进口机电。巴西、安哥拉、佛得角、东帝汶、圣多美、莫桑比克、普林西比和几内亚比绍8个葡语国家均处于现代化建设的加速时期，对外贸易水平不断提高，经济增长速度逐渐加快，产业大规模升级转型，是潜在的待开发市场。在资源领域，巴西、东帝汶、几内亚比绍等葡语国家在黄金等矿产资源方面也较为丰富，亚洲黄金市场是国际三大区域之一，两者在黄金交易方面拥有发展契合点。出于对黄金、大宗商品价格风险的规避，黄金市场和大宗商品交易市场的建立健全也是葡语国家的迫切需求。特别是中巴产能合作是双方经贸合作和产业转型调整的现实需要。黄金市场和大宗商品交易可以

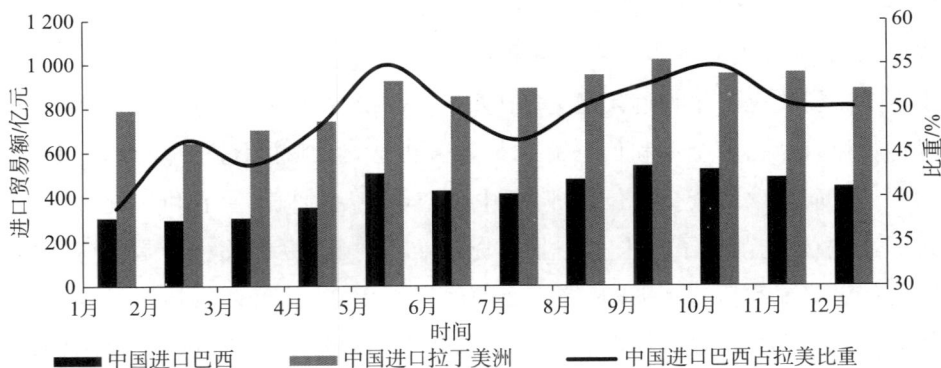

图6-2　2018年中国在拉美地区的进口贸易

数据来源：Wind。

为中葡开拓更大的合作空间,提升产业创新能力和服务功能,促进中葡商贸更好地发展。

(四)创设黄金市场和大宗商品交易所存在的经济溢出效应

借鉴区域经济发展的创新范例,在一个地区的经济转型中,金融业发展的引领作用至关重要。在我国改革开放之初设立的五个经济特区中,唯有深圳跻身国内一线城市,成为具有相当国际影响力与知名度的城市。这与深圳率先通过设立证券交易所,探索金融引领以带动特区经济发展的举措直接相关,正是由于深圳证券交易所设立中国创业板的市场预期才吸引了众多的科技创新企业与人才集聚,形成了中国高新技术产业发展的独特优势,而人才优势与环境优势都好于厦门、珠海乃至海南省。同为特区,由于没有金融资源优势,珠海发展的差距日益显著。鉴于此,我们认为通过金融创新重构澳门与珠海的产业格局,依托金融产业的经济溢出效应能使澳门的经济走出博彩独大的困局,打造出一个珠三角的区域经济新引擎。

金融产业的经济溢出效应主要体现在以下两方面:(1)产业及资本溢出效应。通过黄金市场和大宗商品交易所的创建,大数据、互联网、供应链金融等一系列平台的优势改变企业传统的商贸交易形式,为企业开拓市场渠道和产业转型奠定坚实的基础,也为企业套期保值、控制成本及风险提供渠道,减少交易的信息搜集成本和库存成本,保障企业生产经营的连续性和稳定性。利益的追逐及风险控制的需要不断引入企业,不仅是产业链纵向上下游的聚集,也在粤港澳区域内聚集了大量横向竞争者,同时向侧面延伸到相关产业或机构,企业间的互补水平和关联程度不断提高。(2)产业链融资效应。中小企业融资难是一个普遍问题,其中大宗商品交易所利用供应链的影响,可以将物流、商流、资金流和信息流进行整合再造,直抓中小企业痛点,弥补因信用约束而导致的资金缺位,也降低中小企业违约的概率。在供应链金融模式下,金融机构削弱了对中小企业的贷款准入限制,更多关注的是供应链整体的信誉状况和运营水平,对接企业的经营与生产,又可以直接接触到贸易数据、资金流动等信息,风控成本以及风险均大幅降低。通过保税仓融资模式、商品抵押模式、渠道融资等可以为中小企业提供相对稳健的融资服务。

第二节　完善横琴配套设施,促进澳门黄金市场发展

(一)澳门具备建立国际化黄金交易市场的潜力

由于澳门独特的历史背景,其具有与葡语国家合作的平台优势。相比之下,与葡语国家展开经贸合作,澳门是更好的窗口。第一,澳门是与葡语国家和欧洲共同体(简称"欧共体")资金流通的渠道,澳门的葡资银行利用自身的纽带作用,编织了与相关各国的经贸、投资和金融网络。第二,澳门有着天然的语言文化、人缘优势,以中葡语言工作交流的行政人员近万人。第三,澳门是中葡交流联系的平台,葡语国家经贸合作论坛从 2003 年开始在澳门举办。澳门平台有机会促进中国"走出去"发展策略的落实。

依托搭建黄金交易市场和大宗商品交易市场,实现澳门金融业由从属业态向市场主角业态转换。从目前澳门金融产业发展的格局来看,作为一个微型经济体,澳门尽管具有独立的货币发行及流通等独立的金融属性,但其金融行业的主要业态集中于银行、典当及货币兑换服务,也基本上属于博彩业的从属服务,几乎没有将拓展金融市场作为澳门产业发展支撑要素的观点。根据适度多元化理论,横向多元化发展必须跟上,博彩业纵向带动的产业链发展到一定程度时,对经济的拉动作用有限。因此,变换一个视角,从发展壮大区域资本市场的角度,思考通过设立黄金交易市场、大宗商品交易市场等金融创新举措,以粤澳合作为基础,联合珠海横琴,从金融视角和资本集聚的规模效应出发,通过金融创新提升澳门金融产业在区域经济竞争中的合作引领能力,将澳门的金融服务业由从属业态转化为市场主角,促进澳门产业结构的优化升级,增强澳门经济的可持续发展能力。

2001 年我国加入世界贸易组织(WTO),黄金自由化进程由此展开。2002 年 10 月,经国务院批准,隶属于中国人民银行的上海黄金交易所(SGE)成立。作为我国第一家也是唯一一家合法的黄金交易所,上海黄金交易所的成立实现了我国黄金生产、消费、流通体制的市场化,是我国黄金市场开放的重要标志。立足上海黄金交易所的中国黄金现货市场,以人民币计价,虽然2014 年金交所启动了"黄金国际板"交易(其交割体系如图 6-3 所示),2015

年推出了"黄金沪港通"业务,旨在吸引国际投资者和离岸人民币资金参与境内黄金市场交易,但是"黄金国际板"活跃的境外交易主体较少,市场流动性不高,与伦敦和纽约市场相比,上海黄金市场的外资系投资者较少,市场环境的封闭性和单一性问题显而易见。上海黄金交易所的会员单位成员主要是商业银行、证券公司、金矿公司和黄金生产加工企业等,合计约 250 余家,但从成员单位的国别构成来看,国外的会员很少。因此,会员单位以及投资者这些市场参与者群体主要集中在国内,单一性凸显,这对于我国在黄金市场业界地位和国际影响力的扩张而言,显然是不利的。但澳门具有资产负债国际化的特点,且与具有黄金资源丰富的葡语国家也有紧密联系,这对于弥补目前我国上海黄金交易所市场环境的封闭性和单一性的弊端有所裨益。

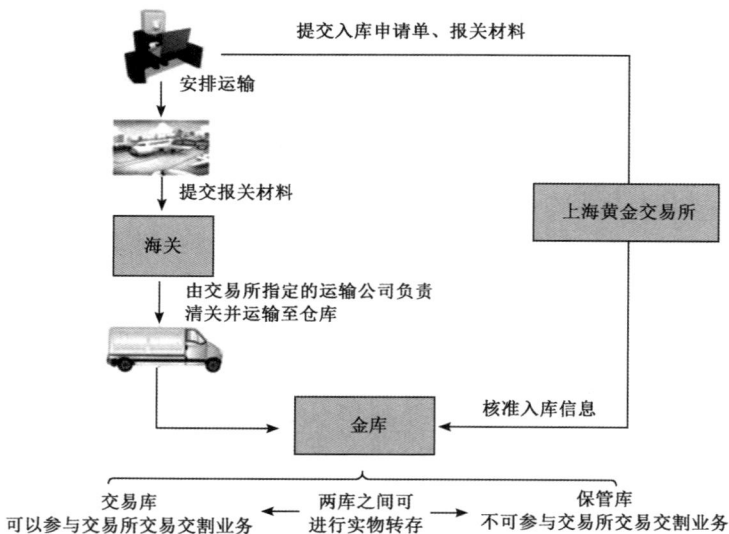

图 6-3　上海黄金交易所黄金交易国际版的交割体系

　　根据上金所公布的《2019 年 2 月月度市场报告》(表 6-2),国内商业银行是黄金交易市场的主要参与者。黄金自营业务中约 80% 的黄金交易量集中在商业银行,而代理业务中,前十名的成交量大部分来自商业银行。

表 6-2　上海黄金交易所会员单位黄金自营或代理前十名名单

(2019 年 2 月)

序号	黄金自营前十名			黄金代理前十名		
	会员	成交量/千克	占比/%	会员	成交量/千克	占比/%
1	浦发银行	814 240.49	25.86	平安银行	71 521.13	13.52
2	招商银行	328 362.70	10.43	工商银行	57 803.91	10.93
3	交通银行	254 963.36	8.10	浦发银行	49 626.57	9.38
4	中信银行	177 500.85	5.64	中国银行	48 085.70	9.09
5	民生银行	153 981.69	4.89	上海仟家信	33 253.00	6.29
6	中国银行	150 539.58	4.78	招金集团	29 250.88	5.53
7	宁波银行	144 049.42	4.57	建设银行	24 125.18	4.56
8	农业银行	133 652.00	4.24	交通银行	20 564.74	3.89
9	浙商银行	128 362.50	4.08	紫金矿业	12 915.20	2.44
10	平安银行	85 065.60	2.70	三门峡金渠	11 965.63	2.26

数据来源：上海黄金交易所《2019 年 2 月月度市场报告》。

(二)横琴应大力投资交通基础设施和金融服务体系建设，为黄金交易金融服务开创崭新局面

澳门的转口贸易额很低，其最主要原因是澳门没有深水港，大型货轮无法靠岸作业。横琴自贸区的主要定位之一就是发展区内的自由贸易，也需要一个深水港以确保物流畅通。澳门和横琴对交通基础设施的迫切需求可以说是不谋而合，两地更加紧密的合作肯定符合双方发展的共同需要。若黄金交易市场落地，配套设施需要提供黄金托管(报税仓库)及实物黄金交易结算服务等金融服务的需求也会提升，这对完善横琴已有的交通基础设施将提出新的要求。《纲要》中也提到，支持横琴与珠海保税区、洪湾片区联动发展，建设粤港澳物流园。

第三节 澳门与横琴合作构建商品期货市场，实现差异化发展

(一)与香港期货交易所错位互补发展，实现差异化定位

与澳门隔海相望的香港，其国际金融中心的地位已经奠定。虽然澳门在区位、政策及金融市场影响等方面与香港无法相比，但澳门发展大宗商品期货市场并不是与香港竞争或者抗衡，而是利用其自由开放的资本制度，与香港、广东进行优势互补，从而形成区域金融经济圈，在促进澳门产业结构调整的同时，提升整体的国际金融地位。香港期货交易所有股指期货、股票期货、利率期货及汇率期货，但是商品期货种类较少，目前仅有黄金、伦敦金属期货、铁矿石3种。香港曾经推出过棉花、大豆、原糖及黄金四种商品期货，但由于本地及国际参与者的需求不大，1999年基本停止。但现在国际国内需求环境已经变化，澳门大宗商品交易所具备设立的条件，澳门可在棉花、大豆、玉米、原糖等农副产品大宗商品方面与香港期货交易所互补发展。考虑到香港交易所在2017年7月才推出双币计价(人民币计价和美元计价)的黄金期货，目前仍处于发展初期，澳门也可考虑设计以双币计价的黄金市场，利用自由贸易和金融开放的优势，满足离岸人民币的投资需求，为投资者提供更多选择，时机成熟时甚至可以设想与香港期货交易所合作或者合并。

在我国四大期货交易所中(表6-3)，中国金融期货交易所主要从事金融衍生品交易，大连、郑州商品交易所主要交易工农产品，上海期货交易所主要交易金属能源。中国金融期货交易所的入会门槛最高，只能通过5大行，用现金或实物方式对金融期货期权进行交易，具备熔断仿真机制。大连商品交易所拥有最多的会员，由于其占据了东北粮食产地的区位优势，农业品种相对更多。大连商品交易所能为农户提供信息与培训服务，交割方式和结算机构比郑州商品交易所更丰富灵活。上海期货交易所具有权威的铜期货报价，交割方式有保税交割、标准电子仓单交割和有色金属连续交易三种，以"三地两中心"的模式运营。总的来说，四大交易所各有运营侧重点，覆盖期货市场各类交易产品。

表 6-3　四大期货交易所对比

项目	大连商品交易所	上海期货交易所	郑州商品交易所	中国金融期货交易所
总体评价	东北地区唯一期货交易所	世界铜期货三大权威报价之一	国内第一家商品交易所；农业、能源、化工、建材综合性交易品种	专门从事金融期货、期权等金融衍生品交易与结算的公司制交易所
会员数量	228 家，指定交割库 83 个	200 多个，77% 期货公司会员	202 家，期货公司会员 161 家，占会员总数的 80%	146 家
主要交易品种	玉米、大豆、豆粕、豆油、棕榈油、鸡蛋、聚乙烯、焦煤、焦炭等 16 个农业工业上市品种	金属、能源、化工共 14 个上市品种：铜、铝、锌、铅等 11 种金属，燃料油，沥青，天然橡胶	小麦、白糖、甲醇、动力煤、玻璃、硅铁、精对苯二甲酸（PTA）等 16 种上市品种	沪深 300 指数期货、上证 50 指数期货、中证 500 指数期货、5 年期国债期货、10 年期国债期货
交割	集中交割、滚动交割、期转现交割	保税交割（到期交割、期转现交割）、标准电子仓单交割、黄金白银有色金属连续交易	实物交割	现金交割或者实物交割方式（合约所载标的物所有权转移）
结算	工商、建设、农业、交通、浦发、中信、民生、光大、平安等 11 家银行	第三方存管，工商、建设、农业、交通、浦发、中信、民生、光大、平安兴业等 12 家银行	工商、建设、农业、交通、中国银行 5 家	工商、农业、中国、建设、交通银行 5 家；二次结算
运营服务模式	对粮食主产区培训提供免费信息，推动"公司＋农户""期货＋订单"	"三地两中心"为远程交易提供保障；结算准备金和交易保证金	期权仿真交易	指数熔断机制仿真交易

（二）澳门自身具有建立商品期货的制度优势

除了澳门位于珠三角南部的地域优势，中央政府给予澳门高度的自治权，包括经济自主权，独立的关税政策、贸易政策、货币政策等。资本自由流动，外汇资金无管制，货币可在澳门自由兑换，外资设立企业自由，这样的市场机制相对透明且风险小,吸引力大;进出口产品均不征收关税,税率低于周边国家和地区,税制也相对简单,长期低税、免税,现有 10 余个税种。澳门被WTO 评为全球最开放的贸易和投资体系之一。低税的自由港的低成本优势可以转变成发展大宗商品交易的经济优势。所以,对澳门中小企业来说,大宗商品交易市场的建立,更能发挥企业的比较优势,这是其他内地城市地区没有的。

(三)依托港珠澳大桥,增强横琴对澳门的金融服务功能

一个区域的经济发展水平与其交通运输的效率及便捷度密不可分。在整个产业链条中,物流运输是连接生产和消费环节的纽带,流通效率的提高为规模生产和产业集聚提供了基本保障。珠海横琴是粤澳合作的最佳示范区,利用珠海横琴,澳门可以打破空间限制,港珠澳大桥的建设、粤澳新通道项目及澳门轻轨的批准启动,无疑会促进粤澳经贸合作,使两地交通往来更加便捷。这都有助于大宗商品交易的结算、定点仓库管理的顺利进行。港珠澳大桥大型基础设施项目是香港、珠海、澳门共同合作建设的连接港、珠、澳的陆路交通枢纽,已于 2018 年 10 月竣工通车。港珠澳大桥可以实现港、珠、澳三地 24 小时通关,使内地与香港、澳门两地的连接便捷。对于海上物流来说,一方面,港珠澳大桥使云南、贵州、四川和重庆可以直接与珠海港联通,有利于各自发挥区位优势,使珠海港成为香港、澳门连接内地城市的腹地,有利于香港、澳门产业向珠海集聚。另一方面,在珠海物流业务取得重大突破,由于交通时间的节省和成本费用的降低,也会吸引人们在珠海置业,从而有效地缓解澳门土地紧缺的现状,进一步加强澳门与珠海及粤西地区的产业融合及信息交流,使澳门享受到区域经济一体化所带来的贸易创造效应与资本积累效益,增强澳门的金融服务功能,为实现可持续发展提供契机。

(四)积极利用横琴自贸区突破空间制约因素,联合发展金融服务业

横琴自贸区是澳门离岸金融发展的契机,可为澳门金融服务业提供绝佳的市场准入机会。横琴自贸区的核心金融业务就是离岸金融业务,为内地资金提供出境机会,为境外资金进入内地金融市场(同业拆借市场、股票市场和

债券市场等）提供投资渠道，为区内企业提供外汇交易、出口信贷、金融租赁、资金管理、银行贷款、国际结算等高附加值服务。此外，对于横琴，通过大力投资交通基础设施建设和金融服务体系，建立金融服务机构聚集区，打造解决金融服务供需问题的交易平台，降低各方成本，也将利于横琴与广州、深圳等内地城市形成差异化发展格局。

第四节 借助商品期货制度优势，澳门与横琴联合建立中药材期货交易所

目前我国具有建立中药材期货市场的必要性。第一，减轻库存负担，促使风险转移。因其品类繁多、加工复杂、用药考究等特殊性质，中药材商品的库存较其他商品更须满足一些特殊要求，因而也更易产生较高的库存成本。2011年以来，中药材的库存周转率一直处于下滑趋势（图6-4），期货交易可以减轻企业大量的实物库存负担。此外，期货合约从签订到交割需经历一段时间，这为买卖双方安排生产、组织购销提供了有利机会，可使生产者和经营者因价格变动而产生的风险有所转移。第二，平抑药材价格，促进主要药材品种均衡生产。在商品经济下，价格由供需决定。2009年以来，我国中药材价格出现较大波动，究其原因：一是中药材市场自身组织分散，规范化程度低；二是生产工艺、种植土地要求和气候等因素造成供给不足；三是因民众健康理念变化、多次疫情暴发、国家政策变化等对中药材的需求量增加。通过建立期货交易，能更好地发挥价格作用，促进生产平衡发展，此外也能使各地经销商对市场价格的影响趋于弱化，平抑价格的大起大落。第三，传递反馈信息，有利于引导市场预期。期货交易中由于只涉及商品所有权的转移，因而商品流通的时间大大缩短，多次商品期货交易加速了商流和信息流，使得市场信息及时传递和反馈，更利于市场分析和预测，进而也为企业经营决策者和政策制定者提供了科学的、关键性的参考。

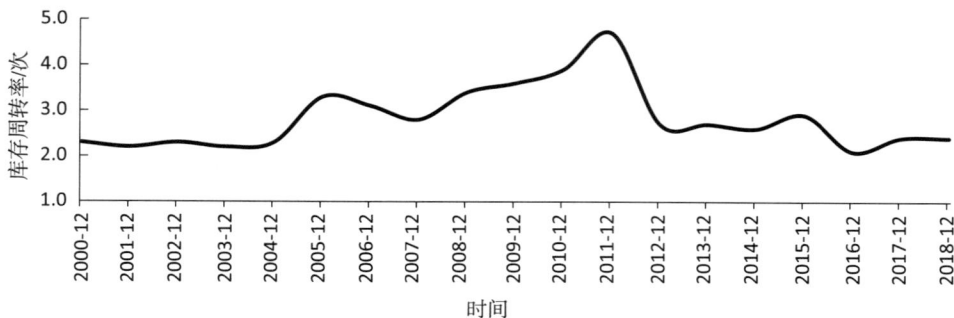

图 6-4　2000—2018 年我国中药材库存周转率变化趋势

数据来源：Wind。

如图 6-5 所示,2017 年我国中药材行业市场规模约 746 亿元,比 2016 年的 670 亿元增长了 11%。2011—2017 年间,我国中医药大健康产业的市场规模(图 6-6)也持续扩大,保持两位数的高速增长,2017 年我国中医药大健康产业的市场规模已经达到 1.75 万亿元,中医药工业总产值达到 8 442 亿元,约占整个医药产业工业总产值的 1/3,显示我国中医药产业进入了新的发展期。预期到 2020 年底我国中医药大健康产业将突破 3 万亿元,年均复合增长率将保持在 20%。近年来,在消费升级、老龄化社会形成和人们加强慢性病防治意识的背景下,中药饮片和中成药的下游需求不断增长;预计未来,人们对具有养生和"治未病"功能的中药的需求有望进一步增长;在继续享受基本药物目录调整红利、药品加成和不计入药占比的政策推动下,医院对中药的需求也有望增长,整体行业下游环境良好。预计未来在下游需求的带动下,中药材市场规模将保持 10% 左右的速率平稳增长。

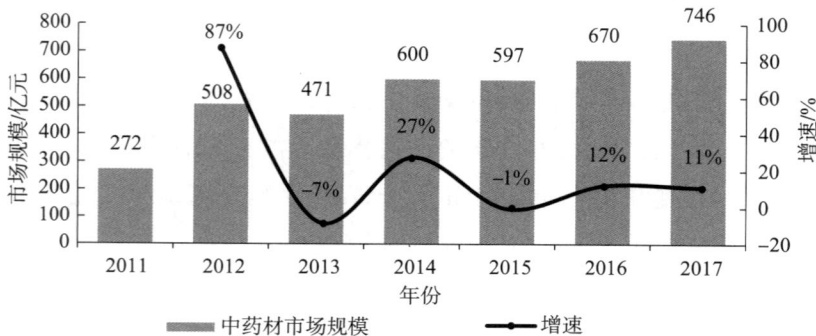

图 6-5　2011—2017 年我国中药材市场规模及增速

数据来源：华经产业研究院。

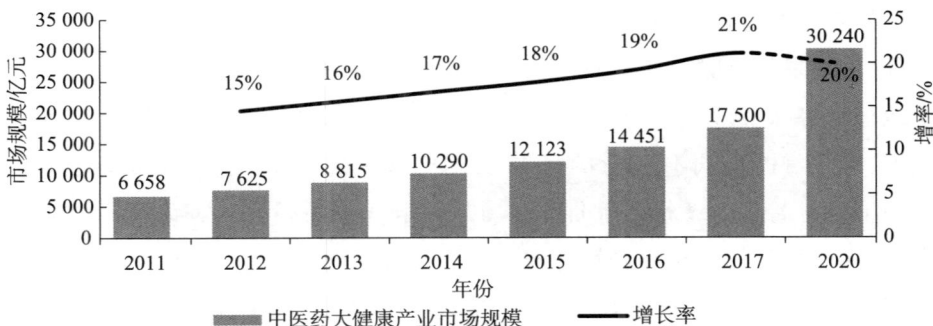

图 6-6　2011—2020 年我国中医药大健康产业市场规模及增速

数据来源：华经产业研究院。

当前国内中药材生产流通的主要源头为全国药材产地（3 000 个以上）、集散地市场（100 个以上）、全国中药材专业市场（17 个）。贸易体系的主要参与者包括生产端的药农、药材基地等，市场端的药材采购商、经销商、加工商等，以及需求端的药店、医院、制药厂等，如图 6-7 所示。中药材种植是以家庭为单位的分散而规模小的生产组织，对市场信息了解程度低，存在交易费用高的状况，同集中的期货交易方式相矛盾。由此可参考美国农民参与期货市场的方式，通过合作社的形式间接参与期货市场，鼓励内地农民成立各种不同类型的农民合作组织，帮助农民利用期货市场规避风险，并为农民提供更多的市场信息和有价值的建议。具有规模的国内外医药企业、协会等团体，可直接进入期货市场，从而进一步引导国内分散的中药材种植户。

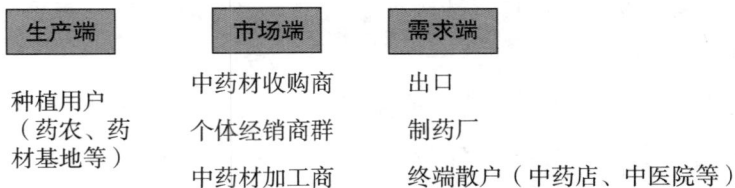

生产端	市场端	需求端
种植用户（药农、药材基地等）	中药材收购商 个体经销商群 中药材加工商	出口 制药厂 终端散户（中药店、中医院等）

图 6-7　中药材的贸易体系

除了澳门位于珠三角南部的地域优势外，中央政府给予澳门高度的自治权，包括经济自主权，独立的关税政策、贸易政策、货币政策等。资本自由流动，外汇资金无管制，货币可在澳门自由兑换，外资设立企业自由，这样的市场机制相对透明且风险小，吸引力大。澳门被 WTO 评为全球最开放的贸易和投资体系之一。低税的自由港这种低成本的优势可以转变成发展大宗商品交易的经济优势，所以对澳门中小企业来说，大宗商品交易市场的建立，更能发挥企业的比较优势。目前内地两个地区也具有建立中药材期货的客观条件,分别是甘肃陇西和安徽亳州。二者均为国内较大的中药材集散地,由于地理优势,陇西以及亳州均能产出、储存种类丰富的中药材;亳州正有意识地解决中药材等级难以划分的问题,已与安徽中医药大学合作完成 500 个品种的中药材商品等级分类标准研究,也与中国科学院信息工程研究所合作制定了"中药材大数据云智慧管理与应用系统建设方案"。与陇西、亳州相比,澳门作为自由港,具有发达的交通以及宽松自由的关税政策,这是其他内地城市或地区所没有的。

2011 年 3 月 6 日,澳门与横琴合作构建中医药科技产业园,旨在建设国际科技创新中心。合作的计划包括建设区域专业技术平台、中医医疗职业人员资格准入、中医药价格形成机制、中医药标准和国际化等创新试点。横琴毗邻澳港,处于"一国两制"的交会点和"内外辐射"的结合部,自港珠澳大桥通车后,是全国唯一路桥连接港澳的自贸片区,具备着地理位置优势。从技术上看,横琴产业园区在医药研发生产大楼的基础设施建设上,均采用中国及欧盟的药品生产质量管理规范(GMP)标准建设,可联合澳门中药质量研究国家重点实验室制定国际认可的中医药产品质量标准。在这种合作趋势下,中药材商品的现货储备必不可缺,这也为探索设立中药材大宗商品期货交易所提供了基础,解决了期货标准化交易中中药材等级划分困难的问题。除此之外,澳门本身具有建立商品期货的优势,横琴在产业扶持、人才引进、金融开放方面存在政策优势,所以"澳琴"合作构建中药材大宗商品期货交易所具备可行性。

如表 6-4 所示,横琴的相关政策优势在于具备产业扶持政策,旨在支持粤澳合作产业园发展,鼓励开展中医药创新研究,授权允许广东省先行先试药品监管机制改革措施。符合《横琴新区企业所得税优惠目录》的所有企业,减按 15% 税率征收企业所得税。对于引进人才以及企业税收方面,横琴具有奖励和补贴优势。在金融政策方面,横琴鼓励各类交易平台、金融类机构在横琴聚焦。而且横琴推行行政审批创新改革。

表 6-4　横琴相关政策优势

政策方面	具体内容
产业 扶持政策	支持粤澳合作产业园发展，鼓励开展中医药创新研究，允许广东省先行先试药品监管机制改革措施
	设立 10 亿元中医药产业基金，扶持中医药、大健康产业发展
	设立总部扶持基金，对成长型、跨国大型总部、国内大型总部进行资金扶持
税收	符合《横琴新区企业所得税优惠目录》的所有企业，按减 15％税率征收企业所得税
	对从境外进入横琴与生产有关的货物销往横琴视同出口，按规定实行退税
	横琴新区内企业之间货物交易免征增值税和消费税
	在横琴工作的港澳居民享受与港澳同等的个人所得税，对个税差额实行金额补贴
人才政策	根据符合条件特殊人才的实际贡献，给予分级奖励，最高可以税款市留成部分 200％为标准予以奖励
通关政策	独一无二"分线管理"，全岛按照"一线放宽、二线管住、人货分离、分类管理"原则实施分线管理
	简化港澳居民进出横琴通关程序，实现 24 小时通关
	制定实施澳门单牌机动车进出横琴（仅在横琴行驶）管理规定
总部 经济政策	经过认定的总部企业，其总部企业、企业内高级管理人员及专业骨干人才享受相关奖励和补贴
金融政策	鼓励各类交易平台、金融类机构在横琴聚集
	启动本位币兑换特许机构刷卡兑换业务，首发银联多币种 IC 卡
	鼓励与港澳地区金融机构加强合作，重点建设金融后台服务基地；探索与港澳之间更自由的资金往来模式
	鼓励开办和推广知识产权、收益权、收费权、应收账款质押融资，大力发展租赁融资。大力推广非现金支付工具特别是电子支付工具
行政审批 创新改革	外资准入实施负面清单管理，实现国民待遇
	开展企业登记改革试点工作，建立市场主体资格登记与经营项目许可、经营场所审批相分离的企业登记制度

资料来源：粤澳合作中医药科技产业园官网。

第七章

以跨境金融合作为主要途径，
推进珠澳向特色金融业务转型

澳门具备发展为国际金融中心的优势,但其在跨境金融方面发展较晚,且相关跨境金融合作较少,澳门与珠海合作可推动地区向特色金融业务转型。可从跨境结算、跨境融资及跨境投资三个方面深入探讨澳门与横琴跨境金融业务合作的路径。在跨境结算方面,澳门与横琴可达成同城清算,加强两地金融机构合作;在跨境融资方面,澳门与横琴可实现债权市场互通,推动澳门对横琴的跨境人民币贷款;在跨境投资方面,澳门与横琴可适当放宽限制,鼓励发展 QFLP 基金。同时,为了推进澳门发展多元化金融产业,澳门可逐渐发展衍生品市场,通过降低衍生品保证金门槛和丰富基础资产来促进澳门的衍生品市场发展,这样将有助于澳门逐渐摆脱依赖博彩行业的单一发展模式。

第一节　加快澳门与横琴跨境金融合作的实现路径

理论上,跨境金融按功能大致可以分为跨境结算、跨境融资、跨境投资及跨境担保四类(图 7-1)。其中,第一类是跨境结算,包括外币结算和人民币国际化以后的跨境人民币结算,即银行以前所谓的国际结算业务;第二类是跨境融资,融资本是双向的,在实务中,近年来主要指从境外融入资金,而境内企业的境外融资也可分间接融资和直接融资两种,间接融资主要指从境外银行借贷,以贷款的方式借入境外资金,而直接融资则指境内企业赴境外发债,包括发人民币的点心债(离岸人民币债券)和外币的如美元债等;第三类是跨境投资,具体包括对外直接投资(ODI)和外商直接投资(FDI),合格境外有限合伙人(QFLP)及合格境内有限合伙人(QDLP)发起设立的合伙制私募基金,合格境外机构投资者(DFII)及合格境内机构投资者(QDII)的股权类投资;第四类跨境担保则多用于上述跨境投融资业务中常遇见的跨境担保问题,在实务中,多见于内保外贷等业务。

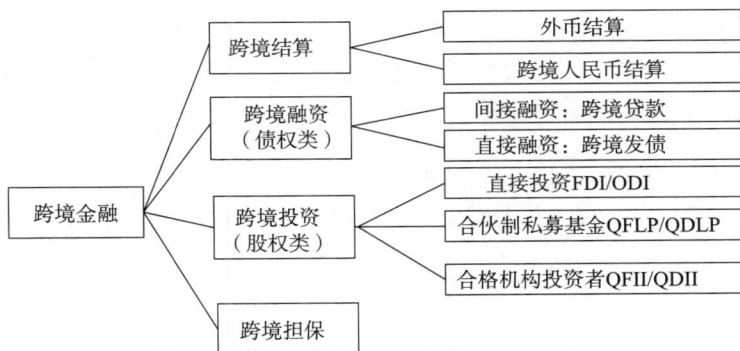

图 7-1 跨境金融业务分类图

(一)跨境结算方面,实现横琴和澳门同城清算,加强两地金融机构合作

横琴实行"一线放宽、二线管住"的特殊通关政策,今后横琴与澳门同城化的趋势将十分明显。澳门金融管理局目前虽然已与内地有关部委开展筹建"粤澳跨境电子直接缴费系统"工作,但主要为澳门居民缴付广东收费商户账单提供便利。为便利两地企业、居民的发展及生活需求,建议两地资金结算参照深圳与香港之间的清算模式,初期可考虑在澳门、横琴两地实现异步传输模式网络联网,迈出两地联合结算机制的第一步;后续以跨境贸易、跨境投资等其他跨境业务形式反向激发横琴与澳门多层次的实时联合资金结算。也可考虑探索把横琴视同澳门,实行与内地相对隔离的资金流动管理方式,实现两地清算同城化。

发挥"区块链＋金融"优势,创新结算交易模式。传统进出口贸易交易需要依托银行信用证结算体系,需要进出口双方将单据在双方的银行和客户间传递,流程烦琐,效率低下。通过区块链技术,可以将以往需要纸质化传递的单据加密、记录,并将电子化的加密文件在多方间传递,过程仅需几分钟,整个结算、交易流程可以在几个小时内完成。此外,在支付领域,区块链技术的应用有助于降低金融机构间的对账成本及争议解决的成本,从而显著提高支付业务的处理速度及效率。2018 年 11 月,珠海市横琴新区发布《横琴新区区块链产业发展扶持暂行办法》,鼓励区块链企业或机构落户横琴,加快横琴新区的"区块链＋应用场景"应用示范。建议"区块链＋金融"应用范式可从信用、票据等跨境融资领域率先开展应用,未来将延伸至其他跨境金融、供应链金融、资产支持证券化(ABS)等领域。

建议允许在横琴注册成立的银行从境内银行间市场拆借人民币,并汇出境外。业务起步初期可以限定额度以及拆借的期限以控制风险。对已经获得向境内银行间债券市场投资额度的参加银行,允许这些机构用持有的境内债券与横琴的银行,试点进行债券质押式回购交易,从而使这些参加行能获得额外的人民币流动性,并汇出境外,以提高境外离岸市场的流动性。

(二)跨境融资方面,培育珠澳互通债权市场,加快推动澳门对横琴的跨境人民币贷款

加快推动澳门银行业对横琴企业发放跨境人民币贷款。近年,澳门银行界强烈要求开办跨境人民币贷款业务,参与横琴开发。横琴新区 2018 年度市重点项目共安排 75 项,总投资共 2 199 亿元,年度计划投资达 185.68 亿元,澳门金融机构和企业进入内地的意愿也很强,但澳门与横琴间的资金渠道不畅,也缺乏相关金融政策的落地支持,抑制了澳门大型企业参与横琴开发的投资意愿。打通两地的资金渠道至关重要,参照内地实行跨境贷款的地区,除了自贸区外,其他地区都是和境外地区相对应的,包括台湾-昆山、新加坡-苏州(天津)、香港-前海,为此要实现澳门与横琴的跨境贷款,在策略上横琴可考虑联合澳门向中央申请,以提升成功率。

利用自贸区,培育珠澳互通债权市场。目前我国建设的自贸区,很重要的一项功能就是连接在岸市场与离岸市场,作为离岸市场的澳门拥有与内地不同的金融监管体制、金融市场体系。澳门有条件主动打造成为离岸市场与在岸自贸区金融联系的集聚地和联系纽带。例如,可以先鼓励内地自贸区的企业到澳门发行债券,并考虑允许内地自贸区的企业通过适当的途径来投资这些债券。为进一步盘活澳门离岸人民币存量,可以探索简化"莲花债"发行流程,鼓励珠海企业到澳门发行"莲花债",利用离岸人民币推动本土经济发展,同时提高离岸人民币的流转效率。此外,监管机构可鼓励其筹集的资金回流内地用于横琴地区的建设及粤澳跨境大型基础设施建设等。澳门虽然没有债券市场及交易所,但银行业具有全功能牌照,并不妨碍债券的发行。在起步阶段,可以采用银行包销的方式向符合资格的机构或个人定向发行,并且由银行提供流动性。

(三)跨境投资方面,放宽监管限制,鼓励发展 QFLP 基金

外商投资股权投资企业,是指由境外企业或个人参与投资设立的,以非公开方式向境外投资者募集资金,投资于国内非公开交易企业股权的企业。我国 QFLP 试点政策最早于 2011 年在上海市落地,后续北京、深圳、天津、重庆、青岛等地方金融管理部门也陆续颁布了本市的 QFLP 政策。实施 QFLP 试点,是扩大港澳等境外资金投资境内实体产业的重要渠道,有利于引入境外资金支持粤港澳大湾区实体经济高质量发展和基础设施的建设,珠海扎实的产业基础也可为澳门资金提供优秀的投资项目。2019 年 1 月,珠海印发了《珠海市外商投资股权投资企业试点管理暂行办法》(简称《暂行办法》),标志着 QFLP 试点在珠海正式落地,由此珠海成为广东省内继深圳后第二个实行 QFLP 试点的城市,也是省内第一个落地该试点的地级市。相较于上海、深圳等试点城市,此次珠海市将 QFLP 机构自有净资产规模门槛要求降低至 600 万美元,将管理资产规模门槛要求降低至 1 200 万美元;同时,规定对澳门投资者还可根据具体情况"一事一议",凸显扶持政策优势;在具体投向上,《暂行办法》没有以"负面清单"制划出红线,但明确了 QFLP 应当投向有利于粤港澳大湾区发展的实体产业和基础设施项目,或以《外商投资产业指导目录》为导向,直接投资于实业。未来,珠海可考虑将 QFLP 登记备案权下放至珠海地方,或与相关监管方进行协调,在有关珠海 QFLP 登记备案方面给予优先支持;在投资限制上进一步放开,由直投企业和项目进一步扩围至产业基金等;在属地划分上,建议将 QFLP 基金视为境内投资者,以便基金投向不与我国外商投资产业政策中禁止外商投资领域相冲突。

目前 QFLP 基金发展的障碍主要来自以下几个方面:

一是管理规定冲突问题。这类问题体现在 QFLP 基金管理办法与证监会的基金境外子公司管理规定之间。按证监会规定,境内基金公司在境外设立的子公司在开展 QFLP 业务时将受到限制。《证券公司和证券投资基金管理公司境外设立、收购、参股经营机构管理办法》第十三条规定:境外子公司不得直接或者间接在境内从事经营性活动。这意味着限制了基金公司有较强经营能力的境外子公司通过 QFLP 参与到境内的私募股权投资(Private

Equity,PE)以及风险投资(Venture Capital,VC)市场。相反,存在着外资空壳公司借助 QFLP 优惠政策抢夺境内的 PE 以及 VC 市场,或使境内有潜质而未上市的公司流入外资公司之手的现象。因此,境内基金公司的境外子公司没有享受到 QFLP 的优惠政策,失去真正参与到澳门与横琴金融发展中的机会。建议修改《证券公司和证券投资基金管理公司境外设立、收购、参股经营机构管理办法》第十三条,让有经营能力且受境内基金公司全资管理的境外子公司参与澳门 QFLP 基金发展,投资于有潜力的实体企业。

二是根据珠海印发的 QFLP 试点办法,QFLP 企业应在取得认定通知书的 12 个月内完成在基金业协会的登记,并成立首个 QFLP 企业或境内私募股权、创业投资基金;成立的 QFLP 企业或境内私募股权、创业投资基金应在 6 个月内完成在基金业协会的备案手续,否则取消资格。但对于部分想参与的基金子公司,则需根据《基金管理公司子公司管理规定》,设立特殊目的机构应当在办理工商登记之日起 5 个工作日内向基金管理公司所在地中国证监会派出机构备案。监管上的冲突在一定程度上将降低设立 QFLP 基金的积极性。珠海自 2019 年 1 月落地试点办法后,近半年并未有广东省私募股权或创业投资基金在基金业协会登记备案。

三是内外资属性问题。这类问题既体现在 QFLP 基金采用的不同模式是否能被监管方认可方面,也体现在不同模式是否应被判定为"外资"而受到外商投资管理等相关办法的限制上,比如"外资管内资"(即境外 PE/VC 机构向境内投资者募集资金设立外商投资企业作为境内 QFLP 基金)和"内资管外资"(即境内 PE/VC 机构向境外投资者募集资金设立外商投资企业作为境内 QFLP 基金)等模式,监管执法中主观判断的空间较大。

四是税务风险的问题。在中国的税法下,合伙企业是税务穿透实体,即合伙企业的所得税的纳税义务人是合伙企业的合伙人而非合伙企业本身。尽管外商投资合伙企业亦适用上述税法原则,但其境外合伙人从合伙企业获取的分红收入如何纳税,至今未有明确的税务规则出台。相较于普通的有限责任公司形式的外商投资企业对境外股东的分红通常仅需要缴纳 10% 的预提所得税[在有境外股东所在地与中国有相关税收协定(安排)的情况下,境外股东分红的预提所得税税率可能将为 5％]，目前在实践中，QFLP 基金的外国合伙人（无论是境外的普通合伙人还是有限合伙人）均有可能会被视为在中国有常设机构而被征以 25％ 的企业所得税，但按此征收企业所得税后，在境内收益向境外投资人分配汇出的时候不会重复征收预提所得税。

第二节　澳门衍生品市场创新发展的新思路

衍生品是一种金融工具，其实质是两个主体之间的一个协议，其价格由基础产品的价格决定。衍生品参与的两方互为对手方，则这个交易是一种零和博弈，即一方的盈利是另一方承担的损失。从这个角度上看，衍生品交易与博彩很像，本质上也是双方基于某一基础的对赌。

澳门是世界上著名的赌城，由于博彩业的景气度下滑，澳门经济适度多元化的思路被提出来，而特色金融战略就是丰富澳门经济的重要一环。目前，澳门传统金融具备一定基础，但资本市场不发达。而由于毗邻香港，澳门的金融发展又必须独具特色。在澳门发展衍生品市场，并借鉴博彩业特点进行创新或许是一种新的思路。

衍生品由于风险高、专业性强，应以资产准入门槛和保证金制度（中国各类型期货保证金情况如表 7-1 所示）对投资者范围加以限制。根据《证券期货投资者适当性管理办法》，自然人投资者须满足金融资产不低于 500 万元，或者最近 3 年个人年均收入不低于 50 万元的要求。而一手合约价值较高，导致保证金绝对数值较高，因而影响了散户的投资参与度。

而澳门博彩业对于参与者没有资产的门槛限制，每次下注的最低金额只需达到 100 港元即可，因而吸引了大量不同层级的参与者。鉴于此，可以在澳门建立的衍生品交易所中实行迷你保证金制度，将更多个人投资者引入衍生品交易市场。迷你保证金制度已经在美国市场有了先例。芝加哥商品交易所（芝商所）在 2019 年 5 月推出了微型 E-迷你标普 500、微型 E-迷你纳斯达克 100、微型 E-迷你罗素 2000 以及微型 E-迷你道指四个微型迷你指数期货（表 7-2）。而我们的市场则完全可以更进一步。

表 7-1 中国各类型期货保证金情况

交易所	品种	代码	交易所保证金比例/%
上海期货交易所	原油	sc	7
	白银	ag	7
	黄金	au	6
大连商品交易所	大豆一	a	7
	大豆二	b	5
	玉米	c	7
郑州商品交易所	强麦	WH	20
	PTA	TA	6
	动力煤	ZC	8
中国金融期货交易所	沪深 300	IF	15
	上证 50	IH	15
	10 年国债	T	2

资料来源：上海期货交易所、大连商品交易所、郑州商品交易所、中国金融期货交易所。

表 7-2 芝商所推出的四种迷你股指期货情况

项目	合约名称			
	微型 E-迷你标普 500	微型 E-迷你纳斯达克 100	微型 E-迷你罗素 2000	微型 E-迷你道指
参考合约	MES1906	MNQ1906	M2K1906	MYM1906
最低波幅	0.25 指数点=USD 1.25	0.25 指数点=USD 0.5	0.1 指数点=USD 0.5	1 指数点=USD 0.5
合约大小	$5×指数	$2×指数	$5×指数	$0.5×指数
合约价格/美元	2 932.5	7 803.5	1 617.5	26 405.0
合约价值/美元	14 662.5	15 607.0	8 087.5	13 202.5
基本保证金/美元	726	920	391	714
杠杆倍数	20.19	16.96	20.68	18.49

资料来源：芝商所。

除了保证金制度的博彩化外，衍生品的基础资产也可以博彩化，即跳出所谓的金融衍生品的范畴，这也将弥补衍生品交易技术门槛高、趣味性不足、需求相对狭窄的缺点。事实上，衍生品的基础资产去金融化产品早已有之。1999 年 9 月，美国芝加哥商品交易所推出了与天气挂钩的标准化期货、期权交易品种。而天气衍生品的标的指数就是天气指数，如气温、降雨量、降雪量等指标指数（表 7-3）。天气衍生品实质上对赌的就是某一段时间某一地区的某一天气指标情况。所以，如果在澳门开设衍生品交易市场，则衍生品的挂钩基础标的也可以丰富化，如对赌天气、农业产品产量等创新性底层基础产品。

表 7-3　芝商所天气衍生品标的地点与标的指数情况

项目	标的范围较小	标的范围适中	标的范围较大
标的指数	降雨量、降雪量	气温、霜冻	飓风指数
标的地点	建筑物	城市	地域
地点性质	行政性	行政性	地理性
实质原因	地点差异对数值影响大	同城数值差异极小	移动和波及范围广
拥有数量	全美 17 个	全球 47 个	北美 9 个
举例	纽约中央公园	纽约市	北大西洋区
	杰克逊维尔国际机场	杰克逊维尔市	佛罗里达州

资料来源：《天气衍生品研究综述》，孟一坤，2015 年。

发展澳门的衍生品市场，通过降低保证金门槛和丰富基础资产两个方面激发普通个人投资者的参与热情，可以对冲澳门博彩业下滑对于澳门经济的不利影响，并打造澳门全新的名片，丰富特色金融战略的内涵。澳门的衍生品市场的发展可以作为中国衍生品制度改革的试点，率先与国际接轨。而通过降低衍生品门槛将部分赌场参与者引导到衍生品交易市场，也便于政府的监管。

第八章

从珠海支持澳门建立出口保险信用
制度看城市群金融创新与合作

在现代化的交通、通信和信息技术等条件下,城市的边界日渐模糊,大型城市群成为城市地理的典型状态,作为空间载体的城市群越来越成为平衡区域发展、带动经济增长的重要力量。其中,粤港澳大湾区"9+2"城市群凭借"一个国家、两个体制、三个关税区、四个核心城市、三套监管体系、多个监管主体"等特征,成为中国综合实力最强、开放程度最高、经济最具活力的地区之一,珠海、澳门作为湾区的重要城市,具备独特的合作优势,为推动城市群金融合作、实现由服务经济向创新经济转型升级提供了新的发展思路。

作为一种贸易风险控制和管理机制,出口信用保险可为澳门的货物、服务、技术和资本等"走出去"和建成"中国与葡语国家商贸合作服务平台"提供风险保障。但目前来看,澳门出口信用保险市场以商业性保险机构为主,政策性信用保险的优势亟待开发。为实现两地金融合作,珠澳可从共同支持政策性出口信用保险机构成立、出口信用保险业务信息共享、鼓励珠海的银行保险等机构进驻澳门、鼓励珠海行业协会与澳门行业协会之间建立沟通渠道等方面进行试验,并在此基础上继续加强与香港出口信用保险局间的联系,使珠澳成为城市群金融创新与合作的风向标。

第一节　澳门亟须建立相对完善的出口信用保险制度

作为 WTO 补贴与反补贴协议所允许的出口及投资促进手段,政策性出口信用保险目前已为几乎所有发达国家和多数发展中国家所采用,其在贯彻经贸战略、实现国际收支平衡、促进经济发展等方面起到了独特作用。对国际信用和投资保险人协会(即伯尔尼协会)的统计数据中 WTO 的全球贸易数据进行分析后发现,近年来特别是国际金融危机以来,在出口信用保险支持下实现的贸易额约占当年全球贸易额的 12%~15%。

(一)澳门建立出口信用保险制度的重要性

出口信用保险对澳门建成"中国与葡语国家商贸合作服务平台"有积极的推动作用,可促进澳门金融业发展,帮助澳门企业开发葡语市场,为货物、服务、技术和资本等"走出去"提供风险保障。而澳门企业进入 8 个葡语国家市场,须面对当地的政治风险、商业风险、法律风险和道德风险等,出口企业承受的风险压力大。出口信用保险制度的构建可帮助出口企业将风险管理、客户调查、追账等事项委托给专业的出口信用保险机构,使出口企业可专注于企业的发展和葡语市场的开拓。

1.澳门建立出口信用保险制度是促进澳门对外经贸发展的工具

在国内外的研究中,大部分学者认为政策性出口信用保险对对外经贸的发展具有正向促进作用。Faini[①] 提出,当出口信用保险的保费水平低于正常水平时,该隐性补贴可降低产品成本进而促进出口。Moser、Nestmann、Wedow 等[②]对 1992—2003 年德国的外贸数据进行了实证检验,研究发现政治风险是制约对外贸易发展的主因,而德国出口信用保险对政治风险进行了有效分散,促进了对外贸易增长。何慎远等[③]根据 2002—2009 年中国出口信用保险保额和同期的外贸出口数据,利用引力模型进行了实证分析,发现出口信用保险显著推动了中国外贸增长,且长期来看,出口信用保险对向发达国家出口的激励效应更突出,但在短期内,出口信用保险对向发展中国家出口的促进效果更显著。徐海龙等[④]对 2005—2011 年中国出口信用保险及出口额间的关系进行了实证检验,分析发现出口信用保险可发挥促进外贸增长、拉动经济发展等政策性功能,且在经济危机时的逆周期调节作用较突出。

---

① FAINI RICCARDO. Export supply, capacity and relative prices [J]. Journal of development economics,1994,45(1):81-100.

② MOSER C,NESTMANN T,WEDOW M. Political Risk and Export Promotion:Evidence from Germany[J]. The world economy,2008,31(6):781-803.

③ 何慎远,李斌,庞淑娟,等.我国出口信用保险对出口促进作用的实证研究[J].系统工程理论与实践,2011,31(05):792-798.

④ 徐海龙,杨汇潮,江生忠.我国出口信用保险政策性作用研究[J].保险研究,2013(10):58-71.

林斌[①]利用可变参数状态空间模型,重点分析了金融危机后,在出口信用保险政策调整背景下,出口信用保险可发挥其风险管理等作用,推动外贸出口增长。

澳门统计暨普查局的数据显示(表8-1),2017年澳门出口香港的货值为65.99亿澳门元,同比增加18.7%;输往内地的货值为21.21亿澳门元,上升21.1%,其中19.05亿澳门元输往了泛珠区域九省,同比增加15.8%;输往"一带一路"沿线国家的货值则下跌39.6%,为3.58亿澳门元;出口葡语国家的货值下跌85.9%,为100万澳门元。从2014—2017年澳门的出口数据来看,澳门出口葡语国家的规模较小,其作为中葡商贸服务平台的作用未能完全发挥,亟须建立起出口信用保险制度以促进其对葡语国家的出口贸易。同时,数据显示,澳门企业对境外的投资总额波动显著,但对香港和内地的投资则呈快速增长趋势。

表 8-1　2014—2017 年澳门按主要目的地统计的出口货值

目的地	2014 年		2015 年		2016 年		2017 年	
	货值/亿澳门元	涨跌幅/%	货值/亿澳门元	涨跌幅/%	货值/亿澳门元	涨跌幅/%	货值/亿澳门元	涨跌幅/%
内地	15.54	−3.2	18.37	18.2	17.51	−4.7	21.21	21.1
泛珠区域九省	14.86	−2.2	17.76	19.5	16.44	−7.4	19.05	15.8
香港	58.12	19.7	63.26	8.8	55.59	−12.1	65.99	18.7
日本	1.69	12.6	2.36	40.1	3.11	31.7	1.73	−44.3
美国	2.93	−19.6	1.97	−33.0	1.56	−20.6	1.86	18.9
"一带一路"沿线国家	2.30	−39.1	3.37	46.4	5.93	75.7	3.58	−39.6
欧洲联盟	3.10	10.3	2.26	−27.0	1.75	−22.7	1.90	8.6
葡语国家	0.03	−27.2	0.01	−73.5	0.06	594.6	0.01	−85.9

资料来源:澳门统计暨普查局。

---

① 林斌.出口信用保险政策调整对我国外贸出口影响的动态分析[J].世界经济研究,2013(08):29-34＋87-88.

2.澳门建立出口信用保险制度是出口企业转移商业风险、政治风险的需要

随着全球对外政策标准的不断提高，中葡在经贸合作过程中出现了商贸摩擦和利益纠纷等问题。如在欧盟的对外政策中存在"绿色贸易壁垒"，进口国政府可以出于保护生态环境、自然资源以及人类健康等方面的考量，设立烦琐的检验认证、审批制度以及制定环境进口税等对进口产品进行限制。为满足相应标准，澳门企业需要面对产品制作流程和标准等大幅调整的风险，企业面临巨额损失。再如，伴随着科学技术在世界范围内的快速流动，中葡经贸合作中因知识产权产生的纠纷也不断涌现，造成双边贸易摩擦。欧盟2018年5月生效的《资料保护总规章》加强了对知识产权保护的跨国规管，提升了进口产品的合规要求和相应的处罚金额。随着中国产品大量进入葡语国家的市场，其他的葡语国家也越来越重视知识产权的保护，并出现以此为由限制中国产品进入的现象。

澳门企业进入葡语国家的市场面临着难以预料的风险，但由于识别、预测、规避商业风险和政治风险难度大，其通常不适用大数法则，一般的商业保险缺乏承保意愿，迫切需要政策性出口信用保险来弥补市场的不足。

(二)澳门出口信用保险市场现状

目前澳门共有四家保险公司承保出口信用保险：中国太平保险（澳门）股份有限公司、美亚保险香港有限公司（澳门分行）、昆士兰保险（香港）有限公司、三井住友海上火灾保险（香港）有限公司。为了契合中国与葡语国家商贸服务平台的定位，澳门的保险公司承保了如葡萄牙、巴西等葡语国家的出口贸易，但是否承保有较高风险的葡语国家则由个别保险公司的核保政策认定。

为推动出口信用保险制度的建立，澳门金管局在2019年10月推出"银行保单"计划，澳门出口企业可为其出口业务的应收账款，通过相关银行向出口信用保险公司投保。保险公司所承保的出口信用保险产品共性突出：产品的目标客户是在澳门从事出口或转口的企业；除对某些风险较高的国家或地区可能不做承保外，受保范围是全球的国家；除对某些新鲜或易腐损货物不承保外，一般消费品可承保；承保商业风险及政治风险；根据应收款、放账期、

买家的付款记录及财务状况等确定信用额度;根据保单起始日所申报的估算营业额计算临时保费,于保单到期日按实际营业额调整最终保费。

虽然澳门保险市场已经出现经营出口信用保险业务的保险公司,但与其他国家和地区相比,澳门出口信用保险市场仍然存在许多问题。

一是缺少政策支持的出口信用保险公司。与出口信用保险的演进过程类似,目前处于发展初期的澳门出口信用保险主要由商业性机构主导,此阶段具有业务规模小的典型特征,商业保险公司存在亏损,且难以满足市场的保险需求。

二是保险产品种类不健全。根据期限的不同,出口信用保险可分为短期出口信用保险以及中长期出口信用保险,但出于经营成本等方面的考量,目前澳门保险公司承保的出口信用保险局限于短期出口信用保险,缺乏对中长期出口以及投资项目的保护。且政策性出口信用保险机构的缺位导致长期的保险需求未得到满足。

三是缺乏专门的法律制度。由于出口信用保险具有政策性,需要有对出口信用保险制度进行规范的配套法律法规,对风险管控、国际仲裁、保险支付等一系列问题进行规定,以规范出口信用保险的具体运作过程,并为市场主体提供高标准的保险服务。但目前来看,澳门尚未形成完备的配套法律体系,法律环境亟待改善。

(三)澳门构建出口信用保险制度的优势分析

1.制度优势

在"一国两制"的制度之下,澳门实行自由市场经济制度,保持其自由港的地位,资金流动自由,可以独立关税区的身份单独签订经贸协定,且拥有国际评级机构长期信贷评级,在对外交往中拥有足够的自主权。

在澳门,除中文外,立法机关、行政机关以及司法机关也将葡萄牙语视为正式语言,相关的官方文件同时附有葡语版本,在政府内部葡语的使用度高。此外,澳门法律体系源自葡萄牙,澳门与葡萄牙两地互认法律学历,澳门与葡语国家的紧密联系为出口信用保险制度的建立创设了良好的基础。借助澳门完善的市场体制、营商环境以及《内地与港澳关于建立更紧密经贸关系的安排》(CEPA)的优势,广东、江苏等省份的企业积极利用澳门的平台优势,与葡语国家开展了多种形式的经贸合作,如2017年10月澳门与中山市联合开办了中山-澳门贸易投资推介会,涵盖了食品、物流、金融、电子商贸、进出口贸易等行业;中交集团长期根植澳门,并借助澳门开拓安哥拉、葡萄牙和巴西等国家市场。

2.区位优势

在内地发展对外贸易的过程中,澳门自古以来就发挥着连接亚、欧、美、非四大洲的中转港作用,使内地企业"走出去"时不仅可以开拓东南亚、葡语国家、欧美市场,还可保持与内地的联系。随着港珠澳大桥启用,澳门、香港、珠海、深圳的"一小时经济生活圈"使澳门与内地的联系日益紧密。

中国海关总署资料显示,2018年中国与葡语国家进出口商品总值达1 473.54亿美元,同比增长25.31%。其中,中国自葡语国家进口1 055.07亿美元,同比增长30.24%;对葡语国家出口418.48亿美元,同比增长14.40%。由于对内地和葡语市场的熟悉度均较高,作为中葡商贸服务平台的澳门有望通过中葡日益密切的商贸关系推动自身出口信用制度的建立。

3.政策优势

为鼓励澳门与葡语国家开展更广泛的合作,中央政府以及澳门特区政府出台了一系列政策,为中葡交流奠定了良好的政策基础。2011年,"十二五"规划提出澳门产业适度多元的定位和发展方向是建设"世界旅游休闲中心"和"中国与葡语国家商贸合作服务平台"。2016年2月,澳门特区政府成立了"中国与葡语国家商贸合作服务发展委员会",由行政长官担任主席。在2016年中国-葡语国家经贸合作论坛第五届部长级会议中,国务院总理李克强提出推动澳门建设中国与葡语国家金融服务平台、商贸合作服务平台综合体,在澳门设立中国与葡语国家企业家联合会、双语人才培训基地、文化交流中心、青年创业交流中心等。2017年6月,中葡合作发展基金的总部正式落户澳门,为中葡企业提供投融资支持。

内地和特区政府所采取的鼓励中葡交流的政策促进了内地和澳门企业出口至葡语国家,为出口信用保险创设了市场需求。而为了直接鼓励澳门出口信用保险制度的建立,两地政府也采取了一些直接的鼓励措施。2016年10月,李克强总理视察澳门期间就提出支持澳门建设出口信用保险制度。同月,为落实李克强总理提出的"支持澳门建立出口信用保险制度",内地的中国信保与澳门特区政府签署了战略合作协议。2017年10月,澳门金融管理局、葡萄牙信贷保险公司正式签署《合作框架协议》,提出加强双方在出口贸易和投资项目保险等方面的合作,助力澳门构建出口信用保险制度。2019年2月正式发布的《纲要》提出建立出口信用保险制度,促进澳门金融业发展、货物及服务贸易。

4.财政储备充裕

由于出口信用保险承保的是一般商业保险不愿或不能承保的商业风险和政治风险,因此一般由当地财政负责为出口信用保险提供保险准备金支持。而澳门之所以被IMF评为亚洲发达的经济体之一,重要的原因就在于特区政府有财政资产充裕、金融部门资本充足与流动性高等优势。其中,澳门特区政府所拥有的丰富的财政储备为出口信用保险制度的建立提供了财政上的有力支持。截至2018年底,澳门的财政储备约为5 088亿澳门元,其中基本储备1 475亿澳门元,超额储备3 613亿澳门元;2018年澳门的出口贸易总额约为121.93亿澳门元,超额储备规划约为澳门出口贸易总额的30倍。

5.中葡合作发展基金平台

设立中葡合作发展基金(即"中葡基金")是2010年11月中国-葡语国家经贸合作论坛第三届部长级会议上宣布的中葡合作的重要举措。中葡基金于2013年6月26日正式成立,由国家开发银行和澳门工商业发展基金共同出资设立,中非发展基金受托管理,基金总规模达10亿美元。其设立的目的是支持中国(含澳门特区)的企业与葡语国家的企业开展投资合作,促成中葡论坛成员国企业之间的直接投资。目前已批准了在安哥拉生产电线杆与聚乙烯管和在莫桑比克建立综合农业园等多个项目,同时还有20多个储备项目。基金投资遵循市场化的原则,在成员国范围内自主选择投资项目,其投资项目也会面临来自葡语国家的商业风险和政治风险,需要追求稳定的投资回报并发挥基金促进中葡国家经贸合作的作用,因而产生了对中长期出口信用保险的需求。

第二节　澳门发展出口信用保险的路径选择

(一)政府支持成立出口信用保险机构

从国际上来看,几乎所有发达国家和多数发展中国家均采用了政策性出口信用保险制度。虽然澳门市场上已有保险公司提供出口信用保险产品,但一般只承保葡萄牙和巴西的出口贸易,其现有的由商业性保险机构经营的模式难以发挥出口信用保险鼓励出口贸易的最大效用。

目前,在澳门主要由四家商业性财产保险公司承保出口信用保险,对处于发展出口信用保险初期的澳门来说,需要政府发挥更大的支持作用。截至2018年底,澳门的财政储备约5 088亿澳门元,其中基本储备1 475亿澳门元,而超额储备则有3 613亿澳门元;2018年澳门的出口贸易总额约为121.93亿澳门元,超额储备规划约为澳门出口贸易总额的30倍。特区政府有能力组建出口信用保险公司,可在珠海政府的支持下,引入珠海的中国信保分支机构或其他保险机构作为共同发起人,提供出口信用保险服务,以承担一般财产保险公司不愿意或无力承担的政治风险和中长期商业风险,将澳门打造成葡语国家的区域性信用保险机构。

为构建包括葡语国家在内的出口信用保险制度,澳门金管局应更积极地对临近地区如珠海、香港的出口信用保险制度开展研究。其中,珠海市为了更好地为当地企业提供资信服务、融资便利以及良好的贸易发展基础,根据广东省促进经济发展专项资金(外贸方向)相关文件的规定,为珠海市企业投保出口信用保险给予一定的财政支持,"对在珠海市登记注册,具有对外贸易经营资格,自主向国家批准从事出口信用保险业务的保险公司投保短期出口信用保险,并已缴纳保费(含保险公司垫付)的企业,给予一定比例的资助"。此举有效地降低了出口企业的保费水平,且珠海市将企业进一步分为一般企业、小微企业及中型企业,分别对其设置资助额度、申报程序及材料等,为澳门出口信用保险制度的建立提供有益借鉴。

在香港出口信用保险局的机构设置中,信保局咨询委员会经常就保险及与投资有关的业务向信保局提供意见,其成员包括来自金融、保险、贸易、服务等界别的翘楚及政府官员。澳门在建设出口信用保险制度时可积极借鉴这一机构设置,邀请珠海、香港等粤港澳大湾区城市群的专家成立咨询委员会,就湾区内出口信用保险的业务问题及相应合作提出建议,充分发挥协同机制的优势。

(二)制定专门的出口信用保险法

考虑到信用保险的政策性,澳门需要在《伯尔尼联盟总协定》的基础上制定有关出口信用保险的特别法,对出口信用保险的目的、组织运作、业务领域、财政支持、保险责任、参与方权利义务以及风险基金的设立和管理等一系列内容进行规范。该法内容须包括对出口信用保险以及保险合同的规定,重点强调出口信用保险的本质,出口保险公司的注册资本、出资人、公司治理结构,出口贸易合同的调查程序、保险利益构成及法律效力,保险标的分类及其信用期限,免责情况、保费确定程序、追偿权行使、限额控制等事项。此外,澳门需要考虑在相关主体对出口信用保险产生争议时是否依据特定的仲裁规则进行处理,以利于涉外仲裁的互认和执行。

为了建立起有效的竞争机制,澳门可在构建出口信用保险体系的过程中,考虑以法律形式提供更多优惠措施,借助澳门的低资金成本和充裕资金的优势,吸引内地如珠海的企业在澳门设立葡语市场办事处,扩大对出口信用保险产品的需求,间接促进澳门出口信用保险市场的发展;出台鼓励珠海可承保出口信用保险的保险公司如中国信保落户澳门的政策,创新出口葡语市场的出口信用保险产品。

但从立法效率角度来看,澳门特区政府推动一项政策出台,需要提前制定并通过相关法律。且在《澳门基本法》的框架下,法律文本是先推出葡文版,后翻译成中文,漫长的立法工作流程越来越难以适应现实的发展要求,制约了澳门出口保险业务乃至整个保险业的发展。针对立法效率问题,澳门特区政府可增加立法会或相关部门的预算,增加工作人手。但对于在立法中遇到的不同制度的理念问题以及跨境部门间的协调问题,难以在短时间内解决的,澳门政府可以先鼓励澳门保险行业协会、社会团体如澳门保险公会、澳门金融学会、中国-葡语国家经贸合作论坛(澳门)、中葡合作发展基金等组织发挥作用,例如在资信信息系统的建设中,可将澳门保险机构或行业协会、珠海地区的保险业协会有效连接起来,以非官方的形式,先行推动两地出口保险业务信息共建共享。

　　珠、澳两地业务信息的共建共享这一举措不仅为澳门建立出口信用保险制度提供发展思路,同样也为城市群开展出口信用保险服务提供模板,如香港地区就有香港中华总商会、香港中华厂商联合会、香港工业总会等多家商会以及香港中小企经贸促进会有限公司、中小企业在线、香港中小型企业联合会等中小企商会,覆盖面广,可与内地协会、澳门协会建立起有机联系,先行推动非官方层面的信息交流。

(三)鼓励保险公司、银行等机构进驻澳门

　　1.充分利用保险机构如中国信保(珠海)、香港信保局的信息优势

　　在2001年中国加入WTO的大背景下,中国内地第一家由政府出资、不以营利为目的的中国信保于同年成立,自此中国内地的出口信用保险业务开始全速发展。

　　中国信保是四大政策性金融机构之一,有国家主权级信用评级,也是国际信用和投资保险人协会(即"伯尔尼协会")的正式成员。据2015年伯尔尼协会排名,中国信保在73个成员国家和地区中,以4 199亿美元居承保规模第一位,有效拉动了内地出口业务的发展。据统计,截至2019年末中国信保的资信信息已覆盖2亿多家海外企业、7 000万家中国企业和4.5万家银行,资信调查业务覆盖全球所有国别、地区和主要行业。2019年末,中国信保累计支持的国内外贸易和投资规模超过4.5万亿美元,向企业支付赔款近140亿美元,带动超过200家银行为出口企业融资超过3.5万亿元人民币。

　　自2005年起,中国信保已将除中国以外的192个主权国家和36个非主权地区分成1~9类,建立起了专业的国家风险评估标准。目前,中国信保已与葡语国家中的安哥拉、莫桑比克等国的政府、企业和金融机构开展合作,于巴西设立了工作机构。此外,中国信保已发布《国家风险分析报告》《全球投资风险分析报告》《海外目标企业进口采购分析报告》等一系列报告。其中,《国家风险分析报告(2017)》对葡语国家莫桑比克的政府违约风险、汇兑限制风险、恐怖主义风险进行了系统分析,详细分析了葡萄牙的外部支持风险、宏观经济风险、公共债务规模风险,并讨论了圣多美和普林西比的政治风险、经

济风险、商业环境风险、法律风险。通过与中国信保进行合作，澳门可为葡语国家提供资信服务，加快建成出口信用制度。

澳门可与中国信保协商形成合作框架协议，鼓励澳门保险机构和银行与中国信保在珠海的分支机构进行战略合作或直接支持中国信保在澳门设立葡语国家代表处和股份有限公司，通过澳门政府获取财政支持，为出口葡语国家的澳门企业提供中长期出口信用保险、海外投资保险、出口特险、担保等保险产品和出口管理支援及信用监控的方案。此外，澳门政府可发挥竞争机制的作用，将短期商业风险开放给珠海的财产保险公司承保，逐步引进珠海保险企业来澳门设立出口信用保险公司。

在香港地区由香港出口信用保险局提供出口信用保险服务。信保局根据《香港出口信用保险局条例》（香港法例第1115章，简称《条例》）在1966年成立，承担信保局根据保险合约所负的或有法律责任，法定最高负责额为550亿元，根据《条例》的要求营运。信保局与其他国家和地区的出口信用保险机构保持良好的合作，已经与中国信保、韩国贸易保险公司（K-sure）、台北的中国输出入银行（TEBC）签署合作备忘录，与日本贸易保险机构（NEXI）签署再保险协议，而且还与中国信保、台北的中国输出入银行举办海峡两岸暨香港输出信用保险研讨会，在跨区域分享出口信用保险经验方面经验充足，可鼓励信保局参与到珠澳合作的框架中来，将珠澳合作扩展至整个城市群的合作，实现内地与港澳间的出口信用保险机构互设。

2.鼓励内地、香港等地银行机构与出口信用保险机构进行合作

出口信用保险机构不仅提供买方、卖方信贷保险等服务，还与银行合作推出了出口信用保险下的贸易融资业务，即出口企业通过将出口信用保险项下的赔款权益转让给银行以获取银行信贷支持。

在此过程中，出口葡语国家的企业有效提高了信用等级，相应的银行会下调其贷款利率，企业出口资金短缺的问题得到缓解，有利于企业进一步扩大出口规模，提升出口竞争力。同时，在出口信用保险的保障下，银行贷款风险也大大降低。如2018年一年，中国信保帮助投保企业获得的银行融资就达到3 269.1亿元，截至目前，中国信保已经与全球200多家银行建立起合作关系，有效缓解了出口企业尤其是小微企业"融资难、融资贵"的问题。

为满足企业的融资需求，香港信保局也推出了包括网上微企业保单、综

合保障保单、综合合约保单、小营业额保单、银行保单在内的保单服务,业务类型覆盖货物出口保单、服务出口保单、中长期保单等方面,与银行保持密切联系,为投保企业创设多种方式的信贷支持。对此,澳门政府可进一步提供优惠政策,吸引内地、香港的银行机构进入澳门金融市场,为澳门企业出口葡语国家提供相应的信贷支持。

(四)鼓励行业协会实现统一投保

通过支付相对有限、固定的保费,企业可将不可预计的风险锁定为固定的财务成本支出,从而有助于实现稳定经营。但出口信用保险公司在承保的过程中容易出现逆向选择的问题,采用一单统保的方式时,保险费用较高,出现出口企业不愿对风险较低的业务投保、风险较高的业务又无处投保的现象。

对此,日本采用了行业协会统一投保的方式,其重要的出口行业均存在协会,如日本钢铁联盟、日本汽车出口协会、日本化学制品出口商协会等,协会以会员制的形式为成员提供综合保险。成员定期向协会缴纳会费和保费,而协会作为代理人统一购买出口信用保险。这不仅对出口行业大有裨益,保险公司也可获得稳定的保费收入,并减少逆向选择的风险。据统计,日本贸易保险公司保费收入的90%以上来源于特殊的行业协会统一投保。

面对澳门企业出口葡语国家的需要,澳门可在现有的资源、网络和经验的基础上进一步为贸易与投资的发展提供金融方面的支持,以中葡经贸为服务对象,以行业协会的形式为出口葡语国家的企业提供出口信用保险服务。

珠海乃至广东的出口企业有望进一步扩大协会规模。在内地,广东省是与葡语国家进行贸易与投资的重要省份。2017年,广东与葡语国家的进出口总额已突破100亿元,大湾区内多个城市如珠海、广州、深圳等已不同程度地参与和葡语国家的经贸合作,且华为、格力、TCL、美的等企业也已进入巴西、葡萄牙等国家,积极与葡语国家进行贸易和投资,并逐渐达成共识。在此过程中,横琴新区凭借特殊的地理位置成为内地与澳门、葡语国家沟通的窗口。大湾区建设和港珠澳大桥连通,使横琴可经由澳门承接葡语国家的进口资源,同时内地企业可通过横琴出口葡语国家,国际贸易渠道顺畅。因此,可鼓励广东尤其是横琴地区的出口企业借助澳门这一平台,与葡语国家开展经贸合作,并鼓励该部分企业联合澳门本土企业建立行业协会,或鼓励珠海行业协会与澳门行业协会之间建立沟通渠道,实现出口葡语国家的企业信息、葡语国家信息等资源互通。协会可以会员制的形式统一向保险公司购买综合贸易保险,既可减少出口企业的风险敞口,又可形成稳定的出口信用保险需求,以此推动出口信用保险制度的建立。

澳门作为中葡之间的纽带,承接的不仅是内地向葡语国家的出口,而且也是香港联系葡语国家的重要平台,珠澳出口企业、行业协会间的合作模式也可推广至香港。推动在澳门设立法人机构的出口企业参与到澳门地区的行业协会中,为行业协会提供更丰富的出口企业信息,在形成稳定的保险需求的同时降低逆向选择的风险。

(五)借助中葡平台辐射全球,扩大出口信用保险承保范围

在建设中国与葡语国家商贸合作服务平台的过程中,澳门已经得到中央和特区政府的支持,政府鼓励其发挥比较优势,为中葡商贸合作以及金融服务等方面的合作提供支持。展望未来,"一个平台"是澳门发展特色金融的优势所在,澳门应以一个平台的建设为出发点,充分发挥葡语国家在各洲的辐射作用,使中葡商贸合作服务平台与"一带一路"建设、其他国家和地区开发相结合,产生相互带动、相互促进的叠加效应。借助这一机遇,出口信用保险制度可以进一步协助澳门企业"走出去",以联系密切的葡语国家市场为切入点,有效开拓海外市场。

对此,特区政府可鼓励相关部门加强与中葡论坛秘书处的合作,合作设计推出对相应国家或地区的商贸导航服务,与珠海、香港乃至粤港澳大湾区的大型企业合作,通过为其提供必要的办公硬件设施、沟通联系、项目开发与磋商、商业配对等支持服务,将其政治经济影响力、人才等资源吸纳至澳门,并在服务中嵌入出口信用保险,以扩大澳门出口信用保险市场的规模。

第九章

抓住绿色金融发展契机，

助力珠澳金融市场协同合作

目前珠澳在绿色金融发展方面具有合作空间，双方应把握契机，实现共享协同发展。粤港澳大湾区在发展绿色金融市场上存在区域合作的基础，目前大湾区内"9＋2"城市群均在绿色金融政策制度方面有相应布局，并取得一定成果。但是粤、港、澳三地也存在着绿色金融法制体系不同、缺乏绿色金融信息共享平台、执行标准不一致等问题。考虑到澳门与横琴在绿色金融功能定位上的不同，我们建议澳门与横琴在合作发展绿色金融方向上，可以争取在鼓励发行绿色债券、发行绿色证券产品、实验推进绿色彩票与绿色金融衍生品等三方面有所突破。

第一节　粤港澳大湾区绿色金融市场已存在多层次、全方位的区域合作基础

2012年，粤、港、澳三方联合发布《共建优质生活圈专项规划》，提出从环境生态、低碳发展、文化民生、空间协调发展、绿色交通等五个领域共建区域发展愿景，为粤港澳大湾区绿色金融合作奠定了基础。

目前大湾区内"珠三角9市＋港澳2特区"均在绿色金融政策制度方面进行了相应布局，主要涉及建立绿色金融认定标准、环境保护披露、绿色金融工具等制度性建设，以及确定两地交流合作方式。但在涉及构建绿色金融机构、开发绿色金融产品等具体发展方向和进度上，大湾区内各城市体现出差异，其中香港和深圳在设立绿色金融机构和金融产品上有明显进展。例如，香港、广州、深圳、佛山、东莞、中山、惠州、江门、肇庆等城市主要在绿色债券、绿色信贷、绿色保险、绿色基金等方面体现绿色金融布局；珠海在2016年开展排污权有偿使用和交易的创新试点；相较之下，澳门具有实质性进展的成果并不多。具体如表9-1所示。

表9-1　各地绿色金融成果对比

城市	具体措施	名称	核心内容/职责
香港	绿色金融政策制定	香港ESG（环境、社会和治理）披露制	要求上市公司对其环境保护等方面的信息进行披露，并且需要识别并汇报具有重要环境及社会影响的相关信息，层面及关键绩效指标
		绿色金融认证计划	港区政府鼓励香港、内地和海外企业利用这个认证计划和香港资本市场为绿色项目进行融资
	国家发展和改革委员会支持	国家发展和改革委员会与香港特别行政区政府关于支持香港全面参与和助力"一带一路"建设的安排	推动基于香港发展的绿色平台支持符合条件的中资机构为"一带一路"建设相关的绿色项目在香港平台发债集资；推动建立国际认可的绿色债券认证机构
	绿色金融机构构建	香港金融发展局	巩固香港在绿色金融方面的领导地位
		香港品质保证局	为绿色金融发行者提供第三方认证服务
		香港联合交易所有限公司	为企业通过绿色债券进行融资提供支持，多家企业通过它发行绿色债券
		香港排放权交易所	提供与各类商品的交易、结算、交割、存管及节能减排相关的资讯与咨询服务
		绿色运输试验基金	资助香港业界试验绿色运输技术
	绿色金融产品创新	十年期绿色债券	香港地产巨头太古地产发布十年期、年息率3.5%的绿色债券；香港中华煤气公司也发布绿色债券，是香港第一次由能源供应商发行的符合《绿色债券原则》及独立第三方意见见的债券；港铁也发布绿色债券，总值6亿美元
	绿色金融宣传		香港金融发展局强调绿色金融可以促进香港就业及促进投资管理、保险、私募基金等行业发展

续表

城市	具体措施	名称	核心内容/职责
澳门	绿色金融政策制定	内地与澳门关于建立更紧密经贸关系的安排	支持泛珠三角区各省区将澳门国际环保合作发展论坛及展览(MIECF)打造成为泛珠与葡语国家、欧盟国家的知识产权交流合作平台
		2018年施政报告	从应急机制、智慧城市、交通治理、生态环境、多元文化五个方面加快城市建设
	绿色产业发展	环保节能基金	支持与环保产业相关的产业
		"澳门环保酒店奖"	从2007年起每年举办,鼓励酒店环保资源的投入,促进酒店实施环境管理
	绿色金融宣传活动	2018年MIECF	发挥国际环保交流平台的作用
广州	绿色金融政策制定	广州区域金融中心建设规划(2011—2020年)	
		广州市构建现代金融服务体系三年行动计划(2016—2018年)	均将低碳金融、绿色金融作为重点工作谋划
		广州市金融业发展第十三个五年规划(2016—2020年)	
		支持绿色金融改革创新试验区的10项纳税服务举措	优化税务等级流程、健全税务机制、严格涉税检查,等

续表

城市	具体措施	名称	核心内容/职责
广州	绿色金融机构构建	花都国家级绿色金融街	以"核心在花都，节点在各处，广州一张网，扩展到全省，服务大周边"的发展格局加快推进绿色金融试验区建设
	绿色金融产品创新	绿色债券	广东2017年发行的8只债券中，3只是绿色债券，2018年申报的就是绿色债券
		绿色保险	截至2016年累计投保186个，339次，投保企业占全省45%左右，总计保费1 383.5万元，保障金额达6.88亿元
	绿色金融宣传活动	绿色金融专题论坛	发布了"中国碳市场100指数"
	绿色金融政策制定	绿色金融合作协议	加强对企业的金融服务，缓解企业环保融资难的压力
		关于开展绿色公司债券业务试点的通知	对在深交所申请融资的绿色公司债券融资按相关要求进行了明确
深圳	绿色金融机构构建	深圳绿委	致力于搭建政策研究与市场沟通平台
	绿色金融产品创新	绿色信贷	截至2017年6月末，绿色信贷资金余额1 004.54亿元，同比增长27%，占同期深圳贷款总额的2.3%，绿色金融业务总量的50.0%
		绿色债券	截至2017年8月末，承销金额合计550.8亿元，占全国绿色债券发行总量的18.4%
		绿色基金	截至2017年8月末，共推出15只绿色基金，占全国绿色基金产品总数的30.6%；产品规模70.82亿元，占全国绿色基金总规模的15%
		绿色保险	截至2017年8月末，涉及企业100多家，保额合计60多亿元
	绿色金融宣传活动	全球金融中心城市绿色金融联盟	深圳，多伦多，日内瓦，苏黎世，法兰克福5个城市首在分享发展绿色金融的经验，并且就共同认定共同的优先事项采取行动

续表

城市	具体措施	名称	核心内容/职责
佛山	绿色金融政策制定	关于加快推广绿色建筑的意见	对于列入《可再生能源产业发展指导目录》的绿色建设项目，建设单位将依法享受该项目的税收优惠政策
		佛山市中小微企业环境治理信贷风险补偿基金	落实关于环境监管与环境服务并举的环保"暖春行动"决策部署，积极推动中小微企业环境治理，鼓励金融机构加大对环保信贷的支持力度，促进构建绿色金融服务机构
		佛山市环境保护"党政同责、一岗双责"责任制考核办法	考核调动各级党委政府及市直各有关部门对环保工作齐抓共管，推动重点环保任务落实到位
		排污权有偿使用和交易	2018年4月，佛山排污权有偿使用和交易正式启动，佛山成为全省首个试点城市
	绿色金融产品创新	绿色信贷	推行"绿色信贷"已经成为佛山银行业共同奉行的理念，各级政府也积极介入，建立政银企联动机制
		绿色产业支持	南海成为华南绿色产业"试验田"，从2012年6月获批建设集聚区开始，至今已与多个知名环保企业合作落户

续表

城市	具体措施	名称	核心内容/职责
东莞	绿色金融政策制定	东莞建设金融强市总体规划（2016—2025）	以"促进实体经济发展，支持产业转型升级"为主线，逐步调整金融产业结构布局
		东莞市排污权有偿使用和交易试点管理暂行办法（修订版）	鼓励金融机构创新金融服务手段，为环保企业提供排污权相关融资、清算等绿色金融服务
	绿色金融产品创新	绿融通	由东莞农商行正式发行，为环保企业提供传统信贷、投行业务、交易结算等方面的综合金融服务，同时对在东莞市政府"倍增计划"内的优质企业，提供最高 5 000 万元额度的免抵质押贷款等优惠
		绿色金融债券	2017 年 9 月 8 日发行第一期绿色金融债，专项用于绿色产业项目，支持绿色金融产业发展
	绿色金融宣传活动	广东国际机器人及智能装备博览会	2016 年 11 月 29 日开幕，展示智能科技在节能低碳等绿色制造上的成果
		顶配中国家具绿色供应链峰会	帮助中国前 1 000 家从事家具和定制家居的企业找到前 100 家优秀的供应商，打造中国家具企业核心竞争力，重塑企业绿色供应链体系

127

续表

城市	具体措施	名称	核心内容/职责
珠海	绿色金融政策制定	招商引资预评估机制	在招商引资阶段对项目的清洁技术水平、生态环境和能耗指数、经济社会效益等方面进行量化评价,严格项目准入门槛,进一步从源头保证珠海产业高端化,依法推进绿色发展,循环发展,低碳发展
		珠海市控制污染物排放许可制实施计划	全面推行排污许可制管理
		珠海经济特区绿色建筑管理办法	明确使用财政性资金投资的公共建筑等应当执行二星级以上绿色建筑标准,并推出包括探索积累积极措施等在内的5条激励保障措施,引导绿色建筑发展
	绿色金融机构创建	多家绿色企业	
	绿色金融产品创新	排污权有偿使用和交易	2016年开展创新试点
		绿色债券	2017年7月,珠海华发综合发展有限公司公开发行2017年绿色公司债券
		绿色产业支持	2018年3月,广东省首个海上风电项目升压站受电成功,25年的项目运营预计共节约标煤217万吨
	绿色金融宣传活动	2017中国(珠海)绿色创新电力峰会暨展览会	贯彻落实国家创新驱动发展战略,以"引领粤港澳大湾区电力创新"为主题,加强电力行业交流与合作,助力粤港澳大湾区电力产业升级和经济发展

续表

城市	具体措施	名称	核心内容/职责
中山	绿色金融政策制定	中山市企业环境信用评价办法	从污染防治、总量减排、环境管理、社会监督四个方面对企业进行环境信用评价，并将环保信用评价信息纳入"一体化系统"，防范信贷风险
	绿色金融创新产品	绿色债券 绿色信贷	兴业银行中山分行、建设银行中山分行等多家分行提供绿色金融专属客户信贷融资
	绿色产业发展	中山市低碳生态城市建设规划	全域空间低碳调控，将城市划分成四个低碳发展区域，提高对市域空间碳排放的整体管控效能
惠州	绿色金融政策制定	惠州市金融业发展改革"十三五"规划	打造绿色金融体系，服务低碳生态经济
	绿色产业发展	区域部署	多个区域分工合作，呈现百花齐放的发展态势
		新能源汽车产业	预计2020年底全市新能源汽车产业产值将突破180亿元
	绿色金融产品创新	绿色信贷	惠州分行建设以绿色信贷为核心的特色金融服务体系，全力支持惠州绿色化现代山水城市建设，助力生态建设、推进产业升级
	绿色金融宣传活动	中国生态文明论坛惠州年会	绿色金融分论坛就绿色金融发展模式创建、理念更新、发展意义等热点讨论，尽力加快完善全面高效的绿色金融服务体系

从珠澳合作看城市群金融创新与合作路径

续表

城市	具体措施	名称	核心内容/职责
江门	绿色金融政策制定	"绿色贷款"制度	环保部门每年对企业的环保守法、违法情况进行评估,发布绿、红、黄企业环保信用等级标志;并将环保标志提供给金融机构,对不同级别企业给予不同的政策
	绿色金融机构创建	天堂运营中心	国土金融业务分支机构
		三五板联动	新三板定增场外融资通道服务,以解决挂牌企业融资流动性为突破点,集成化落地绿色金融创新试验区,推动供应链金融与产业链资产互通联动的非标资产证券化交易
	绿色金融创新产品	绿色信贷	搭建绿色信贷协调沟通平台,对不符合产业政策或违反环境的企业和项目从信贷政策方面加以调控,以绿色信贷机制遏制高耗能、高污染产业的盲目扩张
	绿色金融宣传活动	关于绿色金融债和信贷资产证券化的培训	

续表

城市	具体措施	名称	核心内容/职责
肇庆	绿色金融政策制定	环保与金融融合促进绿色发展备忘录	肇庆市政银合作推动"旅服同兴"
	绿色金融机构创建	关于加强环保与金融融合促进绿色发展的实施方案	
		关于金融支持肇庆市特色小镇绿色发展的实施意见	探索绿色金融融合发展的路径
	绿色金融创新产品	"碳排放权"配额质押贷款	2017年发放全省第一宗民营企业贷款，配额600万元
	绿色金融宣传活动	"互联网金融+信用+三农+定制农业+精准扶贫"贡柑筹资项目	由中国人民银行肇庆支行推出，利用互联网匹配信用评级众筹投资款
		"绿色金融+公共服务""绿色金融+新消费"	
	绿色产业发展	广东肇庆节能环保产业基地	重点建设环保装备制造产业园和环保科技城，形成研发制造、综合服务于一体的科技产业新城
	绿色金融宣传活动	中国环保上市公司峰会	围绕"锻造产业利剑 护卫美丽中国"，共享环保新思维，共谋绿色新发展

第二节　澳门与横琴的绿色金融功能定位

(一)澳门在绿色金融发展中的定位

搭建中国与葡语国家绿色金融的交流示范平台。澳门与葡语国家的历史渊源,对于澳门打造面向葡语国家绿色金融的交流示范平台具有帮助作用。在绿色金融交流平台的基础上,可考虑探索中国与葡语国家碳排放权交易所、中国与葡语国家绿色信贷交易中心、中国与葡语国家绿色金融信息交流中心。通过定期召开主题论坛的形式,推动中国绿色产业走向葡语国家,同样也引进葡语国家的绿色资源。此外,还可考虑通过签订绿色金融互惠政策的形式,加强中国与葡语国家在绿色金融方面的联系和合作,实践"一带一路"倡议。

打造绿色融资租赁中心。金融租赁是产融结合的有效纽带,对鼓励"脱虚向实"具有重大意义。根据央行公布的《中国绿色金融发展报告(2018)》,"十三五"期间我国每年在绿色领域的投资达到2.9万亿元,其中通过绿色金融提供租赁支持的约2万亿元,这为绿色租赁带来巨大的发展动力。2017年9月23日,国内首个绿色租赁发展共同体在上海正式成立,首批共同体成员包括50家金融租赁公司和60多家融资租赁公司。澳门可借鉴此模式,打造粤港澳大湾区绿色租赁发展共同体。此外,澳门也可发起设立专门的绿色融资租赁公司,作为大湾区绿色租赁发展共同体的主要发起单位,协调推动共同体成员间的沟通、协作、互信,促进共同体在大湾区绿色租赁发展方面发挥重要作用。

打造绿色资产理财服务中心。目前绿色金融整体处于发展初期,缺乏直接投资绿色产业的理财产品,由此绿色资产理财产品的推出,不仅丰富了投资者的可投资品种,也将吸引更多资金。2016年9月,兴业银行面向个人投资者发行首期"万利宝-绿色金融"理财产品,初期成立规模为20亿元,期限5年。在首次开放申购和赎回时,该理财产品在短短6天内募集到理财资金100多亿元,受到投资者追捧;运营至今仍保持稳健运作,参考年化净收益率可达4.65%。该理财产品募集到的资金主要投向绿色环保项目和绿色债券。

澳门可借鉴该经验，设计并发行绿色资产理财产品，让投资者能参与到大湾区的绿色产业发展中。此外，考虑到澳门华侨资源和高净值投资者较多的特点，也可专门设计和打造针对华人华侨的绿色理财产品。

创建绿色彩票市场。澳门可参考福利彩票的模式，充分发挥澳门博彩业占主导的优势，将彩票购买款项用于绿色环保产业、生态环境等公益事业。在具体操作上，澳门可考虑以开创环境保护、生态文明、美丽中国福利事业和帮助贫困地区治理污染为核心宗旨，面向大湾区乃至全国、葡语国家发行绿色彩票，以改变澳门博彩业的道德负面形象，同时扩大澳门博彩业的国际影响力。

（二）横琴在绿色金融发展中的定位

创建绿色金融枢纽型网络城市。随着港珠澳大桥的顺利建成，粤港澳大湾区一体化进程又向前迈进了一大步。作为港珠澳大桥的内地直接连接地，珠海横琴充分享受地理位置优势。粤港澳大湾区正在如火如荼地建设中，横琴也兴起了对外拓展交通的大浪潮。从万众瞩目的港珠澳大桥，到对接珠海机场的金海大桥，再到接驳横琴的广中珠澳城际轨道，横琴正在逐步实现与湾区内城市无缝对接，推进粤港澳大湾区相互融合发展，由此为横琴成为大湾区内绿色金融枢纽型网络城市奠定了非常扎实的基础。随着交通网络的打通，国内甚至"一带一路"沿线国家绿色金融相关的人流、物流、信息流、资金流将朝着横琴和整个粤港澳大湾区汇集。

打造绿色金融产融结合示范城市。横琴重点发展旅游休闲、商务服务、金融服务、文化创意、中医保健、科教研发和高新技术七大产业，其中金融服务是一个重要发展方向。连通港澳的独特区位优势，再加上政策优势以及完善的产业配套措施，让横琴成为粤港澳金融探索深度合作的理想区域。同时，横琴新区还出台了一系列金融扶持政策，涵盖金融科技、私募投资基金、保险、融资租赁等众多领域。此外，横琴背靠珠海，而珠海拥有深厚的电力能源绿色产业基础，在配网自动化、智能用电与智能家居、新能源和微网等节能环保属性较多的细分领域形成了一批优势企业和特色产品。结合珠海在开展排污权有偿使用和交易的金融创新试点方面的经验，横琴可借此加强澳门绿色资本和珠海绿色产业间的交流，扮演好绿色金融产融结合示范城市的角色。

第三节　粤港澳大湾区绿色金融合作的新挑战

缺乏绿色金融信息共享平台。由于大湾区绿色金融发展是整体性问题，这就要求各实施主体间进行高效的资源互换和信息共享。但是由于港澳和内地制度及发展的差异，各类基础设施、人才、物流、资金流和信息流共享存在一定障碍；虽然近几年随着以交通基础设施建设为先导的粤港澳一体化有所发展，但在资源禀赋上仍未实现实质性的融合和转变。尤其对于绿色金融产业，由于发展起步较晚，其相关信息建设比较滞后，企业出于自我保护的需要，不主动完全披露，导致获取相关信息难度较大。目前搜集到的相关信息真实性不足，完整性不高，由此造成银行放贷信息不对称问题较明显，银行监管易出现不到位现象，支持绿色企业的金融机构也将面临较大的不良贷款风险。

粤、港、澳三地绿色金融的执行标准不一致。港澳政府部门并没有明确颁布绿色金融的强制性执行标准和规划，仅有参考性指南，且与内地内容并不完全一致。此外，内地在执行标准上也存在不一致。例如，目前内地对绿色债券的界定标准有两个——一个是央行公布的《绿色债券支持项目目录》，另一个是国家发展改革委公布的《绿色债券发行指引》——这两个标准并不完全一致，导致市场和投资者对绿色债券的发展趋势产生怀疑。另外，现有的绿色金融标准体系也有待完善。目前对节能、新能源、碳排放等绿色发展领域的标准、设计、计量等基础工作并不健全，因而金融机构在环境风险评测时缺乏具体指导工具。

第四节　澳门与横琴合作发展绿色金融的方向

（一）鼓励发行绿色债券

针对大湾区建设中一些社会效益好且资金需求量较大的环保项目和生

态工程，可考虑由澳门与横琴两地银行合作，同时发行绿色金融债券。通过合作发行的方式来促进两地绿色金融协调机制的发展，通过具体项目的合作，也利于国内企业在环保认定标准、信息披露内容上更趋于国际化，最终形成粤澳信息共享平台。或充分利用横琴新区、横琴自贸港等优惠政策，由澳门特区政府背书，为符合条件的澳门绿色企业赴横琴发行绿色债券开辟绿色通道。在募集资金用途上，也可结合"一带一路"建设和大湾区建设中在基础设施建设领域的资金需求发行绿色债券。对于支持的重点领域建设项目，应鼓励采用项目收益债券、企业债券、公司债券、中期票据等多种绿色债券类型来筹措资金。

（二）发行绿色证券产品

澳门和横琴可联合成立绿色产业基金，将环境质量评估作为投资企业股权评估中的一项重要内容。此举将引导企业重视其环保事项。澳门和横琴可鼓励大湾区区内企业发行绿色优先股或绿色定增，由联合成立的绿色产业基金投资，资金专门用于大湾区内企业建立环境污染预防和治理体系，初步形成将股权价值部分锚定企业的"绿色"价值。在当前企业环保意识较薄弱的背景下，澳门与横琴可鼓励大湾区区内企业发行绿色企业债券或绿色金融债券，尤其对于异地发行的情况，即澳门企业来横琴发行、横琴企业去澳门发行，给予发行贴息优惠补贴（如生物能源、太阳能、潮汐能等新一代能源领域）进而降低融资企业的贷款利率与普通项目的贷款利率，降低企业成本。

（三）实验推进"绿色彩票"与绿色金融衍生品

在彩票方面，目前我国彩票购买率较低，仅有 6％的人购买过彩票，相较于美国 85％、法国 64％、日本 70％的人购买过彩票，有较大的提升空间。而截至 2019 年底我国居民的储蓄存款达到 80 万亿元，支付能力较充足。若按国家每年发行 100 亿元的国民经济"绿色彩票"算，扣除发行费用和返奖部分，至少能筹集 30 亿元的资金。由此澳门可考虑发行"绿色彩票"，横琴从中协助"绿色彩票"在内地发行。在绿色金融衍生品方面，虽然目前国内已进行与天气衍生品、排放减少信用等金融衍生品相关的试验，但均处于起步阶段。澳门和横琴可参考国外经验，共同建立一个天气衍生品的交易市场，通过连接境内外的投资者,促进天气衍生品的市场发展,吸引境内外资本支持大湾区绿色产业发展。但建立之初需有相应的法律体系为相应衍生品的创新提供保障。

第三部分
珠澳特色化金融产业
创新与合作发展设计

本部分从珠海、澳门两地的经济、制度、居民财富、技术等维度出发进行分析,认为澳门以融资租赁、财富管理、不良资产、金融科技以及数字货币交易所为主要方向发展特色金融产业具有较大的可行性。

第十章

聚焦珠澳城市群发展、中葡合作，
推动澳门融资租赁产业快速发展

珠澳城市群经济发展、中葡合作等领域为融资租赁提供了坚实的市场基础,预计每年产生 200 亿元以上的市场空间,如考虑整个大湾区经济发展,则每年将产生超 1 000 亿元的市场空间。另外,澳门融资租赁行业虽处于起步阶段,但构建了较为完善的法律制度环境。未来可考虑先聚焦珠澳城市群、中葡合作领域,再进一步扩展至整个大湾区来推动融资租赁业务拓展,通过跨境联合租赁、跨境转租赁、为中国-葡语系合作项目提供租赁、探索不动产租赁创新等模式,有效推动行业快速发展壮大,使之成为澳门特色金融的重要支柱。

第一节　我国融资租赁行业发展潜力巨大,广东省积极围绕实体经济推动业务创新

(一)我国融资租赁行业进入稳步发展阶段

1.我国融资租赁市场初具规模

2018 年底,全国融资租赁企业总数约为 11 777 家,同比增长 21.7％,相比于 2006 年的 80 家年均复合增速达到 51.6％;注册资金约合 32 763 亿元人民币,同比增长 1.3％。伴随着融资租赁公司数量不断增加,行业业务总量快速上升;全国融资租赁合同余额约为 66 500 亿元人民币,同比增长 9.4％,行业由早期的高增长阶段逐步趋平,进入稳健发展阶段。

2.我国境内融资租赁行业融资渠道逐步多元化

融资租赁行业融资渠道在不断拓宽,资本仍充足。2018 年全年融资租赁行业共发行各类债券 401 期,融资总额达 4 454 亿元,较 2017 年度分别上涨57.3％、20.6％。近年来,融资租赁行业融资成本持续上升,以 AAA 级融资租赁公司发行的 3 年期债券为例,2016—2018 年平均利率不断上行,2016年平均利率水平在 3.5％～4.0％,2017 年上升至 5.5％左右,2018 年利率前高后低,平均利率微升至 6.0％左右。其他期限结构利率走势,270 天超短融

债券的发行成本走势与3年期债券基本一致，AA＋级与AAA级的信用利差在20～80基点(Basis Point,BP)之间。

3.我国境内融资租赁发展空间仍然较大

近年来随着我国境内租赁行业业务量规模迅速扩张，市场渗透率也在逐步提升，作为产业和金融结合的重要纽带之一，我国境内融资租赁行业发展空间较大。分别用固定资产渗透率(租赁行业交易总额/全年社会固定资产投资完成额)、GDP渗透率(租赁行业交易总额/全年国内生产总值)进行衡量，固定资产渗透率从2012年底的6.4％上升至2017年底的9.6％，GDP渗透率则从5.0％上升至7.3％。但与其他发达国家相比，我国境内的融资租赁行业还有较大的发展空间。如图10-1所示，2016年底我国境内融资租赁GDP渗透率仅6.0％，同期英、美的GDP渗透率分别为33.7％、21.5％，德国和法国均处于15％以上水平，日本居后，为8.4％。

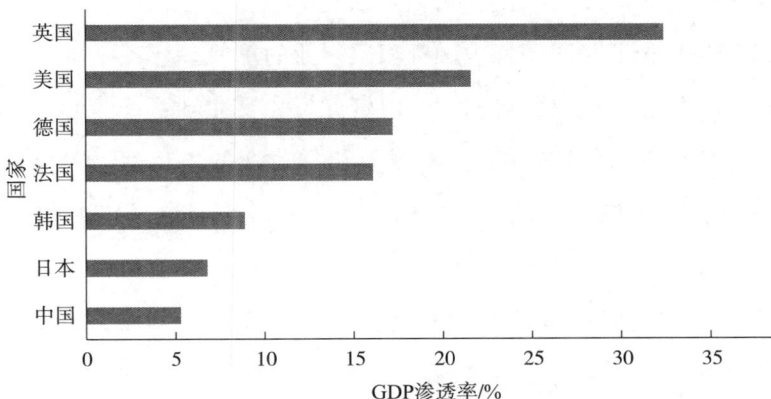

图10-1　2016年租赁市场的GDP渗透率

资料来源：全球租赁报告，Wind。

4.我国境内融资租赁监管体系持续完善

一方面，融资租赁行业监管环境趋于统一，监管力度加强，融资租赁企业业务发展模式或将面临一定调整，以促进融资租赁行业向专业化、规范化发展；另一方面，融资租赁企业未来或可在融资渠道上享有与金融租赁公司相似的待遇，这将为行业中优质企业的良性发展带来助益，或将出现行业整合的机遇。此外，统一监管也对整合金融监管资源、疏通金融监管渠道、防范化解金融风险起到积极作用。

2018 年 5 月,商务部下发《关于融资租赁公司、商业保理公司和典当行管理职责调整有关事宜的通知》(简称《通知》),将制定融资租赁企业业务经营和监管规则的职责划给中国银行保险监督管理委员会(简称"银保监会"),自 2018 年 4 月 20 日起,有关职责已由银保监会履行。在《通知》下发之前,金融租赁公司和融资租赁企业分别由原银监会和商务部进行监管。两类租赁企业在准入门槛、融资渠道、杠杆比例、企业性质、风控要求等方面均有较大差异。金融租赁公司作为非银金融机构,受到原银监会的严格监管,原银监会参照银行相关的监管要求对金融租赁公司进行监管;而融资租赁企业相较于金融租赁公司而言,面临的监管环境较为宽松。而从企业数量来看,金融租赁公司数量仅占租赁企业的极小一部分,非金融租赁企业数量占比高达99%。随着融资租赁企业的监管职能划归到银保监会,融资租赁行业将面临监管趋严趋紧,亦有利于防范金融风险,促进行业健康发展。

5.外资租赁企业是我国境内融资租赁行业的重要参与者

2018 年底,金融租赁公司 69 家,内资融资租赁企业 397 家,外资融资租赁企业 11 311 家。随着各地政策对融资租赁行业的支持,我国境内租赁企业数量整体保持平稳增长;监管趋严,行业竞争极大,2017 年以来新设机构增速明显放缓。从结构上看,外资租赁企业数量远超其他租赁企业,原因有三:(1)外资租赁由商务部审批下放到注册地省级商务部门备案后,成立公司展业较为便捷;(2)其注册门槛较低,2015 年以后其最低注册资本金的要求被取消,且部分地区对外资租赁发放补贴,使得其数量呈现爆发式增长;(3)近年来自贸区改革试点,也在一定程度上刺激了其数量的增长。2016 年开始,商务部、税务总局陆续将 11 个自贸区的内资租赁审批权限下放,内资租赁也呈现出快速增长的态势。截至 2018 年底,我国境内租赁企业注册资金合计 32 763 亿元,其中金融租赁公司 2 262 亿元,内资租赁企业 2 117 亿元,外资租赁企业 28 383 亿元,如图 10-2 所示。

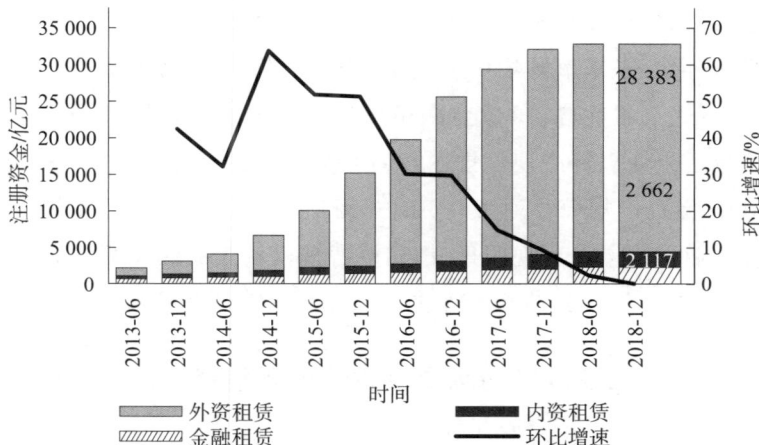

图 10-2　我国境内融资租赁企业注册资金情况

资料来源：中国租赁联盟，Wind。

2018 年 12 月底，我国境内融资租赁合同余额总量为 6.65 万亿元，较 2018 年 6 月底仅增长 4.7%。其中，金融租赁合同余额 2.50 万亿元，占比 37.6%；内资租赁合同余额 2.08 万亿元，占比 31.3%；外资租赁合同余额 2.07 万亿元，占比 31.1%（图 10-3）。从结构上看，三类租赁企业合同余额占比基本接近。2018 年以来，租赁合同余额增速明显放缓，主要是因为在宏观经济增速放缓、金融强监管的背景下，租赁业务回归本源，但需求放缓，导致整体业务增速受限。

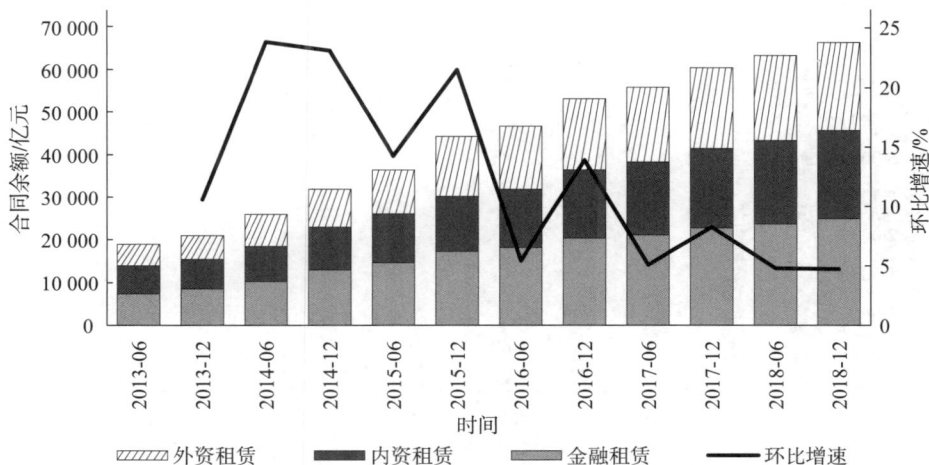

图 10-3　我国境内融资租赁合同余额情况

资料来源：中国租赁联盟、Wind。

商业租赁(包括外资租赁和内资租赁)迅速扩容,行业竞争愈趋激烈,公司规模增速分化,未来市场集中度将继续提高,银行系金融租赁公司在资本实力、融资方式上占优势,69家金融租赁公司占据融资租赁市场业务份额的1/3,商业租赁企业以资产规模排序,2018年三季度末远东租赁、平安租赁以超过2 000亿元资产规模分列第一、二位,海通恒信以近740亿元规模名列第三位。各企业资产增速出现明显分化,资产规模较大的四家租赁公司资产增速均在20%以上,而资产规模最小的光大幸福资产增速仅有0.57%。

(二)广东省已发展成为融资租赁的重要集聚地区,持续推动行业创新

随着政策环境优化,尤其是自贸试验区制度设计灵活高效,投资和贸易便利化水平高,融资租赁行业地区聚集效应凸显。企业注册地分布显示,境内融资租赁企业集中分布在北京、天津、上海、广东等经济发达的东部或东部沿海地区,中部地区次之,西南、西北、东北省市较少。如图10-4所示,2018年末,境内融资租赁企业注册数量超过2 000家的有广东、上海和天津,三地合计约占全国融资租赁企业总量的72%。其中,注册地位于广东省内的融资租赁企业数量最多,达到4 215家,约占全部融资租赁企业的36%,高于上海与天津。广东省凭借坚实的经济基础以及全国领先的市场环境,逐步发展成为全国融资租赁的重要集聚地。

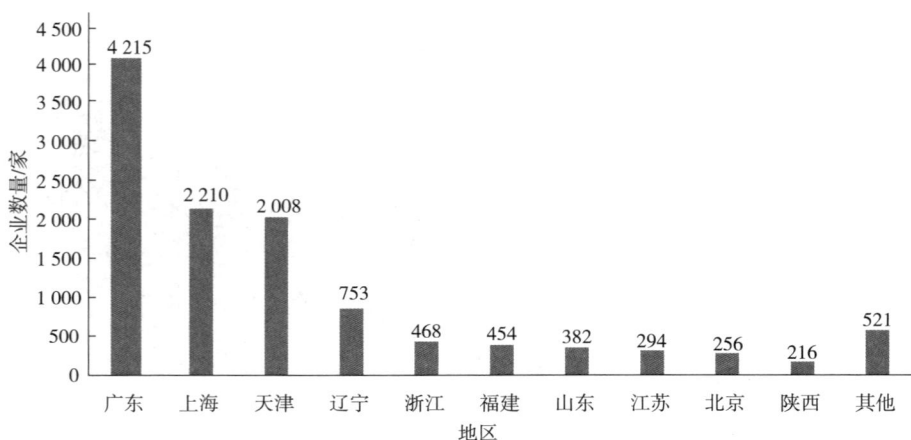

图10-4 2018年融资租赁企业区域分布

资料来源:前瞻产业研究院整理。

广东省积极开展制度创新试点，促进粤港澳大湾区融资租赁行业高速发展。其辖区内南沙自贸区作为国家级高新区和自贸试验区，落实了全国内外资融资租赁行业统一管理体制改革试点等一系列融资租赁先行先试政策，为推动全国融资租赁行业发展提供了样本。自贸区内融资租赁企业数量从2015年初的30余家，增加到2018年末的约2 100家，企业合同余额约2 500亿元，业务范围涉及高端装备制造、工程机械、飞机船舶、医疗设备、新能源汽车等多个产业，其中基础设施、大型设备占比接近一半，飞机船舶占比约18%。除了传统租赁业务外，南沙陆续实现广东自贸区首单租赁资产包跨境转让、离岸租赁、跨境保税转租赁、联合租赁、出口租赁等多项航空租赁创新交易。南沙融资租赁行业的发展为整个大湾区提供了经验和借鉴。

广东在重大技术装备研制、设计和成套能力方面发展迅速，自主创新能力及品牌影响力不断增强，并形成了核电、风电等新能源发电设备、船舶制造与海洋工程装备、航空工业装备、轨道交通装备、汽车产业、智能制造装备等七大高端装备产业体系。因此，作为支持实体经济的创新型金融工具，融资租赁可以匹配企业现金流，满足客户长期限使用资金的需求，因而在服务大湾区内实体经济企业、高端装备制造业发展有很大的优势。

广东融资租赁也是支持中小企业发展的重要融资来源。粤港澳地区的创新型科技公司众多，一些中小型企业在发展初期需要较大的资金成本支持，而由于银行的政策限制，中小型企业很难获得授信和较高的额度。因此，融资租赁在区域内依然有很大的发展空间。

截至2018年末，广东省内融资租赁规模较大的机构包括国银租赁（超2 000亿元）、越秀租赁（超300亿元）、珠江金融租赁（超100亿元）等，此外大部分均为100亿元级以下的中小融资租赁公司，整体呈现小而多、领头大型机构较少的特征，整体竞争力较弱。此外，省内的业务主要面临着省外大型租赁机构的竞争，专业化、深耕区域客户成为广东省融资租赁机构的重要发展方向。

第二节　中葡合作、大湾区发展成为澳门融资租赁发展的重要定位

(一)澳门融资租赁机构较少,珠海主要融资租赁机构发展潜力仍然较大

截至 2018 年末,澳门正在开展融资租赁业务的融资租赁公司仅 2 家[①]。莱茵大丰(澳门)国际融资租赁股份有限公司成立于 2013 年 10 月,为澳门第一家融资租赁公司,注册资本为 1.18 亿澳门元,2017 年末资产总量为 1.87 亿澳门元,营业收入 1 340 万澳门元,净利润 630 万澳门元。工银金融租赁澳门股份有限公司成立于 2017 年 11 月,为澳门第二家融资租赁公司,为工银金融租赁的全资子公司,业务定位为商用飞机、公务机以及其他设备的租赁业务。

截至 2018 年末,珠海市金融局信息显示,在横琴注册的融资租赁公司超 600 家,实际开展业务的机构约 22 家,其中横琴华通金融租赁有限公司(简称"华通金租")、横琴国际融资租赁有限公司(简称"横琴国际租赁")和横琴金投国际融资租赁有限公司(简称"横琴金投租赁")为珠海融资租赁公司中发展较成熟的 3 家融资租赁公司。

华通金租成立于 2015 年 10 月,股东为珠海金融投资控股集团有限公司、亨通集团有限公司、广东明珠集团深圳投资有限公司以及北京猎象资本管理有限公司,截至 2018 年末注册资本为 20 亿元,股东持股比例如表 10-1 所示。华通金租是经中国银保监会批准在广东自贸区横琴片区新设的第一家总部级全国性非银行金融机构,全国第 39 家金融租赁公司,重点发展汽车、清洁能源、健康医疗、旅游、节能环保、教育等六大领域的融资租赁业务。截至 2017 年末,华通金租资产规模达 86.0 亿元,2017 年营业收入 2.9 亿元,净利润 0.6 亿元。

---

① 澳门金管局列示机构名单。

表 10-1　华通金租股东成员

股东单位	股份占比/%
珠海金融投资控股集团有限公司	35
亨通集团有限公司	35
广东明珠集团深圳投资有限公司	25
北京猎象资本管理有限公司	5

资料来源：课题组基于公开信息整理。

横琴国际租赁成立于 2013 年 10 月，股东为天津渤海租赁有限公司、澳门南通信托投资有限公司和珠海大横琴投资有限公司，截至 2018 年末注册资本为 1 亿美元，股东持股比例如表 10-2 所示。横琴国际租赁为中外合资的外资融资租赁公司，以新能源汽车租赁业务、医疗器械租赁业务为主，以高端制造业设备租赁为辅。截至 2017 年末，公司资产规模为 12.34 亿元，2017 年营业收入 0.97 亿元，净利润 0.36 亿元。

表 10-2　横琴国际租赁股东成员

股东单位	股份占比/%
天津渤海租赁有限公司	64
澳门南通信托投资有限公司	26
珠海大横琴投资有限公司	10

资料来源：课题组基于公开信息整理。

横琴金投租赁成立于 2014 年 8 月，股东为横琴金投租赁（香港）有限公司、横琴金融投资集团有限公司、光盈诺诚投资基金（横琴）合伙企业（有限合伙），截至 2018 年末注册资本为 2 亿美元，公司实际控制人为横琴金融投资集团有限公司，股东持股比例如表 10-3 所示。截至 2016 年末，横琴金投租赁资产规模为 49.77 亿元，2016 年营业收入 2.10 亿元，净利润 0.73 亿元。

表 10-3　横琴金投租赁股东成员

股东单位	股份占比/%
横琴金投租赁(香港)有限公司	55
横琴金融投资集团有限公司	35
光盈诺诚投资基金(横琴)合伙企业(有限合伙)	10

资料来源:课题组基于公开信息整理。

　　珠海较成熟的 3 家融资租赁公司的资产总规模及融资租赁余额约 150 亿元,占全国融资租赁合同余额总规模约 2‰,基于珠海每年接近 2 000 亿元的固定资产投资规模,每年的融资租赁业务估算量能有 100 亿～200 亿元,围绕珠海经济发展的融资租赁市场仍有较大发展空间。

(二)澳门围绕融资租赁出台了专门的法律和制度,为融资租赁发展奠定重要的法制基础

　　1.澳门新颁布《融资租赁公司法律制度》和《融资租赁税务优惠制度》

　　2019 年 4 月,澳门特别行政区公报刊登《融资租赁公司法律制度》法案以及《融资租赁税务优惠制度》法案,并于当月 9 日正式生效,为推动融资租赁行业发展奠定关键基础。

　　《融资租赁公司法律制度》将融资租赁公司的法律定位改为金融机构,并把融资租赁公司的最低公司资本要求,由 3 000 万澳门元减至 1 000 万澳门元,明确界定融资租赁业务范围。其次,引入融资租赁项目子公司的概念,许可从事业务的银行或融资租赁公司开设融资租赁子公司只需向澳门金管局做出书面预先通知。

　　澳门《融资租赁税务优惠制度》包括印花税和所得补充税两方面的税务优惠。

　　在印花税方面,有关融资租赁公司或融资租赁项目子公司的设立及其资本的增加或追加的行为、关于资本货物的融资租赁合同(但不包括不动产)、与融资租赁活动有关的利息及佣金,均获豁免印花税。此外,融资租赁公司以有偿方式取得专门用于自身办公的不动产,获豁免财产移转印花税,每一融资租赁公司只能对一项不动产享有豁免印花税,上限为 50 万澳门元。如果自取得该不动产后 5 年内移转或做其他用途,豁免即告失效,须补缴获豁

免的税款。

在所得补充税方面，将作为税务费用扣减的融资租赁固定资产最高重置及摊折率调升至 3 倍；将经营融资租赁企业的呆账备用金视为经营费用，可用作税务费用扣减，其最高金额可增至总应收账款的 10%；对经营融资租赁企业所取得的融资租赁业务收益适用 5% 的所得补充税税率，并豁免征收其在境外取得并完税的融资租赁业务收益的所得补充税。对融资租赁业务收益的税务优惠亦适用于分派予股东的股息。

2.珠海支持融资租赁发展的政策

2014 年至今，横琴分别印发《横琴新区促进融资租赁业发展试行办法》《广东自贸试验区横琴片区产业培育和扶持暂行办法》《横琴新区鼓励和促进企业上市专项扶持办法》，对融资租赁公司经营、落户、纳税等方面进行扶持，并安排专项资金在多方面进行支持。

其中，《横琴新区促进融资租赁业发展试行办法》明确支持跨境融资租赁业务，包括支持融资租赁机构从国内外购买国家鼓励的进出口设备以租赁给境内外企业，支持融资租赁机构在境外设立融资租赁项目子公司，境内融资租赁机构开展境外融资租赁业务不受现行境内放开额度限制，对境外购入的飞机等大型设备实行保税监管等，推动融资租赁机构跨境创新，促进境内外资金、设备的联动。

（三）围绕珠澳城市群建设，中葡合作将成为澳门融资租赁发展的重要定位

1.澳门固定资产投资与融资租赁规模预测

2018 年澳门本地生产总值为 4 403 亿澳门元，折合人民币约 3 615 亿元，同比上升 8.5%；其中固定资本形成额为 706 亿澳门元，折合人民币约 580 亿元，同比下降 9.8%。固定资本形成额虽有所下降，但近几年依然保持在 700 亿～800 亿澳门元，预计澳门固定资产投资规模为 800 亿～1 000 亿澳门元。其中，设备的固定资本形成额约占 15%，预计该领域投资额规模为 120 亿～150 亿澳门元。

传统融资租赁主要服务于企业的设备购置，而澳门特色的设备购置包括商务飞机、游艇、旅游娱乐设施等，假设其业务量占设备固定资产投资额的

15%,2018 年设备固定资产投资年均增速保持 12%,又假设投资保持该增速,预计 2019—2023 年融资租赁累计业务量约为 120 亿澳门元,折合人民币约 100 亿元。融资租赁整体业务规模较小,如澳门融资租赁机构仅定位于服务本地经济,保持传统的经营模式,其发展空间将大大受到限制。

2.珠海固定投资与融资租赁规模预测

2018 年,珠海固定投资额为 1 859 亿元,同比上升 11.9%,扣除房地产后的固定资产投资约 1 000 亿元,其中电力、燃气及水的生产和供应业,交通运输、仓储和邮政业以及水利、环境和公共设施管理业等基础设施集中的行业固定资产投资接近 500 亿元,占固定资产投资额近 25%,具体如图 10-5 所示。此外,制造业固定资产投资 183 亿元,约占固定资产投资额的 10%,其中高科技制造业固定资产投资 88 亿元,同比上升 1.3%;先进制造业固定资产投资 160 亿元,同比下降 3.4%,新兴产业保持稳健发展态势。围绕珠澳城市群互通互联的基础设施建设、本地制造业发展壮大提供租赁服务为珠澳融资租赁行业的主要业务发力点,假设融资租赁业务量与基础设施投资、制造业投资的渗透率保持在 15% 左右,固定资产增速保持在 10% 左右,预计 2019—2023 年珠海的融资租赁累计需求量约为 650 亿元,整体规模与澳门地区相当。

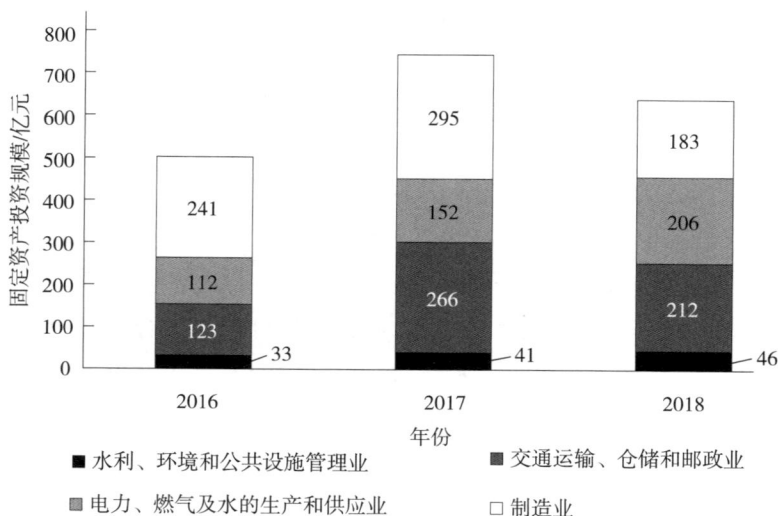

图 10-5　珠海市电力、燃气等四个行业固定资产投资概况

资料来源:珠海市统计局,课题组整理。

随着新型基础设施建设(简称"新基建")的"崛起"，珠澳城市群迎来了更多的发展机遇。为进一步紧密城市群信息流、人流的互动，5G 基站、数据共享中心、工业互联网设施、智能交通基础设施、智慧能源基础设施等新基础设施将成为重要的发展基础。根据多个外部研究所的测算，至 2025 年全国新基建投资规模累计达 10 万亿元，年均 2 万亿元左右。按珠海固定资产投资额占全国比例来测算，预计至 2025 年本地新基建年均投资规模在 60 亿～100 亿元。新基建的落地与完善将为构建更智能化、更绿色的珠澳城市群提供重要的支撑。

未来，珠海将在原有的六大支柱产业(家电电气、石油化工、电力能源、生物医药、电子信息、精密机械)的基础上，强化重点发展以 5G 网络、人工智能、工业互联网、高端智能装备、船舶与海洋工程、航空航天、轨道交通、新能源汽车等为重点的新兴产业，支柱产业与新兴产业均需大量的固定资产投资，从而为融资租赁发展奠定了重要产业基础。未来，紧跟地区产业发展步伐，融资租赁机构将在原有的业务基础上重点在先进制造业等领域加强专业化，精准支持珠海产业结构调整，提高服务实体经济效能。

3.中国与葡语国家合作背景下的融资租赁规模预测

2018 年 9 月发布的《中国"一带一路"贸易投资发展研究报告》显示，2014—2017 年，中国对"一带一路"沿线国家直接投资累计达 646.4 亿美元，年均增长 6.9%。投资合作领域包括装备、产品、技术、标准、服务"走出去"，年均超 160 亿美元投资额，为跨境融资租赁带来了巨大的发展机遇。另外，基于历史文化及语言等因素，《纲要》给予澳门"中国与葡语国家商贸合作服务平台"的定位，澳门紧抓"一带一路"机遇，服务葡语国家将成为其重要的历史责任。

葡语国家包括巴西联邦共和国、葡萄牙共和国、安哥拉共和国、莫桑比克共和国、东帝汶共和国、几内亚比绍共和国、圣多美和普林西比共和国、佛得角共和国，共 8 个国家，2017 年其 GDP 总量约 2.4 万亿美元，占全球 GDP 总量的 3.0%，人口数量约 2.8 亿，约占全世界人口的 3.8%。其中巴西、葡萄牙以及安哥拉为葡语国家中的主要国家，三国 GDP 占葡语国家的 98.7%(图

10-6),人口占葡语国家的 87.7%。

怀特克拉克的全球融资租赁报告数据显示,巴西、葡萄牙的融资租赁的 GDP 渗透率约 17%,根据巴西、葡萄牙的 GDP 总量计算,2017 年的融资租赁余额达 3 860 亿美元,折合人民币约 2.6 万亿元。如考虑安哥拉,整体葡语融资租赁余额将达约 3 970 亿美元,折合人民币 2.7 万亿元。

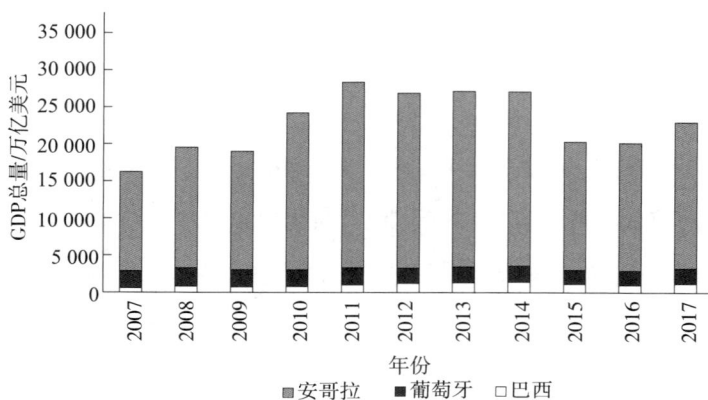

图 10-6　巴西、葡萄牙、安哥拉 GDP 总量

资料来源:世界银行。

我国与葡语国家合作日趋紧密,2017—2019 年中国与葡语国家合作的大型项目可参见表 10-4。2017 年,中国与葡语国家双方贸易额达 1 175.9 亿美元,同比增长 29.4%;2017 年中国对葡语国家直接投资流量总额 12.7 亿美元,同比增长 249.4%。其中,安哥拉、巴西是中国在葡语国家中最主要的投资目的地(分别约占葡语投资流量总额的 50.1%、33.5%),主要投资领域包括农业、渔业、能源、电力、金融、基础设施建设、运输、汽车及机械制造等。此外,2016 年中国对安哥拉、巴西和葡萄牙承包工程合同总额超 100 亿美元,假如融资租赁占融资比例为 10%,则融资租赁业务规模为 10 亿美元,折合人民币约 68 亿元,2018—2022 年将累计带来不低于 50 亿美元(约 340 亿元人民币)的融资租赁业务量。以葡语国家自身经济发展以及"一带一路"、中国与葡语国家合作为主轴,澳门融资租赁机构将迎来更大的市场。

表 10-4　中国与葡语国家合作的大型项目（不完全统计）

时间	合作项目	合同金额
2019 年 3 月竣工	中铁四局承建的安哥拉首批 LCC 民生水务工程	4 亿美元
2019 年	海山集团卡西图市政项目	6 900 万美元
2019 年 3 月竣工	中国铁建承建安哥拉 120 国道修复项目	4 420 万美元
2018 年 10 月签署	中国向安哥拉提供 1 亿元，支持当地农业项目发展	1 470 万美元
2018 年 12 月	中铁二十局承建的罗安达卡特特立交桥	4 022 万美元
2018 年 7 月	中如集团签下安哥拉教师住房项目合同	8.30 亿美元
2017 年 8 月	中国葛洲坝集团股份有限公司承建非洲目前最大水电站——安哥拉卡库洛卡巴萨水电站	45.32 亿美元
2016 年 9 月开工	中企承建安哥拉卡齐古公路项目	未公布
2019 年 4 月	中国万邦永跃在巴西打造"舟山万邦修船模式"	9 亿美元
2017 年 9 月开工	中国国家电网公司建造一条贯穿巴西南北的"电力走廊"	未公布
2017 年	中国-巴西大产能合作基金接受项目申请	200 亿美元

资料来源：课题组基于公开信息整理。

　　总结而言，澳门本地经济总量有限，可为融资租赁行业发展提供的空间较小，故澳门融资租赁行业应将市场聚焦于本地以外的领域，建议围绕珠澳城市群发展以及中国-葡语国家合作项目两大主轴开展业务，其形成的租赁市场年新增规模将约为 200 亿元人民币，相较于澳门目前仅有两家融资租赁公司的发展现状（截至 2018 年末），融资租赁行业处于起步阶段，仍有巨大的发展潜力。

　　4.粤港澳大湾区融资租赁展望

　　《纲要》在"构建现代化的综合交通运输体系"中表示"支持香港发展船舶管理及租赁、发展高增值货运、飞机租赁和航空融资业务"；在"加快发展现代服务业"中表示"支持澳门发展租赁等特色金融业务"；以及在"打造广州南沙粤港澳全面合作示范区"中提及"强化金融服务实体经济的本源，着力发展航运金融、科技金融、飞机船舶租赁等特色金融"，船舶、航空等融资租赁领域具有较大的增量空间。

　　结合融资租赁行业投向特点来看，当前融资租赁业务客户集中度较高，主要集中在运作模式相对成熟的航空、船舶、电力、矿产等大型设备行业。根据商务部数据,2016年境内商务租赁企业租赁资产总额(图10-7)中,前五大行业资产合计占全行业资产规模的81%,按排名分别是能源设备、交通运输设备、基础设施不动产、通用机械设备和工业装置。在金融租赁企业的行业投向方面,根据32家金融租赁公司2016年行业投向统计得出超过50%以上的企业涉足航运、航空领域。

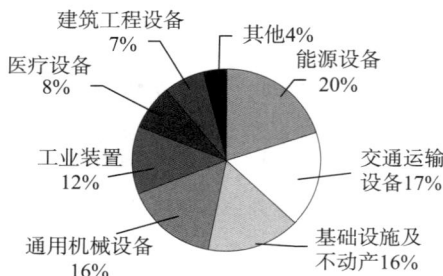

图 10-7 2016年境内商务租赁企业租赁资产总额分布

资料来源:Wind。

未来随着粤港澳地区基础设施互联互通深化,在香港这一国际航运中心的引领下,澳门特色租赁业务与广东自贸区形成联动,大湾区国际航运综合服务功能将不断强化,港口、航道等基础设施服务能力进一步提升,由此将带来较大规模融资需求。如果进一步考虑粤港澳大湾区互联互通的基础设施建设,根据各地市"十三五"规划,区域投资额年均过万亿元,年均超1 500亿元的租赁业务量,"十四五"期间将形成近万亿元的增量市场,为澳门融资租赁发展提供更广阔的市场。

第三节 强化跨境合作,推动业务以及机制创新,推动澳门融资租赁快速发展

结合与澳门、珠海、葡语国家的合作情况,以及我国境内融资租赁行业发展情况,澳门融资租赁发展将成为构建特色金融体系的重要部分。一方面,澳门融资租赁机构服务除定位于本地经济发展外,更多应聚焦于珠海和大湾区的经济发展,以及中国与葡语国家的国际合作项目;另一方面,结合广东自

贸区横琴片区的政策以及澳门自身的法律框架，跨境合作将成为澳门融资租赁发展的重要特色。

(一)跨境合作力促澳门融资租赁快速发展

围绕大湾区基础设施建设以及新基建的发展，强化与境内租赁公司合作跨境租赁，推动澳门融资租赁迅速壮大。未来，澳门发展融资租赁的主要市场应考虑定位于粤港澳大湾区建设，其中包括互联互通基础设施建设领域以及新基建等领域，市场潜力巨大。澳门融资租赁机构与境内融资租赁机构或其他金融企业构建更为便捷的跨境合作模式，共享大湾区市场，是澳门融资租赁机构快速发展壮大的重要路径。

第一，澳门融资租赁机构可尝试拓展渠道，与境内融资租赁企业开展跨境联合租赁业务或租赁资产转让业务；同时，广东自贸区横琴片区可积极探索融资租赁资产跨境流转便利化的措施。境内融资租赁机构具有更高效便捷的大湾区项目获取渠道，而且经过长期的发展，其专业能力在明显提升，新兴产业的融资租赁在持续壮大，如 2017 年珠海融资租赁企业为方正多层电路板、光宇电池等科技型企业提供了 22.29 亿元的融资，科技租赁初见成效。澳门融资租赁机构处于刚起步阶段，应将精力更多地放在学习、借鉴和合作上，可积极尝试与珠海融资租赁机构，甚至大湾区内融资租赁机构组建粤澳融资租赁行业联盟，定期召开粤澳租赁发展论坛等，强化业务交流和联系，形成依托境内租赁机构或其他金融企业的业务模式，通过跨境联合租赁，或共同在境内出资成立融资租赁项目子公司的方式服务珠海甚至大湾区内互联互通基础设施项目或新兴产业融资项目建设。自 2015 年中国农业银行推动农银租赁和汇众(天津)租赁在天津自贸区内完成第一笔联合租赁后，大部分的跨境联合租赁均为境内融资机构联合向境外项目提供租赁，"境内＋境外"融资租赁机构联合向境内项目提供租赁服务(跨境联合租赁、转让相关实例如图 10-8 所示)仍处于创新探索阶段，澳门融资租赁机构可借此机遇大力推动相关业务发展，树立跨境租赁的新标杆。此外，2018 年 4 月，前海金融资产交易所实施完成首笔全国首单跨境租赁资产转让，为跨境租赁资产转让提供了重要实践。参照其模式可推动广东金融资产交易中心探索跨境租赁资产转让创新，推动大湾区融资租赁企业探索跨境租赁资产收益权转让创新，力促澳门与境内融资租赁机构快速高效实现资产转让,加速澳门融资租赁资产规模的快速增长。

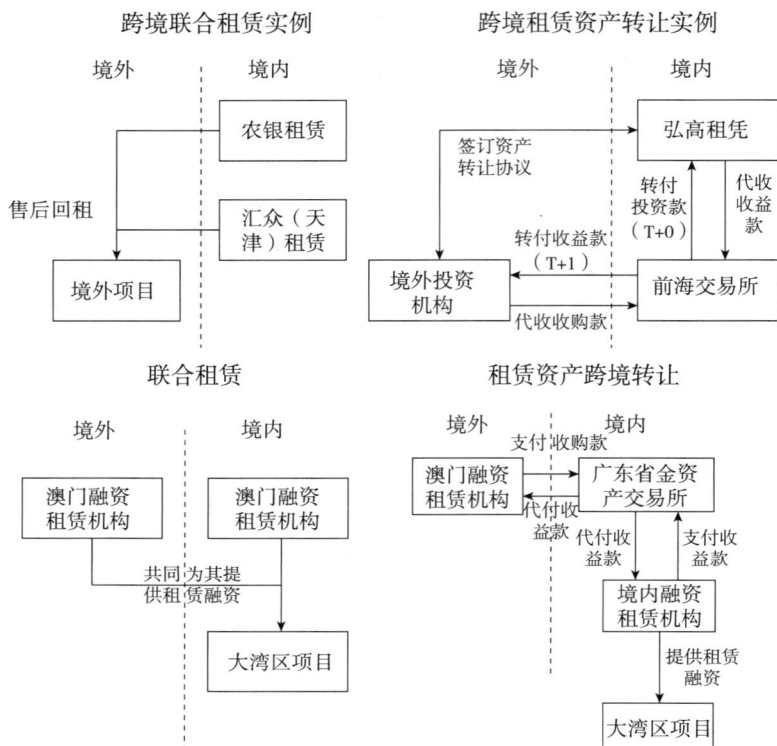

图 10-8 跨境联合租赁、转让相关实例

第二,适当简化珠海新基建等领域跨境融资的外债管理,推动澳门融资租赁机构以跨境融资租赁方式加大支持珠海新基建的发展。"十四五"期间,珠澳城市群发展进一步紧密,珠海将持续推进新基建领域,积极发展卫星大数据、生物医药、人工智能、高端装备智能等新兴产业,助推区域产业迈向中高端水平。可考虑设立新基建领域"白名单",以总额度管控为原则,通过澳门融资租赁机构融资的相关外债只需报送区域外汇管理机构进行审批或备案;此外,售后回租、直接租赁均可能涉及跨境实物交易,海关需完善相关配套流程,提高珠海新基建领域的融资效率,丰富该领域融资来源。

(二)探索澳门围绕中国与葡语国家合作发展融资租赁的模式

中国与葡语国家合作日益紧密,特别是中国对安哥拉、巴西的投资持续向好。葡语国家大多属于发展中国家，基础设施较为落后，中国对其投资往往集中于公路、水坝、市政工程等基础设施建设，而基础设施具有前期投资较大、收益时间较长等特点，较为适合利用融资租赁方式进行融资，中国与葡语国家投资合作为澳门通过融资租赁方式服务葡语国家奠定重要基础。2018年3月，澳门在"中国与葡语国家商贸合作服务平台"的定位指导下，成立了中葡合作发展基金，国家开发银行与澳门特别行政区政府的工商业发展基金出资比例为6∶4，总规模10亿美元，由中非发展基金托管，基金总部设在澳门。公开信息显示，该基金已经投资莫桑比克农业园、安哥拉输配电及供水器材、巴西太阳能电站等项目，并将成为中国与葡语国家合作的重要纽带（图10-9）。围绕中葡合作发展基金、丝路基金等"纽带型平台"，以"一带一路"为契机，推动澳门融资租赁机构通过平台投资项目精准对接葡语国家，为相关项目提供配套融资，将融资租赁打造为中葡合作项目的重要融资工具（图10-10）。

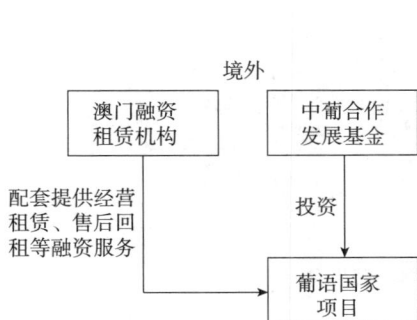

图 10-9　以中葡合作发展基金为纽带提供融资租赁

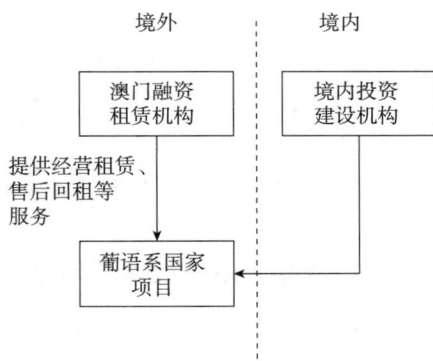

图 10-10　配合境内投资机构投资项目提供融资租赁

（三）探索强化不动产租赁业务创新

目前，境内融资租赁监管得到持续完善，融资租赁行业从粗放式发展逐步回归本源，业务创新受到较大挑战，其中不动产融资租赁业务更难以常态化。而澳门可借助其自由港以及法制体制健全的优势，推动融资租赁业务创新，尤其是不动产融资租赁领域创新。澳门颁布的《融资租赁公司法律制度》

对融资租赁的业务设定了较灵活的范围,发展不动产租赁业务并无政策障碍。一方面,澳门银行业投向于不动产的贷款比例长期超 50%,不动产融资需求持续旺盛,围绕澳门本地的不动产——酒店、公寓、住宅等提供融资租赁服务是澳门融资租赁机构业务的机遇之一;另一方面,围绕广东自贸区横琴片区"重点发展旅游休闲健康、商务金融服务、文化科教和高新技术等产业,建设文化教育开放先导区和国际商务服务休闲旅游基地"的定位,澳门与广东自贸区横琴片区共同为融资租赁行业争取政策先行先试,在横琴片区范围内开展特定项目的不动产租赁,如专门设定文化科教项目、旅游性项目或高新技术项目"白名单",澳门融资租赁机构为其提供不动产跨境租赁,丰富区域内公寓、酒店、科研大楼等项目融资渠道,推动融资租赁的创新发展(图 10-11)。

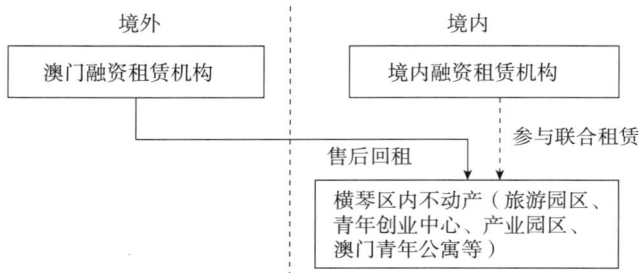

图 10-11　为境内特定区域、特定领域项目提供跨境不动产租赁

(四)珠海或横琴探索跨境租赁的体制创新

广东自贸区横琴片区可积极探索推动跨境租赁人民币流动实施净额管理的机制,助推澳门融资租赁机构跨境人民币流动便捷化,提高跨境联合租赁以及跨境租赁保理的效率。

此外,可积极探索跨境租赁涉及的外汇管理机制,在额度内提供便捷的结售汇服务,为澳门融资租赁使用外币购买境内租赁资产、用外币参与租赁项目等行为提供便利。推动广东金融资产交易中心围绕跨境租赁资产交易协助融资企业简化外债申请流程,搭建跨境人民币或外汇结算系统,形成高效的交易平台。

（五）澳门与珠海联合为融资租赁机构进驻提供便利

澳门土地面积较小，单靠自身难以满足融资租赁机构经营运作的场地需要。为了推动融资租赁机构落户与发展，可考虑与横琴合作，在横琴内划定"飞地"用于澳门融资租赁机构落户，一方面有利于澳门融资租赁机构寻求大湾区的项目合作机会，另一方面可利用土地吸引融资租赁机构落户开业，推动融资租赁机构的设立。

与此同时，将融资租赁打造为中国与葡语国家商贸合作的重要服务工具，制定中国与葡语国家专门性融资租赁服务机构落户扶持政策。

第十一章

澳门协同珠海推动
财富管理发展的路径

　　珠澳在财富管理方面可实现优势互补,城市群合作发展将产生协同效用。在中葡合作方面,澳门在财富积累、金融法制、无外汇管制等方面存在多重优势,借助"一带一路"发展的契机,未来澳门财富管理市场仍存在较大的发展空间。但目前澳门财富管理市场发展存在财富管理机构类型过于集中单一、资产配置有待多样化等问题。相比之下,横琴在财富管理机构类型方面存在优势,为两地合作提供了基础。发展路径可参考虚拟银行模式,通过在澳门搭建横琴自贸区金融开放平台、对接两地投融资机构、丰富澳门当地理财产品类型等方式,放开澳门财富管理市场和降低其机构准入门槛。

第一节　中国成为全球财富增长的重要引擎,广东省财富管理公司数量居全国首位

　　以中国为主的亚太地区私人财富增速引领全球,财富管理行业空间广阔。根据波士顿咨询发布的《2018 年全球财富报告》(图 11-1),2017 年全球私人财富总额达到 201.9 万亿美元,同比增长 12％,其中亚太地区增速领先全球,达到 19％。作为区域龙头,中国市场 2017 年私人财富规模达到 20.8 万亿美元,占亚洲私人财富的 57％,是亚太地区增长的核心动力。波士顿咨询预计,2017—2022 年亚洲地区私人财富总额复合增速可达 12％,将显著高于全球平均增速的 7％。中国市场将成为全球财富增长的重要引擎,蕴藏着财富管理行业发展的机遇。

　　从资产类别来看,2017 年全球私人财富总额中有 121.6 万亿美元(占比约 60％)为可投资资产,主要包括股票、投资基金、现金、存款以及债券。2017 年上层高净值客户群和超高净值客户群(资产超过 2 000 万美元的客户群)可投资资产总额超 26 万亿美元,其中中国高净值客户群规模仅次于美国,中国上层高净值客户群和超高净值客户群的可投资资产达到 3.7 万亿美元。波士顿咨询预计,中国大陆这类客户财富规模在 2017—2022 年将保持 22％的复合增速(图 11-2)。

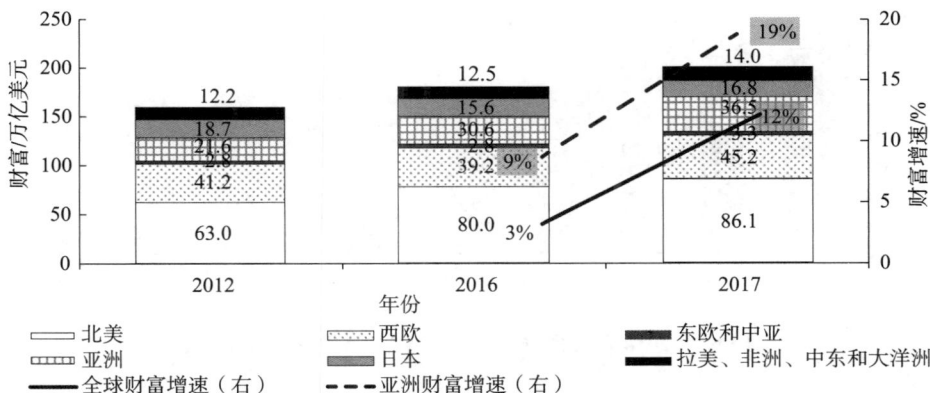

图 11-1　2012—2017 年全球各地区私人财富规模

数据来源：波士顿咨询《2018 年全球财富报告》。

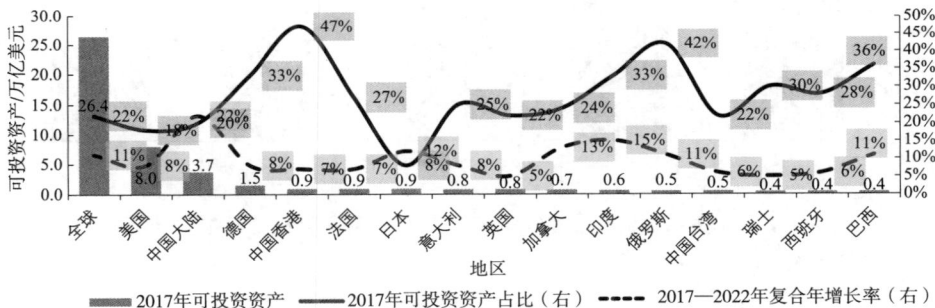

图 11-2　全球各地区高净值客户群财富规模及增速

数据来源：波士顿咨询《2018 年全球财富报告》。

根据顾问云、天眼查监测的 294 个省（地级市）和全球超 16 万家财富管理公司的数据，2018 年底，我国超 58％的财富管理公司集中于北京、长三角和珠三角地区。其中广东省财富管理公司数量最多（图 11-3），约 3.5 万家，居全国首位，且 2013—2018 年财富管理公司数量增长速度最快，年复合增速达42.31％（图 11-4）。广东省高净值家庭可投资资产总额一直位居全国之首，因而为当地财富管理行业提供了较大发展空间。

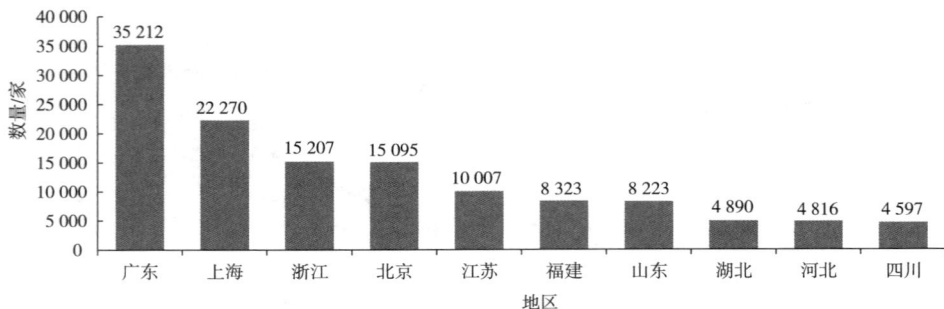

图 11-3　2018 年各省(自治区、直辖市)财富管理公司数量

数据来源:顾问云、天眼查。

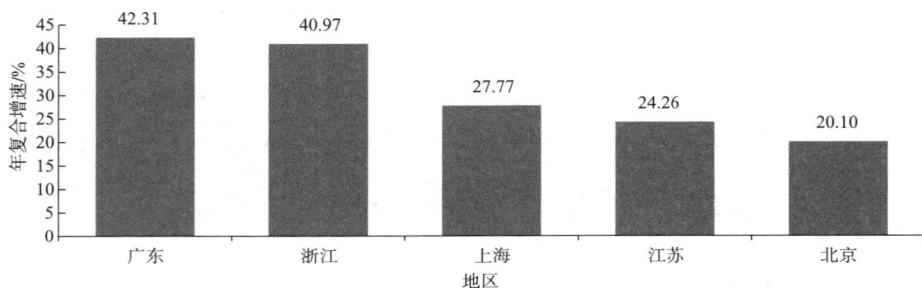

图 11-4　2013—2018 年各省(自治区、直辖市)财富管理公司年复合增速

数据来源:顾问云、天眼查。

第二节　澳门财富管理市场主要以银行为核心，缺乏有针对性的财富管理牌照

澳门金融类牌照主要分为银行业牌照和保险业牌照。澳门金融业的牌照管理主要以机构类型为主(表 11-1),并未针对财富管理或资产管理业务设立有针对性的牌照。

截至 2019 年 3 月,澳门共有 28 家银行,其中 10 家为本地注册(包括 1 家邮政储金局),18 家为外地注册。此外,尚有 1 家从事有限制的银行业务的金融公司、2 家融资租赁公司及 1 家从事发行及管理电子货币储值卡业务的其他信用机构。从金融牌照和金融机构分布来看,澳门的金融体系以银行为主导,这与澳门银行业混业经营密切相关。澳门银行可从事的经营活动及澳门银行业情况如表 11-2、表 11-3 所示。除离岸银行外,其他所有在澳门的银行都为零售银行,持有全能牌照,且可经营离岸业务不受监管限制。自2014年以来,非利息收入每年都稳定地增长,但相较于净利息收入,财富管理业务仍有较大发展空间(图11-5)。

表 11-1　澳门金融业牌照

(截至 2019 年 3 月)

银行业牌照	保险业牌照
信用机构(包括银行、储金局、融资租赁公司)	保险公司
金融公司	保险中介人
金融中介公司及其他金融机构	私人退休基金计划
兑换店(包括兑换柜台)	
现金速递公司	

数据来源:澳门金管局。

表 11-2　澳门银行可从事的经营活动

澳门银行可从事的经营活动
a)接受存款或其他应偿还之款项;
b)批给贷款,包括提供担保及其他承诺、融资租赁及承购应收账款;
c)支付活动;
d)发行及管理支付工具,尤其是信用卡、旅行支票及信用证;
e)为自己或为客户进行与货币及外汇市场上流通证券、期货及期权之交易,以及进行与外汇、利率或有价证券有关之经营活动;
f)参与发行及推销有价证券及提供有关服务;
g)银行同业市场之中介活动;
h)对有价证券组合之保管、行政管理;
i)对其他财产之管理;
j)金融咨询服务;
k)在公司资本内拥有出资;
l)提供商业资讯;
m)保管箱之租赁及价值之保管;
n)保险合同之商业化;
o)法律未禁止之其他类似经营活动

数据来源:澳门《金融体系法律制度》。

表 11-3　澳门银行业情况

（截至 2019 年 3 月）

持牌银行结构	银行数量/家
总部设在本地的银行	4
外地银行的附属银行	6
外地银行分行	18
合　　计	28

数据来源：澳门金管局。

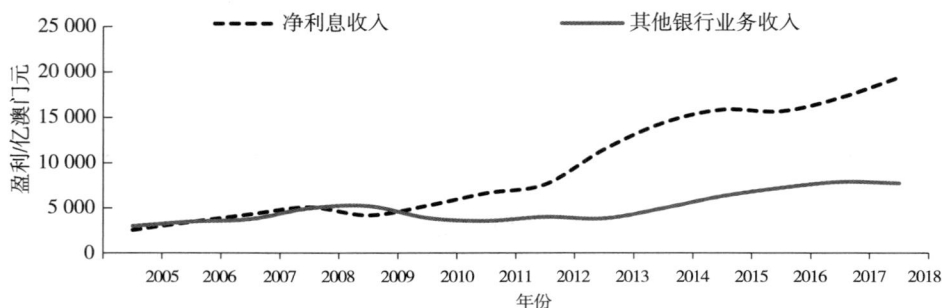

图 11-5　2005—2018 年澳门银行盈利表现

数据来源：澳门金管局。

澳门的财富管理市场诞生于 2003 年，银行在澳门财富管理发展中扮演重要角色，目前业务主要以银行部门为核心，而银行部门的财富管理业务也主要为针对高层次人群的理财产品计划或代理投资产品，以及设立专门的私人银行等运营模式提供财富管理服务。

澳门财富管理亟须进行多元化投资。截至 2018 年，除 1 家邮政储金局以外，目前 27 家澳门银行中，有 25 家银行均有代理投资产品，其中 21 家有财富管理业务，19 家专门设有财富管理或私人银行部门，并安排专门的理财人员负责财富客户的理财服务。每家银行订立的财富管理客户标准各有不同，从 200 万元至 2 000 万元人民币资产不等。在服务上，以投资策划为主，服务渠道也从"传统店面式"向"网络店面式"转变，澳门金融机构已独立开发网上银行、流动银行、微信银行等多种服务渠道。从澳门各家银行财富管理经营业务比较（表 11-4）来看，投资范围已实现了股票、债券、基金、外汇、商品、结构化等多品类投资的覆盖，但股票、债券、外汇仍基本上是"标配"投资品种，而未来特色的业务增长点或来自各家银行的多元化业务。

表 11-4　澳门各家银行财富管理经营业务比较

银行名称	投资范围	网上/手机银行服务	财富管理服务	财富管理部门
总行设于澳门的银行				
大丰银行股份有限公司	股票、债券、基金、外汇、保险、贵金属、衍生品、结构性金融投资产品、资产信托	✓	✓	✓
华侨永亨银行股份有限公司	股票、债券、基金、外汇、资源商品	✓	✓	✗
汇业银行股份有限公司	股票、债券、基金、股票挂钩票据、股票挂钩存款、信托、海外物业管理	✗	✓	✓
中国工商银行（澳门）股份有限公司	股票、债券、基金、结构性产品、贵金属、外汇、退休及储蓄保障计划	✓	✓	✓
澳门国际银行股份有限公司	股票、股票挂钩产品、基金、外汇	✓	✓	✗
澳门商业银行股份有限公司	股票、债券、基金、外汇、结构性产品	✓	✓	✓
澳门华人银行股份有限公司	股票、保险、外汇	✗	✗	✗
立桥银行股份有限公司	暂不提供	✓	✗	✗
大西洋银行股份有限公司	股票、基金、外汇、结构性投资产品、信托	✓	✓	✓
总行设于外地的银行				
香港上海汇丰银行有限公司	股票、债券、基金、保险、外汇、结构性产品	✓	✓	✓
星展银行（香港）有限公司	股票、债券、外汇、基金、结构性产品、海外债券	✓	✓	✓
中国银行股份有限公司	股票、基金、债券、结构性投资产品、贵金属及外汇交易、保险	✓	✓	✓
花旗银行	股票、债券、基金、结构性存款、结构性票据	✓	✓	✓
渣打银行	股票、债券、基金、结构性票据、信托、挂钩收益型产品	✓	✓	✓
广发银行股份有限公司	股票、债券、外汇	✓	✗	✗

续表

银行名称	投资范围	网上/手机银行服务	财富管理服务	财富管理部门
永丰商业银行股份有限公司	暂不提供	√	×	×
创兴银行有限公司	股票、债券、基金、保险、结构性产品	√	√	√
东亚银行有限公司	基金、债券、外汇、保险	√	√	√
恒生银行有限公司	股票、债券、基金、贵金属、结构性产品	√	√	√
中信银行(国际)有限公司	股票、债券、外汇、黄金、信托、结构性产品	√	√	√
交通银行股份有限公司	股票、债券、外汇、保险	√	×	×
葡萄牙商业银行股份有限公司	股票、债券、外汇、基金、结构性产品	√	√	√
第一商业银行股份有限公司	股票、债券、外汇、信托、基金、保险	√	√	√
招商永隆银行有限公司	股票、证券、基金、外汇、黄金、结构性产品	√	√	√
华南商业银行股份有限公司	股票、债券、基金、外汇、保险、黄金	√	√	√
中国建设银行股份有限公司	股票、债券、基金、外汇	√	√	√
中国农业银行股份有限公司	外汇	×	×	×

数据来源:澳门各银行官网。

注:"√"表示"有","×"表示"无"。

第三节　澳门财富管理市场发展的优势

通过观察澳门财富管理市场发展的现状及特点,我们可以看到制约澳门财富管理产业大规模发展的原因主要包括以下两方面:一是,财富管理机构类型过于单一和集中,澳门整个金融业均围绕银行业展开,而银行相对保守的资产管理特点,并不能满足多样化、多风险收益偏好、多期限的投资者配置需求;二是,财富管理配置资产有待多样化,目前银行内的财富管理部门虽然能提供多品类的投资,但股票、债券、外汇仍是主要配置领域,对于信托、结构性产品投资领域提供的财富管理产品仍不足。在看到发展不足的同时,我们也关注到澳门发展财富管理产业所具有的一些独特优势,这些优势将为澳门财富管理提供"突围"的契机。

从经济发展来看,澳门成为中国国内发展较快的地区,近些年 GDP 增速快速抬升。放眼亚洲地区,澳门的经济增速在 2016 年底远超韩国、泰国、印度、中国台湾和马来西亚(图 11-6)。而且澳门公共部门具有较高的财富积累,2017 年底公共部门存款约为 3 119 亿澳门元(图 11-7)。同时,居民存款也快速增长,截至 2018 年底,居民存款已超 63 亿澳门元(图 11-8)。因此,澳门财富管理市场的发展具备良好的经济基础。

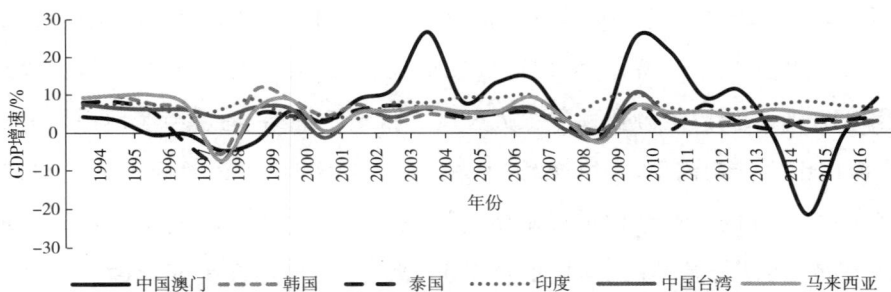

图 11-6　1994—2016 年亚洲各地 GDP 增速

数据来源:Wind。

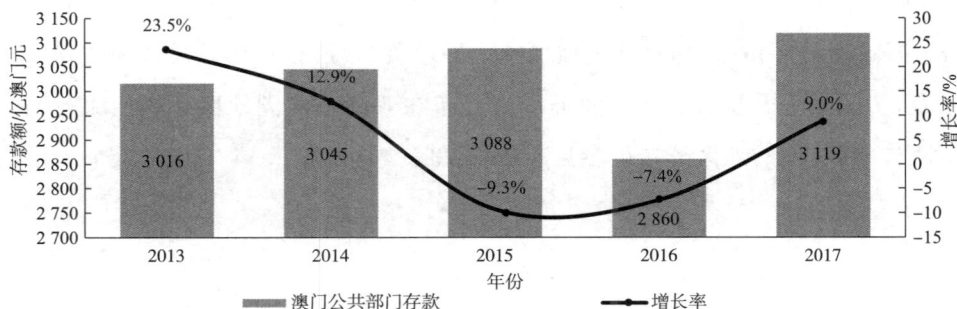

图 11-7　2013—2017 年澳门公共部门财富及增长情况

数据来源:澳门金管局 2017 年报。

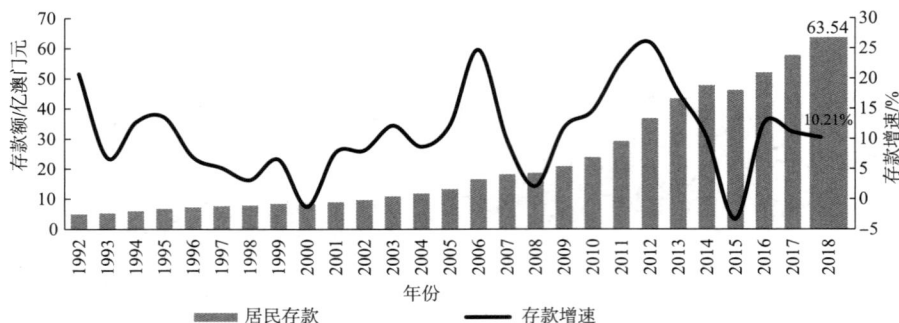

图 11-8 澳门居民存款规模及增速

数据来源：Wind。

从实体性中间金融资源层面看，澳门本身金融业的市场结构相对单一，未包括同业拆息的资金市场及外汇、黄金和证券市场等资本市场。澳门有单一信用市场，主要进行中、短期资金存、贷业务，整个金融业基本是银行一统天下，企业和居民融资主要通过向银行信贷。澳门本地金融业不发达，但拥有一个高度开放的经济体，澳门居民因而能自由、方便地将他们的财富投放在澳门境外。澳门金融业发展很大程度上依赖于香港，港币与澳门币同时流通，澳门汇率挂钩港币，大宗交易一般以港币结算，港币在澳门占主导地位。澳门银行存款的货币结构可反映澳门居民对投放财富在不同地区资产的取向。截至 2018 年底，澳门居民的澳门元、港元、人民币及美元存款分别占总体存款的 26.9%、54.0%、4.8% 及 12.1%（图 11-9）。澳门银行业高度国际化，澳门银行的国际性业务在 2018 年上半年持续增长，国际资产（即对外资产和本地外币资产）占银行体系总资产的份额从 2017 年底的 84.2% 回升至85.9%；而国际负债（即对外负债加本地外币负债）占银行体系总负债的份额亦从 79.4% 上升至 80.9%。业务广泛分布在亚洲及欧洲地区。澳门银行对外资产和负债的地区分布可参见表 11-5 和表 11-6。

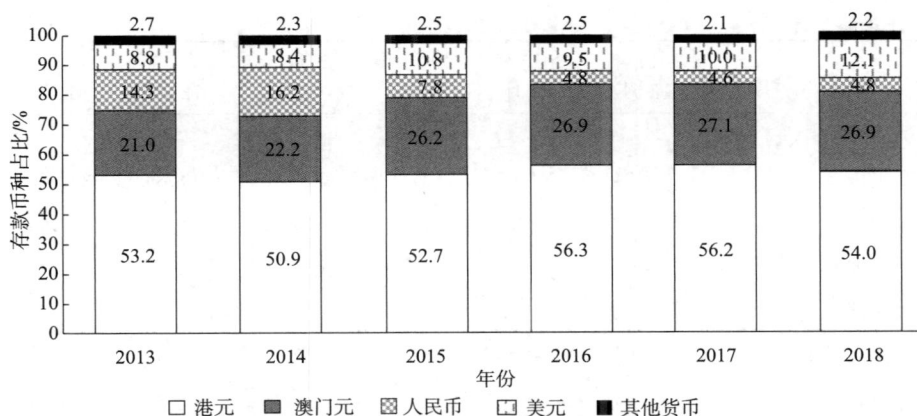

图 11-9　2013—2018 年澳门本地居民的存款结构

数据来源：Wind。

表 11-5　澳门银行对外资产的地区分布

（2014—2018 年上半年）

单位：亿澳门元

	2014 年 12 月	2015 年 12 月	2016 年 12 月	2017 年 6 月	2017 年 12 月	2018 年 6 月
总额	7 498.27	8 415.80	8 220.73	8 920.07	9 321.07	10 605.48
亚洲						
中国香港	2 496.72	3 213.65	3 172.33	3 263.52	3 537.36	3 662.83
中国大陆	2 481.57	1 947.66	2 130.96	2 452.16	2 880.01	3 778.61
中国台湾	71.54	67.36	44.45	55.07	42.08	36.71
日本	39.29	247.67	168.10	109.98	137.81	140.82
新加坡	137.84	215.31	268.54	311.98	185.76	216.39
泰国	60.69	13.07	9.65	25.77	15.88	18.59
亚洲其他地区	85.30	122.80	67.69	104.74	80.76	78.54
欧洲						
葡萄牙	448.68	291.64	218.65	178.23	129.78	170.58
法国	8.83	16.90	9.97	51.63	7.51	7.29
英国	109.69	200.84	239.35	187.78	191.85	132.60
卢森堡	84.77	26.16	53.96	50.60	93.20	66.08
德国	78.43	106.42	70.60	58.26	20.61	46.26
荷兰	16.00	14.40	13.02	15.88	23.94	30.30
欧洲其他地区	130.04	117.54	23.76	36.54	11.19	42.41

续表

	2014 年 12 月	2015 年 12 月	2016 年 12 月	2017 年 6 月	2017 年 12 月	2018 年 6 月
美洲						
美国	264.34	608.89	437.42	314.38	298.34	274.03
加拿大	2.58	9.13	18.42	19.22	29.91	31.64
美洲其他地区	4.05	1.43	27.76	30.06	29.91	80.81
大洋洲						
澳大利亚	157.67	270.83	284.22	239.96	220.50	191.74
新西兰	0.23	1.62	9.31	3.34	6.30	4.91
其他地区	820.02	922.50	952.58	1 410.95	1 378.36	1 594.34
备忘项目						
葡语国家	455.94	302.57	224.44	182.26	147.19	190.22
"一带一路"沿线国家	393.67	473.76	428.14	517.92	326.40	394.27

数据来源：澳门金管局《2018 年 6 月国际性银行业务统计报告》。

注：对外资产包括所有报告机构在资产负债表中的对非居民的金融资产，主要包括持有的外币、对外地银行的资产、外地发行的存款证、债券与商业票据、外国国库券及其他公债、外地股权证券、对非居民的贷款、垫款及票据贴现。

表 11-6　澳门银行对外负债的地区分布

（2014—2018 年上半年）

单位：亿澳门元

	2014 年 12 月	2015 年 12 月	2016 年 12 月	2017 年 6 月	2017 年 12 月	2018 年 6 月
总额	4 945.02	6 107.93	5 089.84	5 461.83	5 686.20	6 840.62
亚洲						
中国香港	2 141.07	2 767.43	2 681.18	2 689.64	2 984.41	3 495.03
中国内地	1 276.09	1 329.14	1 022.06	1 163.42	1 304.00	1 516.92
中国台湾	109.43	284.41	97.99	179.60	154.21	255.20
日本	12.88	124.21	46.90	41.21	5.15	77.34
新加坡	40.64	51.19	46.58	38.62	102.27	99.23
泰国	361.11	233.15	210.50	291.06	328.98	352.65
亚洲其他地区	11.91	286.62	137.38	175.91	124.05	61.83

续表

	2014 年 12 月	2015 年 12 月	2016 年 12 月	2017 年 6 月	2017 年 12 月	2018 年 6 月
欧洲						
葡萄牙	103.24	47.41	42.08	72.52	47.26	47.09
法国	153.06	70.56	38.82	26.32	8.60	23.15
英国	15.44	9.90	25.67	26.40	94.63	189.75
德国	75.85	20.88	6.46	30.57	2.68	66.09
荷兰	23.18	9.32	25.92	17.42	5.08	0.39
瑞士	57.33	18.43	9.05	6.09	2.09	2.45
欧洲其他地区	28.73	54.90	7.59	8.05	7.55	2.96
美洲						
美国	40.47	127.10	58.02	89.56	17.55	129.56
加拿大	8.93	6.37	4.05	3.58	2.37	2.19
美洲其他地区	17.03	15.81	11.41	8.59	5.16	4.31
大洋洲						
澳大利亚	37.28	27.47	26.87	161.68	133.97	73.84
新西兰	18.00	0.06	0.12	0.12	0.12	0.21
其他地区	413.34	623.60	591.19	431.46	356.08	440.44
备忘项目						
葡语国家	125.06	66.49	58.44	87.73	58.94	56.37
"一带一路"沿线 国家	459.65	699.59	585.43	615.01	646.06	578.60

数据来源：澳门金管局《2018 年 6 月国际性银行业务统计报告》。

注：对外负债包括所有报告机构在资产负债表中的对非居民的金融负债，主要包括非居民存款、非居民持有报告机构发行之存款证及对外地银行的负债。

澳门不仅拥有低税制以及无外汇管制的优势，也有着政局较为稳定、银行体系发展健全、金融监管法制完善的特点，而且位于珠三角南部，有着得天独厚的地理优势，而这些都能构成澳门财富管理市场发展的竞争力。另外，澳门属于自由贸易港，开展离岸金融业能够进一步释放经济的力量，发挥财富管理的发展优势。近年来，澳门各项金融法律法规不断完善，并积极与国际接轨。澳门金融业根据巴塞尔银行监管委员会所提倡的监管原则与要求，以及反洗钱金融行动特别小组（FATF）的建议而制定的《金融体系法律制

度》等,以及一系列的监管指引,使澳门金融监管与国际标准趋同。IMF 在
2011 年发布的评估报告中,就已对巴塞尔银行监管委员会有效银行监管的
25 个核心原则在澳门的实施,做出 21 个符合、4 个大体符合的结论。此外,
在 2019 年 2 月磋商代表团工作人员总结声明中,澳门银行业积极加入国际
反洗钱和反恐融资阵营,在经营操作中坚决执行有关反洗钱反恐融资的规
定,受到 IMF 等监管组织的肯定。

当下澳门金融业开放,财富管理是重点政策方向之一。2019 年 2 月 20
日,国家发展改革委与澳门特别行政区政府签署《国家发展和改革委员会与
澳门特别行政区政府关于支持澳门全面参与和助力"一带一路"建设的安排》
(简称《安排》)。《安排》在金融方向,支持澳门发展融资租赁和财富管理等特
色金融业务,建设绿色金融平台;在经贸交流与合作方向,鼓励内地企业根据
需要在澳门成立葡语国家业务总部,并支持葡语国家企业在澳门成立中国业
务总部,发挥澳门在"走出去"和"引进来"中的重要作用,促进双向投资合作。
澳门财富管理市场发展具备的优劣势及面临的机遇与挑战如表 11-7 所示。

表 11-7　澳门财富管理市场发展的 SWOT 分析

优势(Strengths)	劣势(Weaknesses)
经济增长,财富快速积累	财富管理机构单一
自由港,低税制,政治稳定	资产种类传统
无外汇管制,资金进出自由	基础设施、人才、相关服务机构等不足
金融法制完善	
资产、资金国际化	
政策支持发展财富管理	
机会(Opportunities)	威胁(Threats)
粤港澳大湾区发展计划	香港的竞争
中国加大金融开放力度	广州和深圳等其他自贸区的压力
"一带一路"对外合作	全球经济和市场需求的低迷
人民币国际化	
长期作为葡语国家和中国沟通的渠道	
毗邻珠江三角洲	

第四节　珠澳财富管理联动发展的契机

参考国内外财富管理中心的发展经验(表11-8),各个财富管理中心的侧重点和发展特色虽各不相同,但却表现出财富管理中心确立和发展的一般规律与共同特征:一是,经济水平发达,能为财富管理提供充足的财富资源;二是,机构相对聚集,云集了种类齐全、数量众多的财富管理机构,涵盖了私人银行、证券、保险、信托、基金等各个领域;三是,环境成熟良好,具有有序的商业环境和完善的基础设施;四是,服务功能健全,拥有良好的城市政务服务和法制环境,政府对财富管理发展高度关注并大力支持;五是,监管体制科学,建立了适合财富管理发展的金融监管体制;六是,人才济济,各类财富管理人才聚集,培养和造就了一大批财富管理高端人才。这些基础要素共同造就了适合财富管理发展的城市品质。比较来看,澳门目前已具备香港、新加坡、瑞士财富管理中心发展模式中的部分条件,包括经济发达、商业环境良好、服务功能健全等,但在财富管理机构健全、资产配置品种多样化、金融基础设施完备、人才配套以及对应的监管体制方面仍存在欠缺,因此为澳门的财富管理中心建设提供了发展的空间,也为横琴配合澳门财富管理发展提供了机遇。

表 11-8　国内外财富管理中心发展模式比较

国家	财富管理业务特点	机构特点	服务对象	发展基础	投资品种
美国	以在岸业务为主营服务方式	以大型金融集团的专业财富管理机构为主	国内市场	纽约、芝加哥等均是世界上著名的综合性金融中心,财富管理是其金融体系的重要组成部分。这些城市凭借其发达全能的金融市场引领着全球财富管理行业的发展趋势	全球化配置,但也对对冲基金、证券化资产等风险较高的创新型金融产品有较大需求
瑞士新加坡香港	以离岸业务为主营服务方式	以私人银行为主导力量	面向全球	便利的交通、现代化的金融基础设施等"硬"条件;具体保障制度、税收优惠、放宽投资、服务等"软"条件	采取更加多元化、分散化的方式来降低风险,股票资产仅占一小部分

横琴自贸区具有财富管理机构多样化的优势。目前澳门的财富机构以银行为主,而内地的金融体系则是分业经营、分业管理。随着投资者的财富管理需求日趋综合,澳门单一的银行或者保险机构无法完全满足这种财富管理需求。此时,第三方财富管理机构的出现就很有必要。截至 2019 年 5 月,横琴新区共有金融和类金融企业 6 546 家,注册资本达 11 764 亿元,财富管理机构资产管理规模达 2.5 万亿元,目前包括银行、证券、保险、公募基金、私募投资基金、融资租赁、保理等 20 种细分金融类企业。横琴自贸区内以私募基金为代表的资产管理类机构得到蓬勃发展。根据中基协公布的数据,在横琴注册的私募企业在广东(不含深圳)排名第二,在全国排名第八。目前,多家国际国内顶尖私募企业已落户横琴,包括 IDG 资本、KKR 集团、高瓴资本、深创投、歌斐资产、君联资本、广发信德、达晨创投等,横琴正逐步成为全国优质私募企业的聚集高地。

参考虚拟银行,放开澳门财富管理机构准入门槛。2019 年 3—5 月,香港金融管理局发行了 8 张虚拟银行牌照。虚拟银行类似直销银行或互联网银行,无须设立物理网点,主要通过互联网及其他形式的电子渠道为客户提供零售银行服务,效率更高,且服务和运营费率更低。结合目前已获得牌照的 8 家虚拟银行的发展计划来看(其中 4 家可参见表 11-9),虚拟银行既可以从事与传统银行类似的业务,主要针对个人(移动支付、小额贷款等)和中小企业(贷款、征信),属于线上零售银行,但无明确的商业模式;也可以从事财富管理、创新产品等更复杂的金融服务。目前香港政府并未对虚拟银行的业务进行限制和指引,也不会对有关贷款业务等设立额度上限。若澳门能借鉴香港的经验,届时澳门的财富管理机构准入门槛将得到放开,由此横琴自贸区内的其他境外金融机构也将有机会加入澳门财富管理市场的发展中,提高澳门当地财富管理机构的多样性。

新网银行的互联网银行兼具 B2C2C(Business to channel to customers,商家—渠道—顾客)的特点,其实质运作模式是以搭建金融服务平台为核心,由此可借鉴新网银行的互联网银行模式,为横琴在澳门设立虚拟银行提供以下财富管理方面的特色金融服务:一是在澳门搭建横琴自贸区的金融开放平台,进入澳门财富管理市场。由于澳门本土的财富管理金融机构较为单一,不如内地横琴的财富管理机构丰富,通过在澳门搭建横琴自贸区的金融开放平台,不仅能丰富澳门财富管理金融机构的类型,还能通过连接自贸区内各种企业融资场景(比如企业发行外债、出口信贷、外汇交易),把银行网点融入澳门金融机构及两地其他合作方里,为客户提供定制化的财富管理产品等多方面的增值服务。二是对接两地投融资机构,拓宽资金来源和客户群体,例如虚拟银行与横琴自贸区、澳门的中小金融机构和中小企业建立连接,通过对接资产方和资金方,提升资金融通和配置效率。三是丰富澳门当地金融机构理财产品的类型,例如积极推动两地金融中心和监管机构合作,推动以人民币计价的金融产品在澳门发行和销售。

表 11-9　4 家获得虚拟银行牌照的企业的发展计划

虚拟银行	股东构成	发展计划
Livi VB Limited	中银香港(控股)、京东数科、怡和集团的合资公司,三家分别持股 44%、36% 和 20%	服务银行未充分获得的客户。未来将聚焦小额支付、小额贷款,以及中小企业的资金需求,其产品设计、运营模式与传统银行将有较大差异,服务将更"小而精"
SC Digital Solutions Limited	渣打银行(香港)、电讯盈科、香港电讯、携程金融的合营公司,分别持有 65%、10%、15% 和 10% 的股权	初期以传统的存贷款等基本银行服务为主,未来业务方向是将银行服务带入生活场景(例如境外酒店预订),推出消费信贷,充分利用股东已有的客户资源
众安虚拟金融有限公司	众安科技(国际)集团有限公司全资子公司。众安国际由众安科技持股 51%、百仕达持股 49%	用户直接参与新产品的开发和流程设计,由此推出符合香港用户需求的创新产品和服务。在金融服务中添加了互联网互动元素
Welab Digital Limited	Welab	提供存贷款、股票投资等功能;提供保险、较复杂的贷款产品;提供财富管理及其他服务

第十二章

澳门协同珠海推动不良
资产跨境交易发展路径

通过对广东省不良资产市场现状进行梳理,并对省内不良资产市场空间进行预测分析,我们总体认为广东省内不良资产收购处置市场发展潜力较大,然而整体市场处于较初级阶段,需要通过引入境外专业机构等方式激发区域市场活力,推动不良资产市场良性发展。澳门可考虑以此为契机,将自身打造为境外专业不良资产投资机构的"桥头堡",联合珠海通过推动不良资产跨境收购处置、跨境合作不良资产投资基金以及跨境投资高收益债券等方式,打造不良资产跨境投资示范合作区。

第一节 广东省不良资产市场空间较大,跨境转让或将成为重要的趋势

(一)我国境内不良资产监管政策在持续完善

在 2008 年以前,我国境内仅在上海、重庆等 6 个省市成立了国有独资的地方资产管理公司("资产管理公司"简称"AMC"),整个行业处于探索发展阶段。2012 年,财政部、原银监会下发《金融企业不良资产批量转让管理办法》(财金〔2012〕6 号),正式拉开地方 AMC 行业发展序幕。随后,银监会颁布了一系列法律法规,以支持地方 AMC 发展。随着行业监管规则的完善,各个地方也陆续发布了当地版本的 AMC 监管规则,但在统一监管的大背景下,地方 AMC 行业仍然没有出台统一监管的政策文件。2019 年 2 月,银保监会就地方 AMC 监管出台《关于加强地方资产管理公司监督管理有关工作的通知(征求意见稿)》,推动地方 AMC 监管向前迈了一大步。目前,由于省级政府并未针对地方 AMC 出台专门的监管文件(仅江西省出台了监管文件),地方 AMC 多由地方金融办监管,以及在业务开展过程中受到相应部门的监管,而对四大 AMC(华融、东方、长城、信达)的监管则较为全面。

2013 年,银监会以《金融企业不良资产批量转让管理办法》为依据,发布了《关于地方资产管理公司开展金融不良资产批量收购处置业务资质认可条

件等有关问题的通知》(银监发〔2013〕45 号),首次对地方 AMC 的准入条件及运作方式做了明确的规定。45 号文指出,在审批程序上,真正意义上的地方 AMC,除了需要省级政府授权之外,还需报银监会备案。部分省市设有地级市 AMC 的,需经地级市批准之后,然后上报到省级政府部门核准并经由省向银监会备案。45 号文发布之后,共有 26 家地方 AMC 获得了银监会的批复。在投资运作上,银监会 2012 年的 6 号文和 2013 年的 45 号文均对地方 AMC 做了限制性规定,主要包括每个省原则上只能设立一家,只能在本区域内批量受让(10 户以上),而且处置方式只能是债务重组,不能对外转让。

45 号文出台后,地方 AMC 行业经历了快速发展期。此后,国家出台了多则与 AMC 相关的政策,从规范业务模式,到放开一个地区一家 AMC 的限制,再到对金融市场的指导意见与强监管,都对地方 AMC 行业产生了巨大的影响。

2016 年 3 月,银监会办公厅发布了《关于规范金融资产管理公司不良资产收购业务的通知》(银监办发〔2016〕56 号),进一步规范地方 AMC 不良资产收购业务。同时,为进一步促进不良资产市场发展,2016 年 10 月,原银监会发出《关于适当调整地方资产管理公司有关政策的函》(银监办发〔2016〕1738 号),对地方 AMC 在设立家数和处置方式上松绑:一是允许有意愿的省级政府增设一家地方 AMC;二是取消了地方 AMC 收购不良资产后不得对外转让的限制,允许其以债务重组、对外转让等方式处置不良资产。此外,还将"批量转让"的要求由 10 户降至 3 户,降低了不良资产处置门槛,有利于地方 AMC 加速处置不良资产。该规则发布后,地方 AMC 业务模式获得多元化发展,其牌照价值突显。

2017 年 10 月,江西省金融办发布《江西省地方资产管理公司监管试行办法》,对地方 AMC 的准入设立、合规经营、监督管理等方面做了规定,其中明确规定资本充足率不得低于 12.5%。2019 年 2 月,银保监会、法规部就《关于加强地方资产管理公司监督管理有关工作的通知(征求意见稿)》向地方金融监管局和地方 AMC 发送征求意见函。在征求意见稿中,对地方 AMC 的资产端、资金来源、负面清单、监管主体等做了进一步规范。

（二）我国境内不良资产市场空间较大

1.银行金融机构不良贷款是我国境内不良资产的主要组成部分

随着监管明确要求商业银行将逾期 90 天以上的贷款计入不良贷款，2018 年商业银行不良贷款余额和不良贷款率呈双升态势，尤其是农村商业银行不良贷款率显著抬头。如图 12-1 所示，截至 2018 年底，我国境内商业银行不良贷款余额为 20 254 亿元，这是自 2003 年底以来再次突破 2 万亿元高峰，同比增长 18.74％，不良贷款率达 1.83％，较上年提升 0.09 个百分点。此外，作为不良资产"发酵池"的关注类资产也保持高位。如图 12-2 所示，截至 2018 年底，关注类贷款余额达 34 555 亿元，资产占比较上年下降 0.12 个百分点，整体维持在 3.5 万亿元的高位。

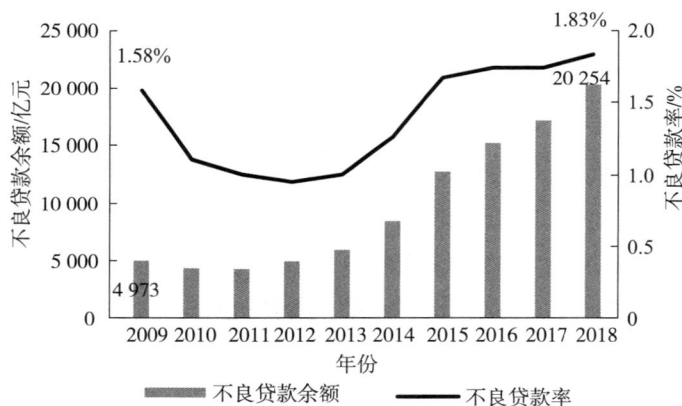

图 12-1　2009—2018 年境内商业银行不良贷款情况

资料来源：中国银保监会、Wind。

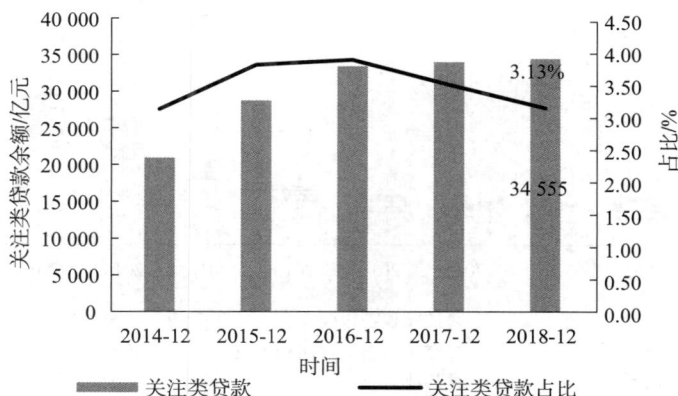

图 12-2　2014—2018 年境内商业银行关注类贷款情况

资料来源：中国银保监会、Wind。

我国境内商业银行不良贷款主要来源于国有商业银行和股份制商业银行（图 12-3），然而两者的占比从 2009 年 85.7％下降至 2018 年的 59.9％。其中，农村商业银行的不良贷款余额增长幅度较大，截至 2018 年末不良贷款余额已达 5 354 亿元，同比大幅增长 50.14％，不良贷款率高达 3.96％，在整体不良贷款中占比从 2009 年的 1.2％快速增长至 2019 年的 26.4％。一方面，农村商业银行贷款投放区域集中度和行业集中度较高，受宏观经济下行拖累，其信贷业务风险加剧；另一方面，新的监管要求促使风险资产充分暴露，导致农村商业银行的隐性风险显性化。我国境内商业银行不良贷款主要集中于制造业、批发和零售业，长期以来两者的不良贷款占不良贷款余额总量保持在 60％左右（图 12-4），为不良资产主要的来源行业。

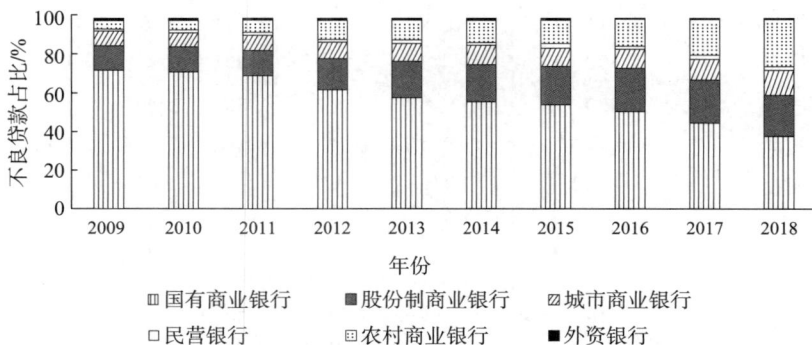

图 12-3　2009—2018 年境内各类商业银行不良贷款占比情况

资料来源：中国银保监会、Wind。

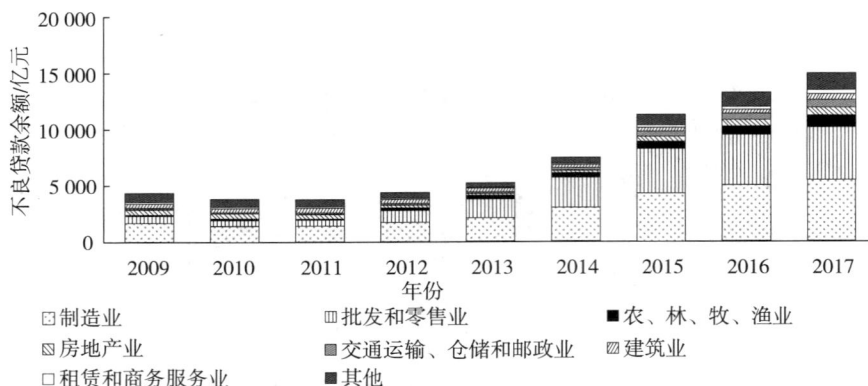

图 12-4　2009—2017 年境内商业银行不良贷款行业情况

资料来源:中国银保监会、Wind。

从 2017 年各省(自治区、直辖市)商业银行不良贷款情况(表 12-1 和表 12-2)来看,山东、广东、浙江和江苏四省的不良贷款余额合计达 5 535 亿元,约占全国总量的 35%。其中,广东省不良贷款余额为 1 353 亿元(图 12-5),居全国第二位,约占全国总量的 8.5%,不良贷款率为 1.30%。截至 2018 年末,广东省各项贷款余额约 13.91 万亿元,约占全国贷款余额总量的 10.2%(图 12-6)。

表 12-1　境内各省(自治区、直辖市)银行不良贷款情况

单位:亿元

地区	年份			
	2014	2015	2016	2017
山东	717	1 081	1 321	1 727
广东	802	1 152	1 301	1 353
浙江	1 220	1 601	1 568	1 306
江苏	848	1 104	1 146	1 149
四川	320	573	764	951
辽宁	363	444	606	929
福建	454	719	782	647
河北	146	272	502	620
河南	179	317	474	572
天津	191	304	376	526
内蒙古	221	441	439	508

续表

地区	年份			
	2014	2015	2016	2017
湖南	167	288	362	464
云南	108	274	410	448
湖北	237	341	416	435
江西	158	268	358	433
贵州	82	166	249	427
山西	196	315	410	407
安徽	219	362	358	402
陕西	143	320	390	377
吉林	93	140	290	347
甘肃	25	86	155	336
上海	371	397	308	281
北京	293	366	260	274
重庆	76	180	256	267
黑龙江	110	139	183	238
广西	114	247	242	223
新疆	60	83	125	138
宁夏	38	55	77	97
青海	25	57	72	91
海南	14	22	28	34
西藏	4	4	6	9

资料来源：中国银保监会、Wind。

表 12-2　境内各省（自治区、直辖市）银行不良贷款率情况

单位：%

地区	年份			
	2014	2015	2016	2017
内蒙古	2.16	3.97	3.57	3.80
甘肃	0.47	1.13	1.77	3.40
山东	1.72	2.32	2.48	3.00
吉林	1.14	1.47	2.68	3.00

续表

地区	年份			
	2014	2015	2016	2017
贵州	0.97	1.60	2.02	3.00
云南	0.94	2.18	3.07	3.00
辽宁	1.46	1.64	2.09	2.90
四川	1.26	2.00	2.33	2.50
山西	1.70	2.34	2.72	2.40
黑龙江	1.55	1.72	2.04	2.40
青海	1.00	1.90	2.10	2.40
天津	1.11	1.60	1.79	2.30
江西	1.44	2.08	2.22	2.30
宁夏	1.20	1.58	2.05	2.30
福建	1.94	2.77	2.73	2.10
海南	1.00	1.60	1.35	1.46
河北	0.74	1.18	1.87	2.00
陕西	1.08	1.99	2.23	2.00
河南	0.97	1.48	1.84	1.90
湖南	1.16	1.67	1.75	1.90
浙江	2.04	2.50	2.26	1.70
安徽	1.30	1.86	1.60	1.60
广西	1.13	2.18	1.91	1.60
湖北	1.28	1.58	1.68	1.50
新疆	0.84	1.00	1.40	1.40
江苏	1.31	1.55	1.42	1.30
广东	1.15	1.43	1.38	1.30
重庆	0.46	0.99	1.28	1.20
上海	1.02	1.01	0.68	0.60
北京	0.72	0.84	0.55	0.50
西藏	0.23	0.23	0.27	0.30

资料来源:中国银保监会、Wind。

不良贷款余额　　不良贷款率

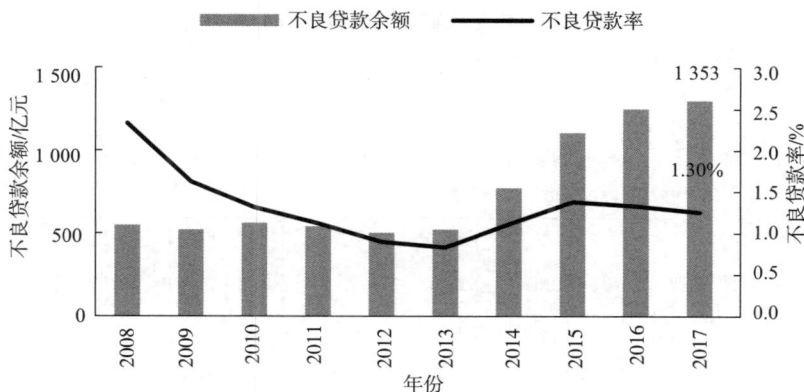

図 12-5　2008—2017 年广东省不良贷款情况

资料来源：中国银保监会、Wind。

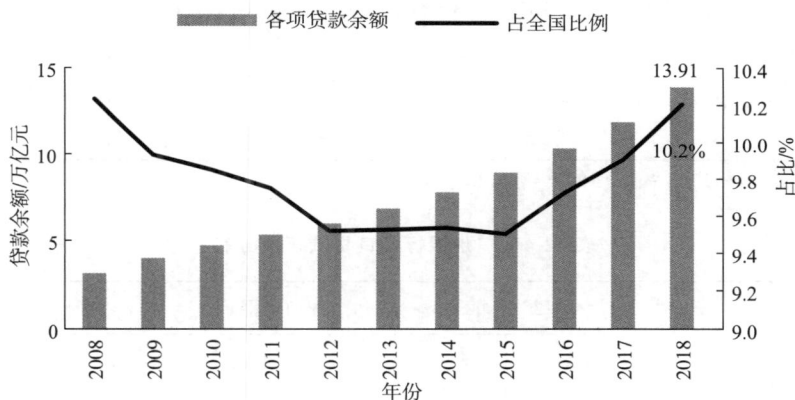

各项贷款余额　　占全国比例

図 12-6　2008—2018 年广东省贷款余额情况

资料来源：中国银保监会、Wind。

以广州农商行、广州银行为例（表 12-3、表 12-4），其不良贷款主要集中于批发和零售业、租赁和商务服务业以及房地产业，其中批发和零售业、租赁和商务服务业不良率较高，2018 年广州农商行的房地产业不良贷款金额及不良率攀升较快。广东省不良贷款的整体行业分布相较于全国更为分散，这主要得益于广东地区服务业、制造业均较为发达，各地市虽有一定的产业特征，但整体较为均衡，为广东省的金融业发展提供特色化、专业化发展的基础。

表 12-3　广州农商行不良贷款行业分布

	2018 年			2017 年		
	不良贷款金额/亿元	行业占比/%	不良贷款率/%	不良贷款金额/亿元	行业占比/%	不良贷款率/%
批发和零售业	391.61	13.09	0.87	995.95	38.22	3.39
租赁和商务服务业	963.23	32.21	1.97	330.05	12.67	1.10
房地产业	196.87	6.58	0.35	6.63	0.25	0.01
制造业	249.44	8.34	0.84	170.48	6.54	0.78
住宿和餐饮业	143.76	4.81	1.38	20.83	0.80	0.27
交通运输、仓储和邮政	101.53	3.39	0.77	117.10	4.49	——
农、林、牧、渔业	102.15	3.42	1.17	131.23	5.04	2.52
建筑业	74.28	2.48	0.42	72.26	2.77	0.71
信息技术服务业	13.97	0.47	0.28	11.49	0.44	0.37
其他	753.90	25.21	6.76	749.77	28.77	11.21

资料来源:广东农商行年报、Wind。

表 12-4　广州银行不良贷款行业分布

	2017 年		2016 年		2015 年	
	占比/%	不良率/%	占比/%	不良率/%	占比/%	不良率/%
批发和零售业	14.46	4.90	18.81	3.59	12.32	4.43
房地产业	14.43	0.09	16.39	0.09	19.56	0.03
租赁和商务服务业	9.19	0.48	6.92	0.52	6.42	0.56
水利、环境和公共设施管理业	8.73	0.03	10.90	8.73	14.28	——
交通运输、仓储和邮政业	4.23	0.17	6.06	1.42	11.07	——
其他	48.96	——	40.92	——	36.35	

资料来源:广州银行主体信用评级报告、Wind。

2.非银行金融机构及工商企业的不良资产规模可观

在非银行领域的不良资产方面,截至 2018 年底,我国境内信托资产余额达 22.7 万亿元(图 12-7),其中处于风险中的资产约 2 225 亿元,广东省的相应规模应在10％左右;再考虑企业之间借款来往的坏账,截至2017年末广东省工业类企业应收账款余额为2.07万亿元(图12-8),近三年增速保持在12％,维持逐年快速增长的态势。

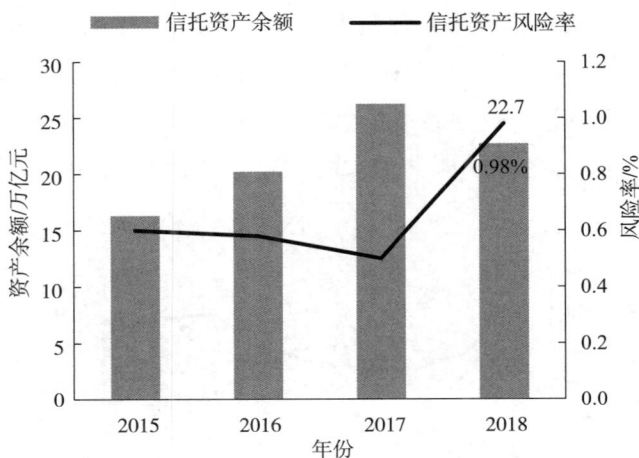

图 12-7　2015—2018 年我国境内信托资产余额及风险率

资料来源:中国银保监会、国家统计局、Wind。

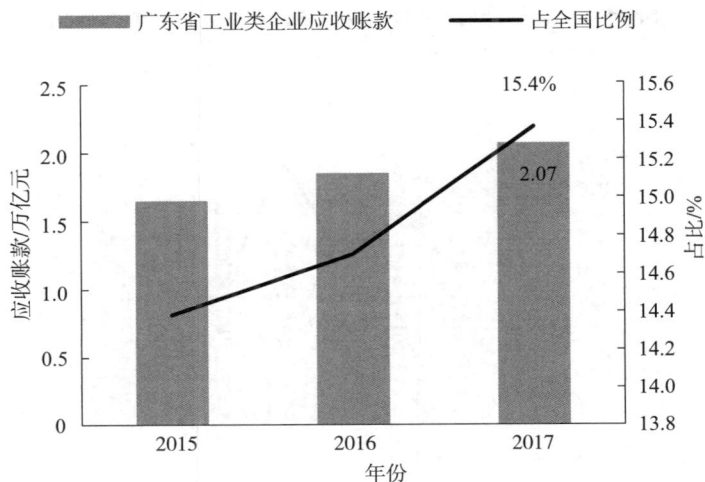

图 12-8　2015—2017 年广东省工业类企业应收账款情况

3.个人信贷及消费金融不良资产的发展空间较大

截至2017年,我国境内的银行业个人信贷总量近30万亿元,不良贷款余额约2 000亿元,不良率保持在0.7％左右(图12-9)。随着金融科技的发展,基于大数据技术的消费金融平台持续崛起,我国境内已逐步形成以电商、银行、持牌消费金融公司以及消费分期平台为主体的互联网消费金融市场，与银行个人信贷形成互补。根据艾瑞咨询的报告，截至 2017 年末，互联网消费金融放贷规模已经超过 4 万亿元，2019 年末，互联网消费金融的放贷规模超过 18 万亿元，约为银行个人信贷的 60%，且 2017—2019 年保持近 100% 的年增速（图12-10）。从公开数据（表 12-5）来看，微众银行、蚂蚁金服、京东金融等新兴互联网巨头成立的消费金融公司拥有较为领先的风险管理技术，不良率控制在 1% 左右；而传统银行成立的消费金融公司不良率为 1%～4%。

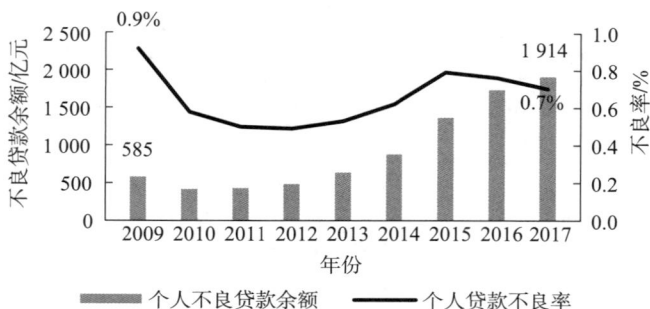

图 12-9　2009—2017 年我国境内银行业个人贷款不良情况

资料来源：中国银保监会、国家统计局、Wind。

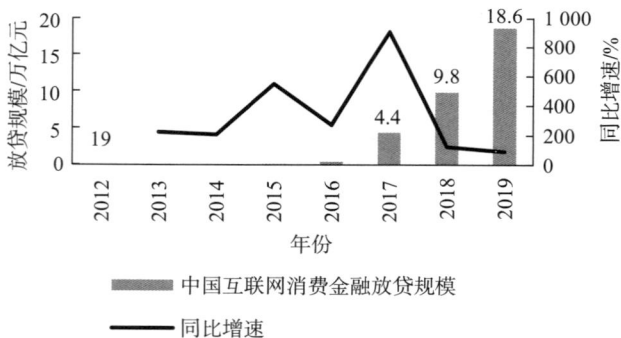

图 12-10　2012—2019 年我国境内互联网消费贷款规模

资料来源：中国银保监会、艾瑞咨询、Wind。

表 12-5　境内部分消费金融公司的不良情况

消费金融公司	不良率情况
微众银行	2017 年不良率：0.64%
蚂蚁金服	2017 年不良率：约 1.00%
京东金融	截至 2017 年 6 月底：0.52%
唯品花	截至 2017 年 6 月底：0.82%
招联金融	截至 2017 年 6 月底：1.15%
中银消费	2017 年不良率：2.82%
中原消费	2017 年不良率：0.22%
捷信	2017 年不良率：3.82%

资料来源：课题组根据公开信息整理。

　　截至 2018 年末，获银保监会批复、在广东省内注册的消费金融公司仅 3 家——中邮消费金融有限公司、招联消费金融有限公司以及珠海易生华通消费金融有限公司，其中易生华通仍未完成工商注册。随着消费金融公司业务逐步扩展，广东省的消费信贷业务将快速兴起，消费金融的不良债权亦将成为省内不良资产市场的重要新兴领域。然而，由于消费金融不良债权的处理手段与传统不良资产差异较大，目前国内仍缺乏专业的处置机构，该领域未来发展空间仍较大。

　　4.高收益债券市场初兴，境内缺乏专业投资者

　　国内债券市场发展渐趋成熟，技术性违约的高收益债券日渐增多，为"秃鹫"投资者提供了巨大的市场空间。据 Wind 统计（图 12-11），2016—2018 年未按时兑付的债券为 281 只，规模达 2 409 亿元；另外，债券主体评级调降日渐常态化，其中 2018 年主体评级调至 AA－及以下的主体高达 181 个，涉及债券多达 1 828 只，总体规模超 1.3 万亿元（图 12-12）。

　　广东省企业主体质量相对较优，2016 年至 2019 年一季度调降至 AA－及以下的债券只数与债务规模分别约 100 只与 407 亿元，仅占全国的 2% 左右。因合规要求（如资管合同中规定不能投资 AA 及以下债券等）或风险控制要求等，评级较低的债券在机构投资者中接受程度较低，整体市场处于起步阶段。2017 年至 2019 年一季度末，技术性违约后完成本金兑付比例超 50% 的债券有 12 只（表 12-6），其中中国民生投资、延安必康制药、海口美兰国际机场等发行主体在违约后均能 100% 完成本金兑付，据国金证券统计，

足额兑付的债券只数比例约 4%；此外，未能及时兑付债券与债券调降至投机级只数比、规模比均不足 10%，这为投机级债券投资奠定了市场基础。而国外专注于高收益债券投资的专业"秃鹫"机构较多，如橡树资产、阿波罗资本等，早已形成了较为成熟的高收益债券投资策略，并有较佳的市场实践。

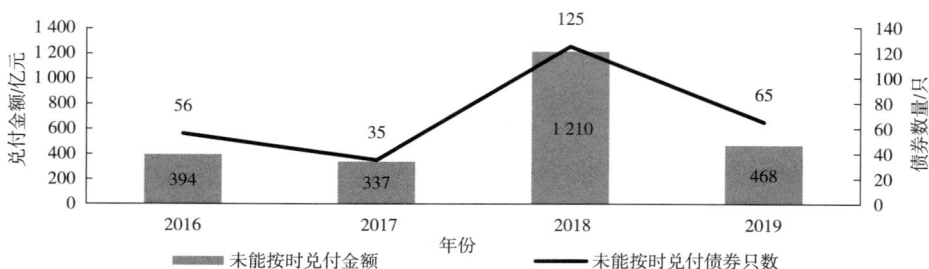

图 12-11　2016—2018 年境内未能及时兑付的债券数量及规模
资料来源：Wind。

表 12-6　境内部分回收率超 50% 的未能及时兑付的债券

债券简称	发行人	发行规模/亿元	兑付比例/%
18 民生投资 SCP 004	中国民生投资股份有限公司	15	100
16 必康 02	延安必康制药股份有限公司	10	100
16 民生投资 PPN 001	中国民生投资股份有限公司	30	100
10 川煤债	四川省煤炭产业集团有限责任公司	5	70
15 中安消	中安科股份有限公司	5	100
15 山水 SCP 001	山东山水水泥集团有限公司	20	64
17 美兰机场 SCP 002	海口美兰国际机场有限责任公司	10	100
17 兵团六师 SCP 001	新疆生产建设兵团第六师国有资产经营有限责任公司	5	100
11 蒙奈伦债	内蒙古奈伦集团股份有限公司	8	100
14 亿利集 MTN 002	亿利资源集团有限公司	15	100
16 博源 SCP 002	内蒙古博源控股集团有限公司	8	100
12 珠中富 MTN1	珠海中富实业股份有限公司	5.9	64

资料来源：Wind。

图 12-12　2016—2019 年境内债市主体评级调低至投机级的债券规模及只数
资料来源：Wind。

（三）广东省不良资产一级市场参与主体较少，二级市场较为市场化

国内不良资产一级市场只允许各大银行将不良资产批量转让给国有四大 AMC（华融资产、信达资产、东方资产以及长城资产）以及地方监管机构批准的地方 AMC。目前广东省内有三家地方 AMC，分别为广东粤财资产管理有限公司、广州资产管理有限公司以及深圳招商平安资产管理有限公司，详见表 12-7。据不完全统计，2018 年广东省不良资产年交易规模约 1 000亿元。

表 12-7　广东省地方 AMC 股东构成情况

公司名称	股东情况	注册资本/亿元
广东粤财资产管理有限公司	广东粤财投资控股有限公司（100%）	30
广州资产管理有限公司	广州越秀金融控股集团股份有限公司（38%）、广东恒建投资控股有限公司（20%）、广东省粤科金融集团有限公司（20%）、广东民营投资股份有限公司（20.57%）、广州市欣瑞投资合伙企业（有限合伙,1.43%）	30
深圳招商平安资产管理有限公司	深圳市招融投资控股有限公司（51%）、中国平安人寿保险股份有限公司（39%）、深圳市投资控股有限公司（8%）、中证信用增进股份有限公司（2%）	30

资料来源：课题组整理。
注：股东名称后括号内的为持股比例。

不良资产二级市场(从四大 AMC 和地方 AMC 购买资产包,或从银行处购买 3 户以下的不良资产)主要参与者包括专业的不良资产基金、专门处置公司以及个人等,其中不乏外国专业投资基金或投资公司,如橡树联合 3 号资产管理有限公司等。大湾区内二级市场的参与者类型丰富,市场化程度高,民营机构在一、二级市场的综合竞争力远高于其他省份,大湾区已成为全国最为活跃的不良资产市场之一。

(四)中短期内,广东省不良资产年均处置规模将超千亿元

2017 年末,广东省(不含深圳)银行金融机构的不良贷款余额超 1 300 亿元,假设关注类贷款为全国总量的 10%,关注类转化为不良的比例为 30%,预计广东省潜在不良资产规模约 1 050 亿元,总体来看,广东省不良资产总量约 2 400 亿元。随着监管层对不良资产的监管政策趋严,中短期内不良资产仍将保持稳定增长,形成较为稳定的市场供应。另外,广东省信托资产的风险资产规模占全国的比按约 10%来折算,则广东省信托资产的风险资产规模约 200 亿元;工商企业间资金往来持续增长,假设其中坏账率为 3%,则企业间坏账规模约 600 亿元。总体折算,广东省不良贷款的存量资产达到 3 200 亿元,预计广东省不良资产年供应量保持在 1 000 亿元左右。

此外,消费金融领域的不良债权资产按 2%不良率来折算,2019 年消费金融领域的不良资产超 3 600 亿元,而广东省居民消费规模约占全国的 12%,按此比率折算,则广东省消费金融不良规模在 450 亿元左右。

在高收益债方面,目前市场年均规模达万亿元级,其中未按时完成兑付的债券规模超 1 000 亿元,占总体债券市场规模比例较小,发展潜力较大,可为澳门跨境发展特色金融提供较好的"试验场"。

(五)广东省不良资产市场发展的重要趋势

不良资产市场空间潜力仍待持续发掘。2017 年数据显示,广东省不良资产存量规模约 3 200 亿元,年均交易规模接近 1 000 亿元,广东已成为全国最活跃的不良资产交易市场之一,这使全国专业不良资产处置机构逐步集聚于大湾区。随着大湾区建设的推进,区域产业结构持续优化调整,不良贷款新增压力仍存,但同时也为不良资产市场发展提供了重要基础。

新型不良资产市场在持续崛起。以互联网消费金融为代表的技术驱动型金融企业持续发展,同时消费信贷不良也将持续发酵,形成规模超 3 000 亿元的市场;随着我国境内债券市场的持续成熟,债券违约将逐步成为常态,高收益债券的投资将逐步兴起。2017 年评级调降至投机级的债券规模接近 2 万亿元。新兴不良资产市场在崛起,为大湾区投资机构以及通过大湾区引进来的国际专业投资机构带来了巨大的机遇。

跨境转让成为业务创新的重要途径。2015 年以来,在国家外汇管理局的指导下,深圳外汇局在境内首推银行不良资产跨境转让试点,其中银行不良资产跨境转让是指境内主体向境外出让境内银行的不良资产。境内银行不良资产的对外出让,可通过深圳辖内代理机构提出申请;深圳辖内银行不良资产的对外出让,既可直接提出,也可通过深圳辖内代理机构提出。公开信息显示,截至 2018 年 5 月,涉及银行不良资产的债权本息约 68 亿元人民币。随着境内不良资产的持续增长与金融市场的开放,境外专业机构与资金将加速进入该市场,提升市场的专业性。

第二节　珠澳不良资产市场规模较小,但拥有跨境转让的重要平台

(一)珠海及澳门不良资产总体规模在 100 亿元以内

珠海银保监分局信息显示,截至 2018 年底,珠海银行贷款余额为 5 247 亿元(图 12-13),约占全省贷款余额的 3.9%,其中不良贷款余额为 59.3 亿元,不良贷款占比为1.1%,约占全省不良贷款余额的 4.4%。此外,珠海市家用电器行业发展较为领先,如格力集团等均在发展供应链金融与筹备消费金融;易生华通消费金融公司也在筹备中,供应链与消费领域的不良资产也会逐步增加。

澳门金融管理局公开数据(图 12-14)显示,截至 2018 年末,澳门本地私人部门信贷余额为 5 010 亿澳门元,其中不良贷款余额为 22.8 亿澳门元,折合人民币约 18.7 亿元,不良贷款占比为 0.5%,较 2015 年上升了 0.3 个百分点,整体平稳且规模较小,鉴于澳门的银行近 50% 贷款投向居民住房按揭,风险

控制相对较内地银行好。澳门银行公布的数据显示,逾期贷款占比处于1%
以下(表12-8),整体风险较低。

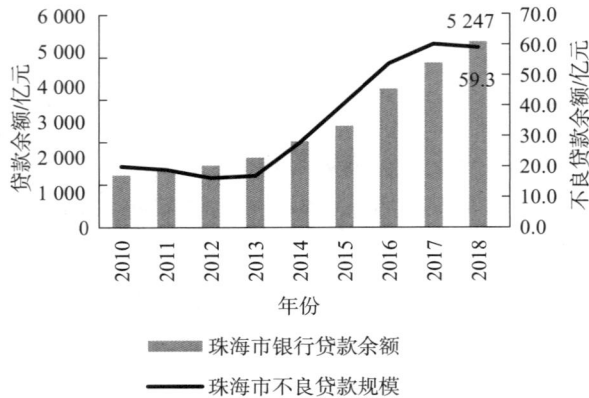

图 12-13　珠海市贷款余额及不良贷款情况

数据来源:珠海市统计局。

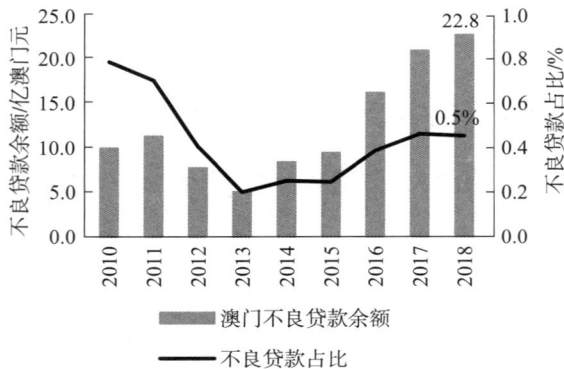

图 12-14　2010—2018 年澳门不良贷款余额情况

数据来源:澳门经济局。

表 12-8　2015—2017 年澳门部分银行不良率情况

年份	逾期贷款占比/%		
	大丰银行	大西洋银行	华侨永亨银行
2015	0.04	0.20	0.12
2016	0.08	0.97	0.05
2017	0.06	0.95	0.05

数据来源:各银行公开年报。

投机级债券上,珠海仅出现一单公开债券违约。2017 年 3 月,珠海中富实业股份有限公司发行的中期票据到期未能按时兑付本息,本息总额为 6.29 亿元(本金规模为 5.9 亿元),构成实质性违约。珠海中富通过出售资产等应对措施,在当年 6 月成功全额兑付。然而,该中期票据在 2017 年 1 月份交易价格仅为 50 元(净价),5 月份更是下降至 48.46 元(净价),最终全额兑付为投资者带来较丰厚的收益。

整体而言,澳门与珠海市银行机构整体风险控制水平较为稳定,但由于两地的信贷规模有限,不良贷款的总体规模存量只有约 80 亿元,如考虑企业间借贷与消费金融领域,两地整体不良资产总体规模约 100 亿元。

(二)珠海积极推动私募基金落户,为不良资产投资基金奠定重要基础

由于金融机构不良资产批量转让市场只允许金融 AMC 与地方 AMC 进入,社会投资者投资不良资产的主要路径为参与发起不良资产投资基金以进入市场,而不良资产投资基金大多为私募股权投资基金或其他类私募投资基金。

如表 12-9 所示,广东自贸区横琴片区先后颁布了多项支持私募投资基金的政策。公开信息显示,截至 2018 年 12 月末,区域内已在中国证券投资基金业协会备案的私募基金管理人达 530 家,管理私募投资基金的规模达 2 281 亿元;在区域内注册并完成备案的私募投资基金共 1 110 只,总规模达 2 678 亿元,私募企业数(含管理人与基金实体)为全国第八,私募投资行业发展态势良好。横琴正逐步成为全国私募创投企业的重要集聚地。

2019 年 1 月,横琴片区颁布《横琴新区进一步促进私募投资基金业发展扶持办法》,进一步拓宽对私募投资基金扶持范围,提高扶持额度。该扶持办法规定,私募股权(含创业)投资基金实际投资实体企业或项目的资金规模达到 5 亿元以上(最高一级为 100 亿元以上),将给予 200 万～800 万元不等的一次性专项支持;私募证券投资基金资产管理规模达 5 亿元以上(最高一级为 10 亿元以上),将给予 200 万～500 万元不等的一次性专项支持。此外,对私募基金管理人、私募基金按其当年形成的区级财力贡献部分的 100% 给予日常经营扶持。

表 12-9 珠海市支持私募投资基金的政策汇总

颁布时间	具体政策
2012 年 5 月	《珠海市横琴新区鼓励股权投资基金企业及股权投资基金管理企业发展的试行办法》(珠横新管〔2012〕21 号)
2012 年 5 月	《横琴新区促进股权投资基金业发展的实施意见》(珠横新管〔2012〕22 号)
2015 年 7 月	《广东自贸试验区横琴片区产业培育和扶持暂行办法》(珠横新办〔2015〕11 号)
2015 年 12 月	《横琴新区促进私募投资基金业发展实施办法》
2016 年 8 月	《珠海特区横琴新区特殊人才奖励办法》(珠横新办〔2016〕27 号文)
2017 年	《关于广东自贸试验区横琴片区产业培育和扶持暂行办法的补充规定》(珠横新办〔2017〕12 号)
2019 年 1 月	《横琴新区进一步促进私募投资基金业发展扶持办法》(珠横新办〔2019〕1 号)

(三)广东金融资产交易中心成为不良资产跨境转让的重要试点,为澳门联合珠海推动不良资产跨境转让提供重要基础

2018 年 5 月,国家外汇管理局广东省分局批复广东金融资产交易中心(简称"广金所")开展银行不良资产跨境转让试点业务(转让流程如图 12-15 所示),为广东自贸区第二个开展不良资产跨境转让业务的试点机构,而前海金融资产交易所(简称"前金所")在 2016 年 12 月获得跨境债权转让试点平台资格。转让试点的重要设置包括:挂牌资产范围上,限定为"银行经营中形成的或 AMC、其他合法主体通过购买或其他方式取得的银行不良信贷资产和非信贷资产";资金管理上,境外机构购买资产的资金以及处置回收资产的资金均需要使用广金所以自身名义开立的外债专用账户;收益汇出上,通过清收、转让等途径获得的收益,汇出资金总和原则上不超过资产名义价格(一般为债权本金),如超过则需报备外汇管理局,且资金汇入汇出并无币种要求

限制;整个收购、处置流程涉及税务等境内手续由广金所代为办理,整体流程(图 12-16)较为简捷便利。截至 2019 年 4 月末,广金所完成了一笔由中信银行委托的不良贷款债权资产跨境转让,账面规模达 5 260 万元,成交金额1 500万元,受让人为香港的投资者,整体运作处于起步阶段。截至 2018 年末,广金所仍不具有跨境资产信息共享平台的功能,更多的是充当资产交易中介服务机构。

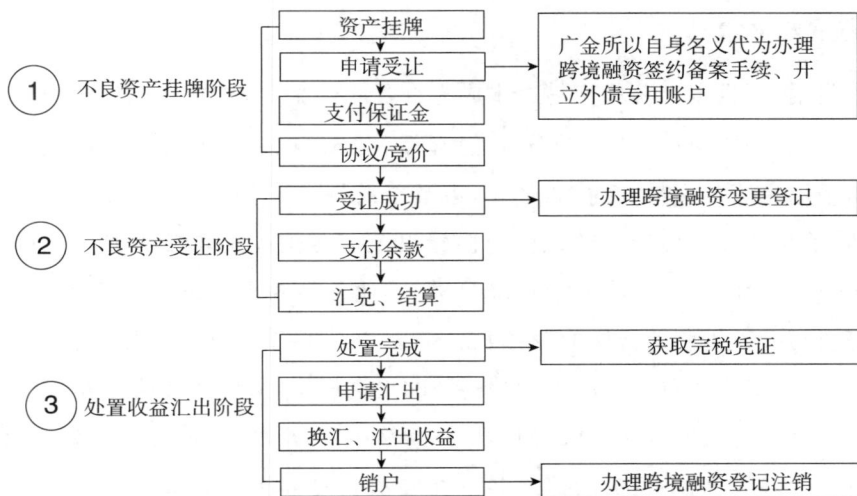

图 12-15　广金所不良债权资产跨境转让流程

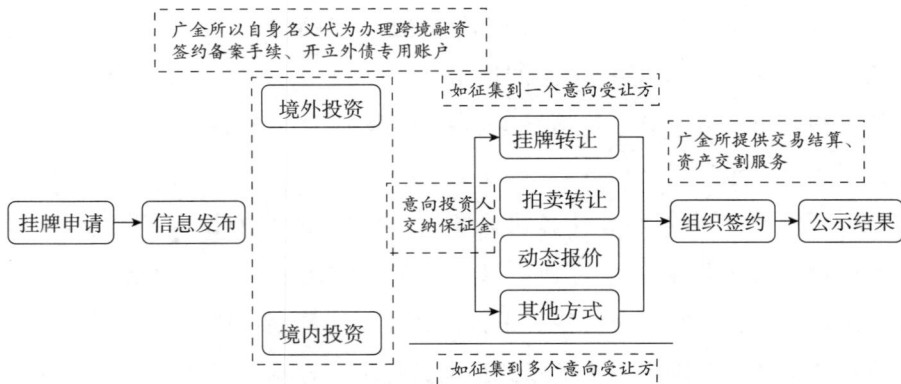

图 12-16　客户委托广金所进行不良债权资产跨境转让流程

第三节　联合珠海，推动澳门成为境外不良资产专业机构进入境内的"桥头堡"

（一）联合珠海横琴，推动广东金融资产交易中心成为跨境不良资产交易重要平台

目前，不良资产跨境交易逐步成为重要的行业发展方向。前金所起步较早，已有较为成熟的经验。公开信息显示，截至 2018 年 11 月 12 日，前金所的跨境不良资产交易额约 70 亿元，占整个跨境业务的七成左右。相较于广金所，前金所在跨境资产转让体系构建以及流程把控上均较为成熟。目前，广金所办公地在广州，注册地在珠海横琴，业务经营上仍未充分实现与澳门的跨境对接。借鉴前金所的业务发展经验，推动广金所在珠海横琴构建实体交易所，切实成为对接以澳门为"跳板"的投资机构，与澳门战略合作伙伴，如中华（澳门）金融资产交易股份有限公司（简称"澳金所"），共建不良资产跨境投资平台，将境内不良资产信息共享并展示于澳金所等场所，建立机制以促进澳门机构积极对接境外不良投资者，形成不良资产境外资金"纽带"，构建跨境资产交易双平台；同时横琴、澳门的金融部门积极对接广州市、珠海市及大湾区其他地市的银行、金融 AMC 等机构，定期举办跨境不良资产论坛等活动，丰富境外投资者获取信息的渠道；此外，横琴片区探索构建涵括律所、评估机构等第三方服务机构信息库，打造不良资产处置的完整生态圈，为境外投资者提供包括资产尽调、资产处置、债务催收及清收等的全方位服务协助，推动不良资产跨境转让业务快速发展，通过引入境外投资者提升大湾区内不良资产的流动性，将广金所不良资产跨境转让业务打造为重点业务，形成全国性不良资产跨境交易核心平台。在业务体系逐步成熟后，广金所可考虑将对接资产的范围进一步扩张到全国银行类金融机构，或将不良资产相关金融产品如不良资产 ABS 证券、不良资产信托份额等，也引入交易所进行挂牌，进一步拓宽境外投资者的投资标的范围，推动资本项目的进一步有序开放。

（二）深化资本项目开放管理创新，在 QDLP 管理上倾向于落户澳门的不良资产专业投资机构

2020 年 5 月，中国人民银行、国家外汇管理局发布《境外机构投资者境内证券期货投资资金管理规定》，明确并简化境外机构投资者境内证券期货投资资金管理要求，进一步便利境外投资者参与我国金融市场。资本市场仍将持续稳步开放，建议监管机构考虑用净额度思路对不良资产跨境转让进行监管。目前，广金所已获得不良资产跨境转让试点，其交易只需到珠海外汇管理局进行备案即可，资金流动只能通过交易所开设的特定外币账户，处置资产后流出的额度原则上不得高于资产名义价格，超出则需报备外汇管理局。然而不良资产通过债务重组、共同开发等方式进一步挖掘资产的深层价值，可获得较高回报，但也需要较高的专业性与较长的时间。如高于资产名义价格，需到监管机构报备，这在一定程度上降低了境外投资者重组资产的积极性，未能推动境外专业投资者重组境内资产，从而实现提升境内不良资产价值的初衷。建议监管机构在该领域进一步创新监管机制，可考虑采用净额管理等方式，不对单个项目资金进行管理，但对资金跨境流动异常个案需进行进一步跟踪，提升监管效率。

境内资本项目开放程度在持续加深，QDLP 额度在逐年增加。如 2013 年至 2019 年一季度末，上海金融局共批出 3 批共 15 家机构获得 QDLP 额度，其中包括境外著名的"秃鹫"投资机构——橡树资本（Oak Tree Capital）与肯阳资本（Canyon Capital）。为进一步提升澳门对不良资产专业投资机构的吸引力，珠海在 QDLP 的管理上，可在一定程度上倾向于在澳门落户的不良资产境外投资者，促进澳门集聚境外不良资产投资机构。一方面，落户境外的投资机构通过获取珠海批准 QDLP 额度在横琴设立公司实体（图 12-17）直接进行不良资产投资，或成立私募投资基金管理公司（获取基金业协会资质），再从澳门引入资金或在境内募集资金，成立私募基金（图 12-18）参与境内不良资产收购处置；另一方面，落户境外的投资机构可获取 QDLP 额度在珠海横琴直接成立基金实体（图 12-19），从澳门引入境外资金，再参与境内不良资产收购处置。

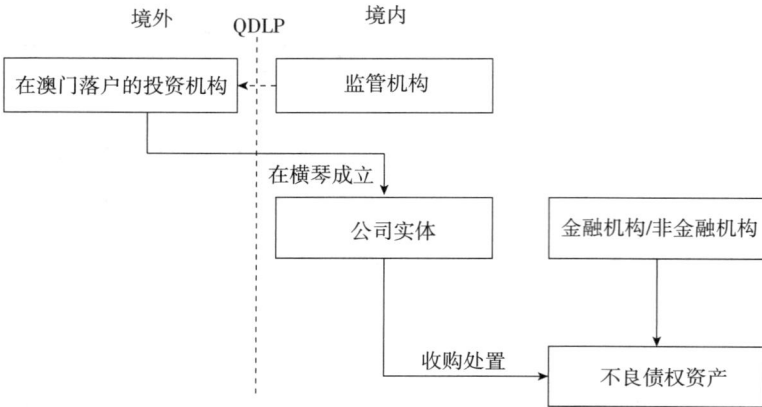

图 12-17　专业投资机构利用 QDLP 进入境内不良资产市场的模式 1

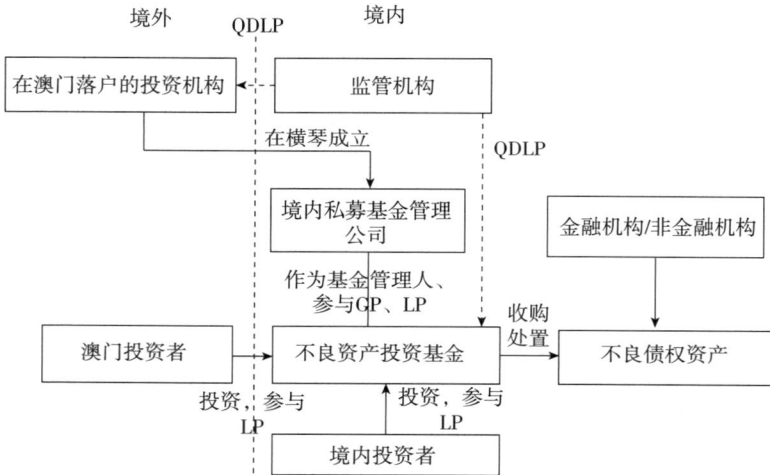

注：GP 即普通合伙人，General Parther 的简称；LP 即有限合伙人，Limited Parther 的
简称。

图 12-18　专业投资机构利用 QDLP 进入境内不良资产市场的模式 2

（设立基金管理公司及私募基金）

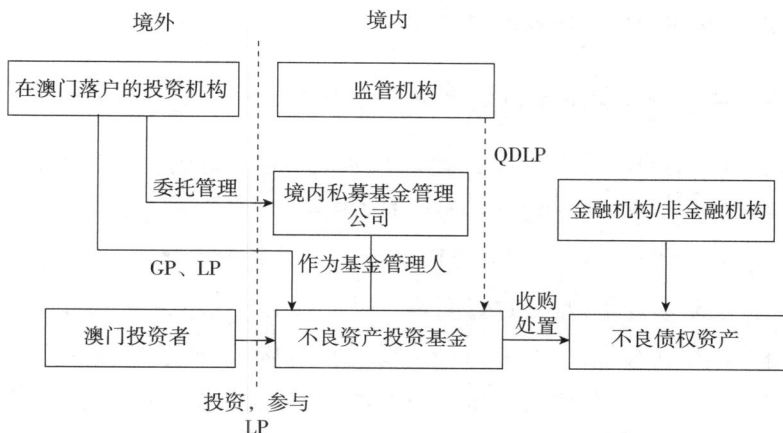

图 12-19　专业投资机构利用 QDLP 进入境内不良资产市场的模式 3（设立私募基金）

鼓励境外高收益债券投资机构通过在澳门落户，获取珠海 QDLP 额度，从而进入境内投资市场。境内高收益债存量逐步增长，而境内高收益债券专业投资机构仍未成熟，境外高收益债券投资策略则较为成熟，利用澳门作为"跳板"，引入境外成熟的投资团队，可提升我国境内高收益债券的流动性，加速构建高收益债券投资策略体系，推动该领域投资走向成熟。

放宽澳门个人投资者投资限制，鼓励其通过参与境内私募不良投资基金的方式进入境内市场，为其境内投资提供便利。

（三）鼓励澳门房地产开发商通过在珠海成立不良资产投资公司的方式参与境内市场，深度挖掘债权抵押物的内涵价值

境内金融机构不良资产的抵押物大部分为土地、房屋等不动产，往往具有较大的开发潜力，境内部分大型地产公司均设立不良资产投资子公司，以此收购不良资产，通过重组债权等方式获取抵押物的部分或全部产权，从而形成土地储备。澳门的房地产行业在其国民经济中占有较重要的地位，2014—2016 年房地产交易规模年均 450 亿澳门元，约占 GDP 的 15％。此外，澳门房地产开发商在珠海等内地城市拥有成熟的开发项目。澳门可考虑鼓励当地房地产开发商成立不良资产投资基金，寻找具有重组开发价值的境内不良债权资产，与境内具有丰富不良资产重组经验的专业机构（如律师事务所、不良资产投资管理公司、地方 AMC 等）合作，活化土地抵押物，借助澳门房地产开发商的能力深度挖掘抵押物价值，或可解决澳门因土地面积狭小，而

阻碍地产开发商进一步发展的困境。

(四)促进消费金融不良资产处置公司落户

随着境内消费金融的蓬勃发展,境内消费金融引起的不良资产在持续增加,广东省的预估规模达 400 多亿元,鉴于国外经验,零售金融不良资产一般委托催收公司进行处理。目前,境内的个人不良资产处置公司在持续兴起,如锦创合生、资易通等,均通过金融科技逐步强化个人不良资产的催收处置;境外机构如 PRA Group、TrueAccord 等专业机构,形成了较为专业、成熟的催收体系。随着我国境内法律体系的逐步完善,境内违约催收将向国际市场靠拢。澳门可抓住此机遇,利用自由贸易港的优势吸引在消费零售金融领域的大型专业催收机构在澳门设立分支机构,横琴则可为在澳门落户的相关专业企业提供境内实体设立的便利,联合推动消费金融领域不良资产处置的创新。

(五)澳门与珠海共同为在澳门落户的国际不良资产管理机构进驻提供便利

澳门土地面积较小,可考虑与横琴合作,在横琴内划定"飞地"用于落户国际不良资产投资机构,强化不良资产投资机构对境内不良资产的信息对接,从而对境内资产标的进行高效的尽职调查。

第十三章

发展金融科技，

助力珠澳两地金融融合发展

珠澳两地金融融合发展将为横琴新区带来差异化竞争优势,为澳门进一步推进金融科技发展助力。从融资市场和金融科技公司发展等维度看,我国在全球金融科技版图中已经处于领先地位。从国内各省区发展情况看,广东省发展较为突出。在大湾区内部,近几年来,澳门为发展金融科技也在进行积极探索,寻求与内地金融科技公司的深度合作,在电子支付领域有所突破,并且在科研创新方面开展深度交流。同时,珠海金融科技发展水平虽然与深圳、广州相比仍有差距,但是若与之开展差异化竞争,依然具有较大发展潜力。目前,为促进珠海、澳门两地金融融合发展,以横琴为载体,正在打造"金融＋科技"的融合发展道路。展望未来,建议以金融科技为抓手,实现互联互通,继续推动两地金融融合发展。具体而言,建议横琴新区开展差异化竞争,聚焦大数据联通等跨境金融领域,吸引澳门金融科技资源入驻;创设金融科技产业基金,促进众筹、网络投资理财等金融科技业态发展;设立大数据、物联网、区块链等金融科技实验室,培育金融科技人才;配合澳门租赁业等特色金融发展,研发金融科技产品和服务;澳门应与内地头部金融科技企业开展合作,大力发展金融监管科技。

第一节 中国金融科技发展处于全球领先地位, 广东省金融科技发展处于全国领先地位

以技术手段创新为核心的金融科技创新已经成为我国金融行业转型升级的重要驱动力。金融科技发展目前经历了三个阶段。在金融科技 1.0 阶段,金融行业通过传统信息技术(IT)软硬件的应用来实现办公和业务的电子化、自动化,有效提升了金融服务的效率。在金融科技 2.0 阶段,金融行业利用互联网技术创新,改变传统金融渠道,突破了金融服务在时间和空间上的限制,为普通民众提供了丰富的投融资渠道。在金融科技 3.0 阶段,利用大数据、云计算、人工智能、区块链等技术手段,迭代升级了金融信息采集来源、风险定价模型、投资决策过程、信用中介角色,实现精准营销,从而使金融服

务以更高的质量延伸服务于所有长尾用户，满足普通民众小额、个性化、碎片化、高频度的金融服务需求。① 我国金融科技正在迈向 3.0 阶段，由于良好的金融市场发展基础和高新技术科技实力，广东省金融科技产业发展也处于全国较为领先的地位。

从全球融资市场维度看，中国金融科技企业融资规模处绝对领先地位。据零壹财经不完全统计，2016 年、2017 年和 2018 年，全球金融科技公司融资数量分别为 750 笔、819 笔和 1 191 笔，已披露的融资总额分别达到 1 353 亿元、1 650 亿元和 3 443 亿元。从已披露的数据来看，中国在融资金额上占绝对优势，2018 年中国金融科技融资数量共有 615 笔，占全球总数的 51.6%；美国和印度分别以 153 笔和 114 笔位列其后，其次为新加坡（51 笔），英国（45 笔）。从融资金额来看，中国 3 256.3 亿元遥遥领先于第二位的美国（505.5 亿元），印度、英国分别以 152.2 亿元、99.0 亿元位列第三、四位。②

从国内各个省区金融科技公司融资情况看，广东省的金融科技公司更受资本市场青睐。仅在 2018 年，广东省就有 97 家金融科技公司获得 102 笔融资，在全国处于较高水平。截至 2019 年 6 月 12 日，广东省又有 25 家金融科技公司获得融资。

从我国金融科技公司发展维度看，中国多家金融科技企业估值大增并出现上市热潮。在我国独角兽企业估值方面，2018 年 10 月 23 日，毕马威联合澳大利亚知名金融科技风投机构 H2Ventures 在悉尼联合发布的 2018 Fintech100 年度报告显示，来自中国的新金融独角兽成为榜单的亮点。在前十中中国占据四个席位，蚂蚁金服位列榜首，京东金融位居第二，百度旗下度小满金融排名第四，此外陆金所位列榜单第十名。在我国金融科技企业上市方面，零壹财经统计，2017 年下半年，出现第一波金融科技企业上市潮。2018 年 6 月开启第二波，并持续至今。数据显示，2018 年全年、2019 年一季度全球首次公开募股（Initial Public Offering，IPO）上市的金融科技企业分别为 17 家、4 家。其中，中国金融科技企业数量达到了 18 家（表 13-1），占比约为 85.7%。

---

① 巴曙松.中国金融科技发展的现状与趋势［N］.21 世纪经济报道，2017－01－20(4).
② 数据来源：零壹财经于 2019 年 5 月 19 日发布的《全球 FINTECH 投融资全景报告 2016—2019Q1》。

表 13-1　2018 年及 2019 年一季度我国金融科技企业上市情况

上市时间	企业名称	融资金额	细分领域	交易所	市值
2018－03－01	江苏金租	40 亿元人民币	融租租赁	上交所	205.48 亿元人民币
2018－03－16	爱鸿森	0.12 亿美元	网贷	纳斯达克	1.30 亿美元
2018－03－20	点牛金融	0.062 亿美元	网贷	纳斯达克	0.88 亿美元
2018－06－15	汇付天下	16.88 亿港元	支付	港交所	54.80 亿港元
2018－06－21	维信金科	15.69 亿港元	网贷	港交所	45.45 亿港元
2018－06－27	优信拍	4 亿美元	汽车金融	纳斯达克	8.25 亿美元
2018－07－13	51 信用卡	9.31 亿港元	综合金融	港交所	64.38 亿港元
2018－07－27	灿谷集团	0.44 亿美元	汽车金融	纽交所	11.16 亿美元
2018－09－19	小赢科技	1.2 亿美元	网贷	纽交所	7.66 亿美元
2018－10－25	PINTEC 品钛	0.442 5 亿美元	综合金融	纳斯达克	2.52 亿美元
2018－11－07	泛华金融	0.487 5 亿美元	综合金融	纽交所	4.06 亿美元
2018－11－07	宇信科技	3.34 亿元人民币	IT 服务	创业板	120 亿元人民币
2018－11－15	微贷网	0.45 亿美元	网贷	纽交所	7.06 亿美元
2018－12－14	360 金融	0.511 5 亿美元	综合金融	纳斯达克	28.19 亿美元
2019－01－11	美美证券	0.072 亿美元	证券	纳斯达克	0.815 亿美元
2019－02－19	电子交易	0.644 亿港元	IT 服务	港交所	2.46 亿港元
2019－03－09	富途证券	1 亿美元	证券	纳斯达克	16.26 亿美元
2019－03－20	老虎证券	1.04 亿美元	证券	纳斯达克	22.25 亿美元

资料来源：课题组根据零壹财经官网相关数据整理。

从我国金融科技公司分布上看，《中国金融科技行业发展报告》显示，经济发达省市的金融科技实力更强，前三位为北京、上海、浙江。而中国前五大金融科技城市中，广东省的深圳市和广州市各占一席，分列第三和第五位。其中，深圳市和广州市均以金融信息服务和互联网资产管理为特色。

第二节　澳门为发展金融科技进行积极探索

借助内地金融科技发展，近些年来，澳门努力寻求与内地金融科技公司的深度合作。例如，2017 年 8 月，澳门政府与阿里巴巴签署《构建智慧城市战略合作框架协议》，将阿里巴巴的云计算和人工智能技术应用于交通管理、旅游、医疗服务、城市综合管理、人才培训等领域。2019 年 2 月，微众银行与澳门特区政府设立的澳门科学技术发展基金签署合作协议，预期将在智慧城市、民生服务、政务管理、人才培训等方面开展合作。双方合作的首个项目便是基于区块链技术实现跨机构身份认证的"WeIdentity"实体身份认证及可信数据交换解决方案，该解决方案将为澳门地区的电子政务服务。

从细分领域看，澳门电子商务协会理事长表示，2018 年澳门电子支付增长显著，可以视为澳门电子支付的元年。部分商店营业额中三成来自电子支付，多家银行及信用机构积极推出便民支付方法，机构参与度明显上升。2019 年引进境外特别是内地的支付机构落户澳门，鼓励金融创新发展。目前，澳门的支付仍以澳门通为主，以前澳门通是一种电子货币储值卡，现在澳门通已经向移动支付靠拢。澳门通开通了第三方支付平台 MPay 澳门钱包服务，用户可以在手机上扫码付款，绑定银行卡快捷支付，用户只需以手机号码注册 MPay 澳门钱包，便可于近 4 000 个场所消费。

澳门也特别重视金融科技领域科研创新。澳门科技大学专门成立了金融创新研究中心，而其商学院举办的 2018 澳门经济论坛也以金融科技创新发展为主旨。

第三节　珠海市四区叠加打造金融科技
对外开放先锋城市

2018 年底，中科大新金融研究中心发布了全球金融科技应用中心城市指数，从城市对金融科技的应用需求及城市金融科技 APP 创新供给能力两方面综合衡量城市金融科技应用水平，对全球 50 座城市的金融科技应用水平进行评估（排名前 15 的城市见表 13-2）。大湾区的深圳市、广州市、珠海市分列第 4 位、第 8 位、第 14 位。

表 13-2　全球金融科技应用中心城市总指数前 15

排序	城市	总指数	搜索指数	APP 应用指数
1	硅谷	100.0	100.0	89.0
2	北京	98.2	85.9	100.0
3	杭州	90.7	93.3	79.1
4	深圳	88.7	85.3	83.6
5	伦敦	87.4	91.0	75.7
6	上海	85.9	82.2	81.7
7	东京	80.1	91.1	62.5
8	广州	71.9	81.1	57.7
9	纽约	68.5	76.1	56.7
10	新加坡	66.3	78.8	50.2
11	武汉	65.8	77.9	50.2
12	悉尼	65.4	75.5	51.9
13	贵阳	65.2	77.0	——
14	珠海	65.2	76.9	50.0
15	芝加哥	64.9	76.5	——

资料来源:课题组根据零壹财经官网相关数据整理。

与深圳、广州相比,珠海虽然排名相对靠后,但如果与之开展差异化竞争,依然具有较大发展潜力。

珠海凭借区位优势成为中国第一批对外开放城市,1980 年就与深圳、厦门、汕头同批被设立为中国最早的四大经济特区,2015 年珠海横琴成为广东自由贸易试验区之一,同年包含珠海在内的珠三角国家自主创新示范区建设启动,而在 2017 年签署的《深化粤港澳合作推进大湾区建设框架协议》中也将珠海定为九大核心城市之一。四区叠加为珠海市推进金融、科技创新及跨境合作,承接国际优质资源,提供了"先行先试"的政策环境。而港珠澳大桥、深中通道、中珠澳沿江高速等交通体系的逐步完善,更提高了珠海作为枢纽城市对国内外资源的吸引力。

　　基于此，珠海先后提出打造"香港国际金融中心副中心""澳门特色金融服务基地"，并开工建设珠海横琴智慧金融产业园、珠海市金融科技中心，计划建设珠海三溪湾区智核·科创小镇，将金融科技作为推进粤港澳金融创新合作的抓手之一。

　　目前，珠海市金融科技发展水平与北上杭深等领先城市相比仍有差距，在 APP 应用方面尚未培育出行业龙头或细分领域领先企业，上榜 APP 均为借贷类，且整体下载量排名与领先城市差距较大。

　　从搜索关注度来看，珠海尚未出现排名全球领先的细分领域。与之形成对比的是深圳。在技术方面，深圳对云计算、人工智能（AI）、风控技术的搜索关注度全球领先，凭借成熟的科技产业培育体系，深圳在这些领域成绩显著。在云计算领域，腾讯、华为等头部科技企业率先布局，已成为最主要的云服务提供商。在人工智能领域，深圳关注度居全国之首，在《财富》评出的全球引领 AI 创新革命的 50 家创业企业中，有 3 家中国公司上榜，其中 2 家来自深圳（碳云智能、优必选科技）。风控技术方面则有深圳前海征信等领先企业。但在技术类的大数据、物联网，以及创新业态类的众筹领域，珠海的关注度排名可跻身全国前五。大数据方面，基于 2017 年珠江三角洲国家大数据综合试验区的批复，珠海发布了《珠海市创建珠江三角洲国家大数据综合试验区实施方案》，建成珠海智慧产业园及欧比特地理信息产业大数据创业创新孵化园等省级大数据产业园，并组建岭南大数据研究院、跨境数据交易研究院，聚焦政务大数据、数据开放共享、金融大数据、制造业大数据、大数据创业创新等领域。物联网方面，基于《珠海市智慧城市行动计划（2016—2020）》，珠海大力推进光纤网络、移动通信等物联网基础设施建设，与中关村物联网产业联盟共同建设珠海·中关村物联网创新港，并引入华为、中国普天、清华紫光、香港电讯盈科等领先企业，促进物联网技术在金融、制造等领域及粤港澳互联互通方面的创新应用。众筹方面，由于国家对股权众筹等领域的严格监管，中国城市在众筹方面的搜索关注度普遍低于海外城市，但受到跨境金融活动、粤港澳大湾区金融联动等方面的带动，珠海居民对众筹表现出较高的关注热情，与深圳市的关注度排名较为接近。此外，珠海在网络投资理财、网络贷款、银行业务创新、支付转账等领域虽未跻身全国前五，但得分也相对较高。

第四节　以横琴为载体,打造"金融＋科技"融合发展道路新进展

金融服务是横琴新区的主导产业之一。目前,为把横琴新区建设成为"南方财富中心"和"国内国际重要的金融创新平台",横琴新区正在不断深化与港澳之间的金融合作,积极开展金融创新服务,这为横琴和澳门的金融融合发展提供了良好的基础和机遇。

(一)横琴对接澳门需求,发展特色金融,致力于打造"金融＋科技"的产业发展服务基地

2018 年 10 月,横琴智慧金融产业园与澳门特色金融服务基地筹备办公室同时揭牌。横琴智慧金融产业园以先进的信息技术为核心,推进技术与金融的互动融合,依托新区政策、人才、技术等方面的优势,汇聚量化投资、天使创投、财富管理、金融科技、第三方金融服务等多领域金融服务机构,打造云计算、大数据、人工智能、区块链等金融科技产业集群。

横琴智慧金融产业园以建造区域内的"金融科技产业基地""新兴金融产业基地""学术科研教育平台"为定位。将先进的信息技术、高效的资本流动和产融结合服务有机统一起来,并通过与高等院校的科研力量合作推动区域产学研一体化发展。目前,园区已有弘贝融科信息科技、谷科智能科技、小丁智银科技等一批金融科技企业入驻,其中部分企业介绍见表 13-3。

表 13-3　横琴智慧金融产业园部分企业介绍

序号	公司名称	经营范围
1	琴澳金融服务有限公司	主要经营章程记载的经营范围:产业园运营管理、金融信息咨询服务、商务信息咨询、企业管理咨询、市场营销策划、国际经济信息咨询,会务服务、企业管理咨询服务、健康教育培训服务、不动产租赁
2	横琴中珠融资租赁有限公司	融资租赁业务;租赁业务;向国内外购买租赁财产;租赁财产的残值处理及维修;租赁交易咨询和担保;兼营与主营业务有关的商业保理业务;项目投资

续表

序号	公司名称	经营范围
3	谷科智能科技（珠海）有限公司	从事人工智能科技领域类的金融软件和数据开发,计算机系统集成,计算机软件及配件的开发、销售,人工智能软硬件产品及相关设备的技术开发、技术咨询、技术转让、技术服务及销售,大数据智能技术开发,模式识别、图像识别、语音识别、自然语言识别、语义识别软硬件开发;经济信息咨询、商务信息咨询、企业管理咨询
4	广东弘贝融科信息科技有限公司	软件开发;信息系统集成服务;信息技术咨询服务;互联网工程施工、调试及维护;互联网运营和推广,代理发布广告;商务服务,企业管理咨询,企业策划,投资管理咨询;企业信用评估评级服务;企业信用咨询服务;担保服务;为中小企业提供信用担保(以上不含融资性担保业务)
5	珠海安赐产业投资基金管理企业（有限合伙）	基金管理,投资管理,资产管理,股权投资,创业投资(私募基金管理人未在中国证券投资基金业协会完成登记的,不得开展私募基金业务)
6	横琴小丁智银科技有限公司	计算机互联网领域内的技术开发、技术转让、技术咨询、技术服务;信息咨询服务、企业管理咨询、商务信息咨询及委托咨询外包;市场信息咨询与调查;电子科技领域技术开发、技术咨询、技术服务、技术转让;电脑图文设计,网页制作,网站建设,电脑网络工程,平台设计搭建,设计制作代理各类广告;电子结算系统开发及应用
7	横琴金投国际融资租赁有限公司	融资租赁业务;租赁业务;向国内外购买租赁财产;租赁财产的残值处理及维修;租赁交易咨询和担保;兼营与主营业务有关的商业保理业务

（二）横琴出台惠澳政策措施,助力澳门金融科技发展

横琴新区在政策层面对在当地设立的金融机构总部以及量化投资企业、金融科技企业提出了诸多优惠措施。

对于设立在横琴的创新金融总部,横琴新区主要采取了税收奖励、购房补贴、租房补贴、部分让利四大措施。税收奖励方面,满足条件的企业可进行税收返还和减免。只要企业目前满足一定的缴税条件(15%),就可以按其在横琴新区的营业收入、增值收入形成的市级年度财力贡献的50%予以奖励;对于开展跨境创新业务的企业,如果其对于横琴新区形成的市级财力贡献达到200万元人民币以上,也可以按照贡献额的50%予以奖励。购房补贴方面,如果创新金融总部在横琴新区无自用办公用房,那么其在购买办公用房

时可以享受连续 3 年的补贴,补贴金额为房产税的 80%。租房补贴方面,企业同样可以连续 3 年享受补贴,补贴金额为月租金的 30%(但是补贴总面积不超过 1 000 平方米)。在让利措施方面,对于以特定方式退出投资的创新金融企业,横琴新区可能会将留存本地的额外收益部分让利给投资公司,以提高投资公司在本地投资的积极性。

此外,横琴新区专门针对量化投资企业和金融科技企业提出了发展扶持的优惠政策。首先,针对企业团队,只要拥有足够数量的高水平、高资历人才,便给予落户的资金扶持。其次,鼓励此类企业进行人才招聘活动,并按照活动实际支出的 50% 给予财政扶持。再次,对于表现优秀、获得股权投资的企业,还可以申请对应比例的财政扶持。

在横琴新区与澳门的协调发展过程中,澳门可以充分利用横琴新区推出的优惠政策,成为金融科技的普及和受益地区。在合作时,可以促进电子支付、区块链、大数据以及量化投资财富管理在澳门的推广与应用。例如,双方人员更加密切的往来,在推进旅游相关产业、城市消费行业发展的同时,也为电子支付开拓了新的市场。又如,澳门可以借助金融科技手段创新,将传统银行、保险机构的财富管理业务升级为应用大数据的私人定制产品,并将量化投资技术引入财富管理、资产配置的投资决策之中,从而实现财富管理业务的升级。

第五节 以金融科技为抓手,实现互联互通, 推动两地金融融合发展

(一)开展差异化竞争,聚焦大数据联通等跨境金融领域,吸引澳门的金融科技资源

与相邻的深圳、广州等城市相比,珠海受资源的"虹吸效应"影响,在金融、科技领域的基础相对较弱。而粤港澳大湾区规划将珠海定位为中心枢纽城市,为珠海实现金融、科技的跨越式发展提供了难得的机遇。未来,珠海可充分利用较低的展业成本、宜居的生态环境、有利的交通区位、四区叠加的政策优势,在大数据及物联网等领域的基础之上,提高居民对互联网投资理财

及移动支付等领域的关注度。《纲要》明确提出，研究探索建设澳门-珠海跨境金融合作示范区。建议珠海聚焦粤港澳大数据联通、跨境资产投资管理、跨境支付等核心领域，着重吸引粤港澳金融、科技资源，推进内地与粤港澳地区金融科技互联互通，打造成为金融科技对外开放的先锋城市。[1]

(二)创设金融科技产业基金，促进众筹、网络投资理财等金融科技业态发展

在产业崛起过程中，资金的作用不可忽视，通过发起设立产业基金的形式可以有效满足特定产业的资金需求。纵观硅谷、纽约、伦敦、北京、上海等领先城市的金融、科技产业发展历程，各大城市无不设有各类产业发展基金，如纽约市政府 1.5 亿美元的 Partnership Fund、香港特区政府投资 50 亿港元的创新及科技基金、深圳市投资控股有限公司与深圳瀚德金融控股有限公司联合设立的 100 亿元深圳金融科技基金等。建议珠海市政府可以牵头联合内地和澳门的金融机构设立金融科技产业基金，通过政府部分出资的方式，撬动大规模社会资本投资金融科技发展重点领域。具体可以联合两地金融科技头部企业，共同出资设立金融科技产业基金，共同孵化扶持众筹、网络投资理财、网络贷款、银行业务创新、支付转账等领域的金融科技新兴公司发展，充分发挥两地金融科技头部企业的金融赋能效应。

(三)设立大数据、物联网、区块链等金融科技实验室，培育金融科技人才

澳门可通过举办金融科技发展论坛等方式，与包括内地人才在内的全球金融科技领域人才进行广泛交流，为澳门金融科技产业发展建言献策，提供智力支持。设立大数据、物联网、区块链等金融科技实验室，邀请政府部门、行业协会、学术委员会、高校、企业高管等加入。同时，可以利用澳门科技大学等平台优势，与内地高校合作，共同制定金融科技人才培养计划，培育金融科技人才。澳门政府也可以通过制定人才奖励政策的方式，如推行发放人才补贴、安排子女入学等措施，吸引全球金融科技领域高端人才赴澳门工作。

---

① 巴曙松，王志峰.从粤港澳大湾区看珠海和澳门的金融融合发展[J].金融博览,2019(4).

(四)配合澳门租赁业等特色金融发展，研发金融科技产品和服务

大湾区中，澳门的定位是中国与葡语国家的贸易合作平台、世界旅游休闲中心，其核心产业是全球博彩旅游、出口加工、建筑地产、金融服务。近几年来，在国家大力倡导澳门经济适度多元化发展的背景下，澳门的金融业得到了较快发展，特别是在发展租赁、财富管理和人民币清算特色金融服务方面，成效更为突出。为满足澳门特色金融的发展需求，建议在以上特色金融服务领域，不断创新大数据、物联网、区块链等金融科技手段，深入研发金融科技产品。

(五)与内地头部金融科技企业合作，大力发展金融监管科技

作为中国与葡语国家的贸易合作平台，澳门在推进金融科技创新发展的同时，也应加强政企合作，大力开展监管信息化建设，重点关注跨境金融风险问题，畅通信息共享沟通渠道。在金融科技创新方面，内地头部金融科技企业已经彰显出了较大潜力。政府在推进监管科技创新时，应重点与内地头部金融科技企业通力合作，可以通过招投标等方式将部分监管科技研发工作委托给细分领域的头部金融科技企业。借助内地金融科技企业的力量，大力开展监管信息化建设。运用区块链等技术手段，准确识别跨境监管节点，实现监管可追踪。运用云计算等技术手段，将监管政策编译到云端作为公共服务。通过上述方式，提高监管信息系统的稳定性和便利性，打破"信息孤岛"格局，畅通政府与金融科技企业之间信息沟通和共享的渠道，共同保障澳门跨境金融业务的顺利开展。

第十四章

积极争取法定数字货币试点，助推人民币国际化

2014 年,比特币、以太币等基于区块链技术的数字货币开始升温,引发了各国央行的关注,各国央行纷纷开展法定数字货币研究。在技术储备较为丰富的情况下,中国人民银行加快了人民币法定数字货币的研究步伐,人民币法定数字货币呼之欲出。有鉴于此,珠澳可积极争取人民币法定数字货币在珠澳进行试点,以此推动人民币国际化。这既是建设粤港澳大湾区科技走廊的重要手段,也是珠澳尤其是澳门产业结构转型的重要方向,更是全球连接中国的重要环节。珠澳可依托粤港澳大湾区内的科技和金融生态体系及粤港澳大湾区三个货币区的独特区位特点,争取人民币法定数字货币在珠澳开展跨境应用的试点,吸引人民币法定数字货币产业链各环节(包括法定数字货币硬件钱包、存储、交易、流通等)落地横琴,构建粤港澳大湾区法定数字货币应用的高地。

第一节　各国央行纷纷开展法定数字货币研究,
人民币法定数字货币呼之欲出

区别于实物货币,数字货币以数字形式存在,不以物理介质为载体。IMF 将数字货币视为"价值的数字表达",国际清算银行(BIS)下设的支付与市场基础设施委员会(CPMI)则从发行人、货币形态、可获取性及实现技术(基于账户或基于代币)这四个方面对数字货币进行定义。综合来看,数字货币是基于密码学以及分布式计算等技术的数字化货币,是能够在一定程度上实现货币的某项或几项基本职能的价值载体,基于关键底层技术区块链,可保存无法销毁的路径信息。

基于发行主体的不同,可将数字货币分为两大类:法定数字货币和私人数字货币。

法定数字货币,特指有国家信用作为支撑的数字货币,一般由货币当局发行,具有普遍接受性和无限法偿性,可充分发挥价值尺度、流通手段、支付手段和贮藏手段四大职能。且法定数字货币的发行与流通不完全依靠算法来实现，央行适当保持对货币的掌控力，公开市场操作等货币政策工具依然有效。目前，中国央行正在研究的数字货币就属于法定数字货币。

私人数字货币由私人部门发行，无国家主权信用背书，不体现为央行的负债，有完全"去中心化"的特点。由于没有国家主权信用来保障其购买力，私人数字货币的价格波动巨大，不具备货币的价值尺度职能，其资产属性显著强于货币属性。从本质上来说，私人部门发行的数字货币并不是真正的货币，而是一种价格随供需变化的"资产"，具有类商品（如黄金）的属性。之所以被称为"货币"，主要是因为它在一定程度上发挥了类似货币的流通、交易媒介等职能。法定数字货币与私人数字货币的对比如表 14-1 所示。本节将以私人数字货币为研究对象，下文提到的数字货币均指私人数字货币。

表 14-1　法定数字货币与私人数字货币对比

分类	项目	法定数字货币	私人数字货币
发行机制	是否由中央机构发行	是	否
	是否有中央调节机制	有	无
	发行量决定因素	货币政策目标	算法等
经济价值	内在价值	无	无
	交易媒介	是	部分是
	价值尺度	具备	不具备
	贮藏手段	是	是
	是否为本位币	是	否

（一）各国央行纷纷开展法定数字货币研究

2019 年 1 月，BIS 发布了 2018 年问卷调查结果报告《谨慎行事——央行数字货币调查》。报告显示，参与调查的央行中有 70％正在开展央行法定数字货币的研究或发行工作，且 2018 年的数量较 2017 年有所增加（图 14-1）。

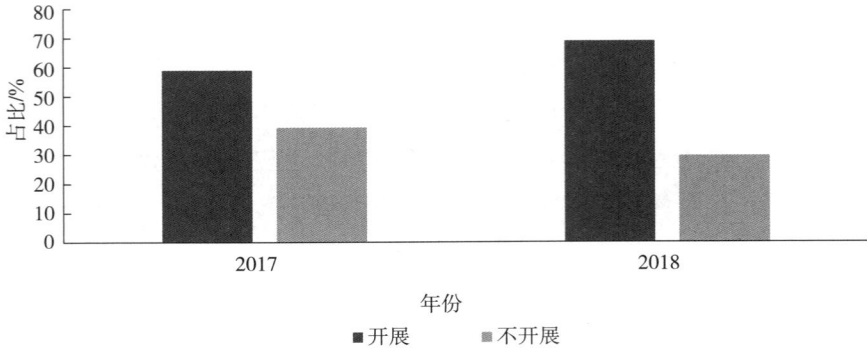

图 14-1　2017—2018 年央行开展数字货币研究的情况

资料来源：BIS《谨慎行事——央行数字货币调查》。

《谨慎行事——央行数字货币调查》将央行法定数字货币的研究工作分为理论研究、实验/概念验证、发展/试点三个阶段。调查显示,许多国家的央行对于法定数字货币的研究从理论研究阶段迈入验证与试点的阶段。

2019 年,清华大学金融科技研究院区块链研究中心对 23 国央行法定数字货币的研究情况进行了梳理(表 14-2),从中我们可以看出,金融基础设施建设相对落后或者经济金融局势不稳的国家对发行法定数字货币的态度更为积极。其原因可能在于:对于金融基础设施建设相对落后的国家而言,法定数字货币的推出有助于提高金融支付系统的效率,促进金融普惠;对于经济金融局势不稳的国家而言,发行法定数字货币是寻求破局的一种尝试。相反,对于金融基础设施建设发达的国家而言,传统的支付方式已经具备高效、低成本以及可监管的特点,法定数字货币在这些方面并没有显著的相对优势,且需要审慎评估发行法定数字货币造成的各种影响。

表 14-2　部分国家中央银行发行法定数字货币信息梳理

国家	地区	发行法定数字货币的态度	理由
澳大利亚	大洋洲	暂不考虑	未能看到数字货币相对于现有支付系统的好处
新西兰	大洋洲	暂不考虑	不清楚央行发行数字货币是否能带来确凿的好处
日本	亚洲	暂不考虑	出于维护金融稳定的考虑

续表

国家	地区	发行法定数字货币的态度	理由
加拿大	北美洲	研究中	现金的竞争力在降低，其他支付途径兴起，良好的法定数字货币有助于促进在线支付供应商的竞争
挪威	欧洲	研究中	作为现金的补充，以"确保人们对货币和货币体系的信心"
丹麦	欧洲	研究中	解决纸币存在的问题
英国	欧洲	研究中	英国仍将致力于实物货币，但是也必须跟上经济变化的步伐，数字支付在未来有一席之地
菲律宾	亚洲	研究中	
以色列	亚洲	研究中	提高国家支付系统效率，如果能承担利息，也可以成为央行的货币工具；此外，还有助于打击"影子经济"
新加坡	亚洲	研究中	目前 MAS 的 Project Ubin 体系内的数字货币 SDG 起到银行间流转的作用，尚未表明未来向公众开放
巴西	南美洲	研究中	减少现金周期中的费用；提高支付系统和货币供给的效率和弹性；可追溯并产生数据；促进金融普惠及数字社会进程
中国	亚洲	计划推出	降低纸币发行和流通成本，提升交易的便利性和透明度，减少监管成本，提升央行对货币供给和流通的控制力
立陶宛	欧洲	计划推出	旨在测试加密货币和分布式账本技术
泰国	亚洲	计划推出	目标是让银行间的交易中介过程更少，从而加速交易速度并降低成本
俄罗斯	欧洲	计划推出	在金砖国家内部，加密货币可以取代成员国之间使用的美元和其他货币
瑞典	欧洲	计划推出	作为现金的补充，减少国民对私人支付系统的依赖，防止危机时期私人支付系统发生故障
巴哈马	北美洲	计划推出	为了提高巴哈马各社区的运营效率，促进金融普惠，减少现金交易并降低服务成本
厄瓜多尔	南美洲	已发行	去美元化（非官方说明）
乌拉圭	南美洲	已发行	钞票的印刷、分销、运输和交易的不透明带来了高昂费用

续表

国家	地区	发行法定数字货币的态度	理由
委内瑞拉	南美洲	已发行	国家陷入恶性通货膨胀,原有的法定货币体系崩溃
马绍尔群岛	大洋洲	已发行	取代美元的货币流通体系,实现国家经济独立
突尼斯	非洲	已发行	推动国内金融制度改革
塞内加尔	非洲	已发行	金融普惠

资料来源:清华大学金融科技研究院区块链研究中心《一文了解各国央行数字货币现状》。

注:MAS是移动代理服务器的简称,SDG是科学数据网络的简称。

(二)人民币法定数字货币呼之欲出

1.人民币法定数字货币的研究进展提速

中国人民银行(也称"中国央行")是全球少数几家较早进行数字货币研究的中央银行之一,早在2014年就成立了一个研究小组专门对法定数字货币进行研究,且研究进展迅速,在法定数字货币所需的技术和基础设施布局方面开展了大量工作,其专利已经涵盖法定数字货币存储、交易、流通、回笼、监管全链条,发行法定数字货币的技术储备已经比较丰富。因此,中国央行加快了法定数字货币的研发步伐。2019年7月9日,中国央行研究局局长王信表示,国务院已正式批准法定数字货币的研发。8月2日,中国央行在2019年下半年工作电视会议上表示,将加快推进法定数字货币的研发步伐。8月10日,中国央行支付结算司副司长穆长春表示,"央行数字货币现在可以说是呼之欲出了"。

2.人民币法定数字货币的几个试点应用场景

人民币法定数字货币的试点需要运用在具体的实践之中。综合中国人民银行关于人民币法定数字货币的研究和实践,目前人民币法定数字货币的试点场景主要是在跨境金融、境内支付结算和贸易金融领域。在贸易金融领域已开发了"湾区贸易金融区块链平台项目",而跨境金融和境内支付结算领域尚待出台具体的试点方式。

第一,跨境金融领域。在经济全球化的今天,国际金融体系早已密切相连。面对 Libra[①] 这类型数字货币项目的挑战，推进人民币国际化的进程是人民币法定数字货币需要重点考虑的因素之一。因此，跨境金融领域应该是人民币法定数字货币的重点应用场景。前期，中国人民银行数字货币项目组明确提出，其未来的工作重点之一，就是要制定未来法定数字货币在境外使用的技术环境及推广策略。[②]

第二，境内支付结算领域。中国人民银行将重点推动法定数字货币在互联网上的使用（线上支付），而且要覆盖纸币的应用场景（线下支付），以满足各种经济发展形态和多种支付交易场景的需要。[③]

第三，贸易金融领域。区块链技术将会渐进式发展，刚开始在小而美的闭环场景落地会更实际，成功可能性更大，也容易树立信心。这方面的典型领域就是贸易金融、供应链金融、数字票据。中国人民银行已经在这些领域开展法定数字货币应用试点。2018 年 9 月，中国人民银行数字货币研究所与中国人民银行深圳市中心支行共同开发了"湾区贸易金融区块链平台项目"，在平台上可进行包括应收账款贸易融资等多种场景的贸易和融资活动；同时平台为监管机构提供了贸易金融监管系统，实现对平台上各种金融活动的实时动态监测。从 2018 年 9 月至 2019 年 5 月，该平台有 4 个应用，接入 26 家银行，产生 1.7 万多笔业务，达成 40 多亿元总金额交易并且拥有多项专利。

第二节　珠澳联合，积极争取法定数字货币用于跨境领域试点恰逢其时

一方面，粤港澳大湾区具有开展法定数字货币试点和应用的科技基因。粤港澳大湾区中有腾讯、华为、大疆等一批高科技互联网企业，这些企业形成了一个良好的科技生态环境，有利于法定数字货币的试点和应用。另一方面，《纲要》要求，粤港澳大湾区要建设成为全球科技创新高地和新兴产业重要策源地，要建设"广州-深圳-香港-澳门"科技创新走廊。因此，为了落实

---

① Libra，是 Facebook 推出的虚拟加密货币。Libra 是一种不追求对美元汇率稳定，而追求实际购买力相对稳定的加密数字货币。

②③ 法定数字货币的中国之路[J].中国金融,2016(17):45-46.

《纲要》对珠澳建设科技创新走廊的要求,珠澳有必要利用好粤港澳大湾区的科技生态环境,争取人民币法定数字货币在珠澳进行试点和应用。

1.有利于珠澳引领数字经济浪潮,建设粤港澳大湾区科技走廊

一方面,数字经济是全球经济发展的重要方向。2018年2月26日,《人民日报》经济版发布《做数字经济领跑者》,文中认为,"以信息技术为代表的新一轮科技和产业革命爆发,为经济社会发展注入了强劲动力,既催生了数字经济,同时也帮助传统行业进行全面的数字化转型,实现更好的创新发展","当前,我国正深化供给侧结构性改革,把提高供给体系质量作为改革主攻方向,深入推动以'互联网+'、大数据、人工智能为代表的数字技术进步,深度拓展这些先进技术的场景应用,必将成为撬动我国经济高质量发展的重要抓手,也将引领世界数字经济大潮"。另一方面,数字货币是数字经济的关键要素。数字经济需要数字金融,数字金融需要数字货币。目前有不少国家正在研究央行法定数字货币,希望为数字经济提供合法的主权。自2016年初,中国人民银行就开始探讨发行央行法定数字货币的可行性和实现路径。因此,珠澳作为粤港澳大湾区科技走廊的重要组成部分,有必要在数字货币领域为数字经济和数字货币的发展推行先行先试的创新举措。如果珠澳成为法定数字货币的试验场所,这将是其中的重要突破口。

2.有利于澳门发展成为全球人民币离岸金融中心,推动澳门产业结构转型

澳门的产业结构以第三产业为主,而第三产业则以博彩业为主。澳门统计暨普查局的相关数据显示,2017年第三产业的GDP占比为94.9%,其中博彩业的GDP占比为46.9%,几乎占据澳门GDP的一半,是澳门产业结构最重要的组成部分。2017年,澳门博彩业的GDP为1 952.74亿澳门元,创造的税收收入约为1 032.63亿澳门元(此为2017年澳门直接税的收入,博彩业创造的税收占直接税的99%以上,因此直接税约等于博彩业创造的税收)。如通过法定数字货币的试点和应用,推动人民币国际化,将有利于澳门发展成为全球人民币离岸金融中心,从而推动澳门产业结构转型。

3.有利于发挥澳门的桥梁作用,推动中国在数字货币行业与全球建立有效连接

作为一个高度全球化的行业,数字货币已经渐成气候。当前,在数字货

币实践和理论层面,中国已经落后于发达国家。欧美发达国家则不断举行与数字货币相关的听证会和研讨会,允许数字货币项目在监管沙盒中进行有序试验。2019 年 6 月,Facebook 发布的 Libra 项目覆盖了全球超 30 亿互联网用户,这个由企业组成的 Libra 协会具备比很多单一国家央行都更强的铸币权,可能会成为超主权的金融势力。中国要在数字货币领域与全球保持紧密联系,澳门是最佳的执行者。从内地看,为了打击非法集资、洗钱等犯罪行为,内地已对数字货币的产业链进行严格的限制和监管。从香港看,虽然其数字货币行业发展较好,但是体量在香港的金融体系和产业结构中占比非常小,香港并没有将其作为重点行业进行培养。在此背景下,如果澳门通过人民币法定数字货币的试点和应用,在数字货币领域起到全球连接中国的作用,那么既有利于中国在数字货币行业紧跟国际前沿,又可以有效监控不法分子利用数字货币开展的犯罪活动。

第三节　珠澳联合,争取法定数字货币试点,构造跨境应用场景,推动人民币国际化进程

基于以上背景,珠澳可以积极参与中国人民银行的法定数字货币的试点和应用工作,多角度助力人民币国际化进程。

(一)利用粤港澳大湾区良好的科技生态环境,建设人民币法定数字货币跨境应用场景

珠澳可以积极参与中国人民银行的法定数字货币发行工作,争取成为法定数字货币的试点区域,联合粤港澳大湾区内有实力的机构,构造跨境应用场景,多角度助力人民币国际化进程。具体路径是:珠澳政府可借鉴 Facebook 的 Libra 项目思路,推动粤港澳大湾区内有实力的机构(包括第三方支付企业、互联网企业、技术和交易平台、电信企业、区块链企业、风险投资机构、著名智库和研究机构)为人民币法定数字货币的试点构建应用场景,将人民币法定数字货币应用于跨境业务之中。初期,可考虑利用粤、港、澳三种货币区的独特区位特点,围绕粤、港、澳三地的跨境支付结算需求,在珠澳跨境支付结算领域进行试点,提升跨境结算的效率,降低跨境结算的成本。后

期,在试点运行较为成熟后,可选取具有庞大客户基础的科技企业或者零售企业进行试点,扩展应用领域,用于境内支付结算、普惠金融、消费金融、财富管理等领域。

(二)吸引人民币法定数字货币产业链应用的各环节落地横琴,打造粤港澳大湾区法定数字货币应用的高地

人民币法定数字货币的试点和应用需要产业链上下游各个环节的支持,包括法定数字货币的理论研究以及法定数字货币的存储、交易、流通、回笼、监管等环节。前期,在法定数字货币的理论研究层面,中国人民银行数字货币研究所与各地开展了多项研究合作。例如,2018 年 6 月 15 日,在深圳设立了深圳金融科技有限公司;2018 年 8 月 28 日,与南京市人民政府、南京大学、江苏银行合作设立了南京金融科技研究创新中心。在法定数字货币的应用实践领域,珠澳可加强与中国人民银行数字货币研究所的沟通与合作,吸引人民币法定数字货币产业链应用的各环节(包括法定数字货币硬件钱包、存储、交易、流通等)落地横琴,打造粤港澳大湾区人民币法定数字货币应用的高地。

第四部分
金融机构协同发展现状、模式探索与珠澳实践

从两地特色化金融机构的协同发展角度看,珠澳合作可在模式上有所突破。澳门地域狭窄,市场规模小,金融产业单一,但在法律体系、税收环境、人均财富存量等方面较内地有优势,珠海、澳门两地金融机构开展双向跨境展业的需求长期存在。目前实现该需求尚有两方面限制:一是CEPA框架下各类金融机构跨境设立分支机构与自由展业方面尚存直接政策限制;二是两地税收体系、金融监管差异以及资金、人才、信息跨境流动壁垒造成的间接限制。

为突破跨境限制,弥合体系差异,服务跨境需求,发挥两地制度上的差异化优势,珠澳金融合作可考虑"单一通行证""飞地＋自贸区"两类模式。需要指出的是,这两个模式并非非此即彼的替代关系,而是互有侧重。在大湾区范围内统一推行金融机构"单一通行证",能够配合当前内地金融业对外开放的大趋势,重点减少粤港澳金融机构跨境展业的直接限制,同时为珠澳金融机构协同发展带来便利;在横琴试点"飞地＋自贸区"模式将依托自贸区制度,减少不必要的间接限制,以"飞地模式"引入澳门金融机构乃至管理体系,助力珠澳金融机构协同发展先行一步,实现突破。

第十五章

粤澳金融机构跨境展业现状与制度安排

区域内金融机构协同发展,主要包括金融产品的跨境交易与金融服务的跨境提供,表现形式为银行、保险、证券、基金等金融机构的跨境展业与互设,具体到粤港澳区域又以跨境银行贷款、保险服务、资产管理、支付业务等为主要发展方向。考虑到粤港澳货币、关税、金融监管标准体系的明显差异以及内地资本账户尚未完全放开,且珠澳尚缺少能够提供多元化产品的金融市场、成熟的证券交易所以及互联互通机制,故本部分的研究重点为珠澳金融服务贸易的自由化而非金融市场的一体化。本部分将从理论与实践角度研究珠澳间银行、保险等金融机构以设立异地分支机构等形式开展跨境业务的现状、制度安排与建议,同时就"单一通行证""飞地+自贸区"两大发展方向展开重点研究。

第一节　澳门金融机构在粤展业:从无到有的突破

当前,澳门金融机构在粤跨境展业正实现从无到有的突破,珠海横琴新区成为重要落脚点。2014 年 1 月,澳门国际银行①设立珠海横琴代表处,成为第一家获准于横琴设点的澳门地区银行。2017 年 1 月 18 日成立的澳门大西洋银行横琴分行是第一家进驻内地的澳资分行,填补了澳门金融机构筹建内地分行的空白。此后,澳门国际银行分别于 2017 年 3 月、2018 年 11 月、2018 年 12 月设立广州分行、佛山支行、东莞支行,其中广州分行为首家进驻广州的澳资银行。此外,受准入限制影响,当前尚无澳门险企进入内地,预计未来将随着内地对银行保险的外资准入限制放开有所突破。

政策支持与跨境需求是澳门银行在广东展业并形成新局面的主因。尽管 2003 年 CEPA 协议框架原则上已允许符合条件的澳门银行进入内地,但当时鲜有澳门银行能够达到 100 亿美元总资产的门槛,且在澳门与内地经济

---

① 澳门国际银行于 1974 年在澳门注册成立,1985 年成为厦门国际银行的全资附属机构,是中国的第一家中外合资银行。

一体化水平尚不高的背景下,澳门银行业长期缺乏前往内地展业的动力。此后澳资银行、保险的准入门槛随着 CEPA 多轮补充协议逐步降低(表 15-1),其中代表性的举措包括:2007 年 CEPA 补充协议四将澳门银行准入门槛降至年末总资产 60 亿美元、2010 年 CEPA 补充协议七允许满足条件的澳门银行经营人民币业务、2012 年 CEPA 补充协议九将进入横琴展业的澳门银行门槛降至年末总资产 40 亿美元、2014 年 CEPA 广东协议提出澳资银行保险进入内地实行"准入前国民待遇加负面清单"。近年来,银行准入政策上的放松带给了澳门银行跨境展业的机遇,同时也不可忽视澳门与广东特别是珠海横琴经济一体化深化带来的银行跨境展业需求。随着澳门、横琴两地交通衔接越发顺畅且已实现 24 小时通关,越来越多的广东与澳门居民往来于两地

表 15-1　CEPA 及其补充协议中澳门金融机构准入条款演进

	1	2	3	4	5	6	7	8	9	10	11	12	13	14	15	16
CEPA协议（2003-10-17）	■	□	□	□	□	□	□	□	□	□	□	□	□	□	□	□
CEPA补充协议（2004-10-29）	■	■	□	□	□	□	□	□	□	□	□	□	□	□	□	□
CEPA补充协议二（2005-10-21）	■	□	□	□	□	□	□	□	□	□	□	□	□	□	□	□
CEPA补充协议三（2006-06-26）	■	□	□	□	□	□	□	□	□	□	□	□	□	□	□	□
CEPA补充协议四（2007-07-02）	■	□	■	■	□	□	□	□	□	□	□	□	□	□	□	□
CEPA补充协议五（2008-07-30）	■	□	■	■	■	□	□	□	□	□	□	□	□	□	□	□
CEPA补充协议六（2009-05-11）	■	□	■	■	■	■	□	□	□	□	□	□	□	□	□	□
CEPA补充协议七（2010-05-28）	■	□	■	■	■	■	■	□	□	□	□	□	□	□	□	□
CEPA补充协议八（2011-12-14）	■	□	■	■	■	■	■	■	□	□	□	□	□	□	□	□
CEPA补充协议九（2012-07-02）	■	□	■	■	■	■	■	■	■	■	□	□	□	□	□	□
CEPA补充协议十（2013-08-30）	■	□	■	■	■	■	■	■	■	■	■	■	■	□	□	□
CEPA广东协议（2014-12-18）	■	■	■	■	■	■	■	■	■	■	■	■	■	■	□	□
CEPA服务贸易协议（2015-11-28）	■	■	■	■	■	■	■	■	■	■	■	■	■	■	■	■

协议是否包括该条款	■	是	□	否

1. 年末总资产不低于 100 亿美元的澳门银行可入股内地银行

2. 允许澳门银行内地分行经批准从事代理保险业务

3. 年末总资产不低于 60 亿美元的澳门银行可入股内地银行

4. 允许合规澳门银行在内地注册的法人银行将数据中心设在澳门

5. 允许合规澳门证券公司在广东省设立合资证券投资咨询公司

6. 符合条件的澳门银行允许在广东省设立支行

7. 澳门银行经营人民币业务要求内地开业 2 年以上且前一年盈利

8. 允许澳门银行在内地注册的法人银行参与共同基金销售业务

9. 允许澳门金融机构在广东省试点设立消费金融公司

10. 允许年末总资产不低于 40 亿美元的澳门银行在横琴设立分行或法人机构

11. 允许合规澳资金融机构在广东省或者内地部分改革试验区内设立合资基金、全牌照证券公司

12. 支持有资格的澳门保险业者参与经营内地交通事故责任强制保险业务

13. 澳资保险准入标准为:集团总资产 50 亿美元以上,经营 30 年以上,在内地设立代表处 2 年以上

14. 澳门银行进入内地实行"准入前国民待遇加负面清单"

15. 澳门银行在广东省设立的分行可申请在广东省内设立异地(不同于分行所在城市)支行

16. 允许中国(广东)自由贸易试验区企业在一定范围内进行跨境人民币融资,允许自由贸易试验区银行业金融机构与澳门同业机构开展跨境人民币借款等业务

资料来源:课题组整理。

工作,大量澳门企业受税务优惠、创业扶持等政策吸引在横琴注册[①],在大湾区建设背景下港澳以及葡语国家投资有望更多进入内地,这些为熟悉澳门与葡语国家的澳门银行带来机遇。因此,当前澳门银行在横琴的分支机构主要为在粤澳的居民及葡语国家居民提供存贷业务、外汇结算及贸易融资等服务。

粤澳基金落户横琴助力珠澳合作在跨境投融资服务领域的新发展。2018年5月4日,由广东恒健、广东南粤集团出资设立的广东粤澳合作发展基金管理有限公司落户横琴,与澳门金融管理局委托代理人发起设立粤澳基金,将澳门财政资金以200亿元人民币形式陆续引入粤港澳大湾区基础设施建设领域,基金存续期12年,保证3.5%的年化收益,且项目收益超过保本收益后有额外分成(图15-1)。目前宣布的投资项目包括:拟出资20亿元投资横琴科学城;拟出资14亿元投资紫惠高速公路有限公司股权,资金将用于河惠莞高速公路河源紫至惠州惠阳段项目。粤澳基金的成立为以股权基金形式引入澳门资本参与大湾区建设开创了先例。

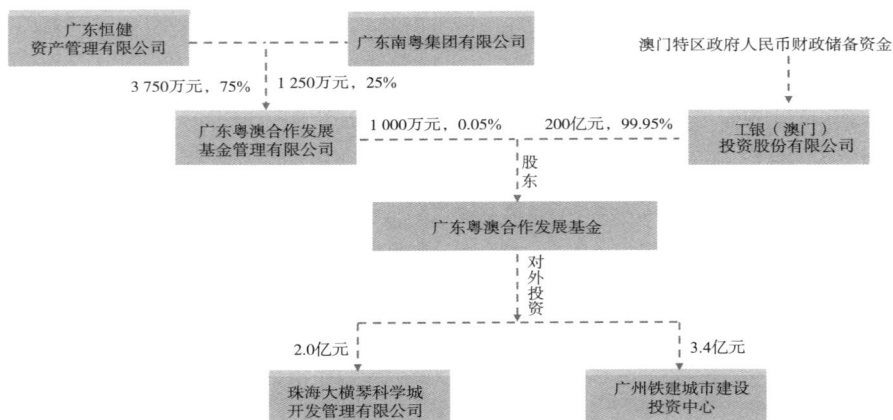

图 15-1 广东粤澳合作发展基金架构图

资料来源:课题组整理。

内地对外资银行保险取消准入门槛后,澳门银行保险将基本实现自由进入内地,但澳门金融机构在广东自由展业仍需进一步的制度突破,珠海横琴可做先行者。2019年5月,中国银保监会宣布取消总资产等银行保险业外

---

① 截至2018年10月底,有1 327家澳门企业在横琴注册。

资机构准入的数量型要求①,对于澳门部分具有特色和专长但达不到40亿美元总资产门槛的银行和50亿美元总资产门槛的保险机构而言(如图15-2和图15-3所示,澳门能够达到这一标准的银行和保险机构数量有限),新政策落地后将实现自由准入内地开设分支机构。但同时也应看到,澳门金融机构在广东自由展业仍有赖于进一步的制度突破:

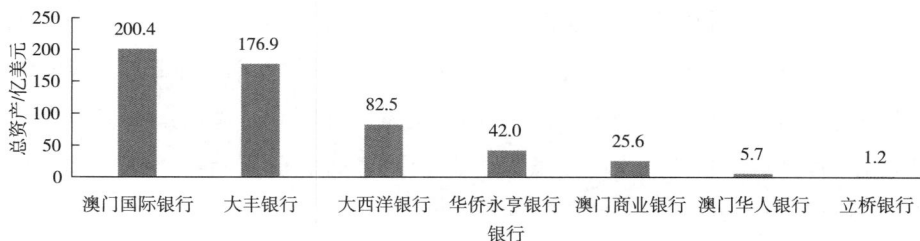

图 15-2　总部位于港澳的澳门主要银行 2017 年末总资产

资料来源:澳门金管局、各银行 2017 年报。

注:均使用 2017 年末澳门元兑美元汇率换算。

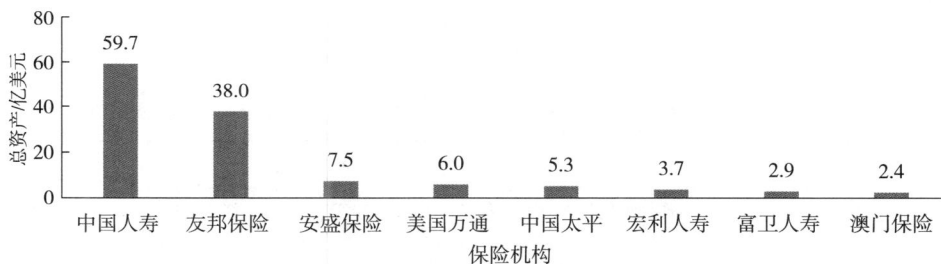

图 15-3　澳门主要保险机构 2017 年末总资产

资料来源:澳门金管局。

注:均使用 2017 年末澳门元兑美元汇率换算。

一是对进驻横琴新区的澳门银行应尽快取消在提供服务方面的限制。根据 CEPA 服务贸易协议,当前澳门银行在广东的分支机构除可以吸收内地中国公民每笔不少于 100 万元人民币的定期存款外,不可以经营对内地中国公民的人民币业务②,不可提供证券保险业务。

---

①　参见《郭树清就银行业保险业扩大对外开放接受采访》,中国银保监会,2019 年 5 月。

②　此外,当前澳门银行分行不得经营的外汇和人民币业务包括:代理发行、代理兑付、承销政府债券;代理收付款项;银行卡业务。参见《内地与澳门关于建立更紧密经贸关系的安排》服务贸易协议。

二是虽然当前澳门保险在深圳前海、广州南沙、珠海横琴三个广东自贸区实现了经营机构的设立标准与内地保险公司一致,但其展业范围仅限保险代理、经纪、公估等中介业务。横琴新区可以优先给予澳门保险机构在跨境保险办理、理赔业务衔接方面更大的自由度与合作空间,允许其服务范围扩大到横琴的内地居民。

三是澳门金融机构在内地设立合资证券、基金的条件应继续放宽①。目前在跨境股权投资领域,广东省已陆续有深圳市、珠海市、广州市推出外商投资股权投资企业试点,允许符合条件的境外企业和个人、境内股权基金管理公司在当地发起设立 QFLP,募集境内外投资者的资金②,直接投资于境内非上市公司股权。未来这一试点还可以继续扩大到广东省全境,且在出资门槛、结汇方面继续放宽。目前仅广州市2019年推出的 QFLP 试点取消了最低注册资本、认缴出资额、首次出资比例、货币出资比例、出资期限等方面的限制(表15-2),珠海可考虑效仿,并对澳门金融机构在"一事一议"基础上加大鼓励力度。

表 15-2　全国各市 QFLP 试点情况

(截至 2019 年 5 月)

城市	推出年份	主要政策性规定
北京	2011 年	管理人注册资本不少于 200 万美元,QFLP 注册资本不少于 5 亿元人民币,均于北京注册,采用公司制或合伙制;合资公司外资认缴金额不超过 50%;不允许投资禁止外商投资的领域
上海	2010 年	管理人注册资本不少于 200 万美元;于上海注册,采用公司制或合伙制;认缴出资不低于 1 500 万美元;不允许投资禁止外商投资的领域
天津	2011 年	QFLP 注册资本不少于 5 亿元人民币;于天津注册,采用公司制或合伙制;单只规模不少于 5 亿元人民币或等值外币;重点投资天津市战略性新兴产业

---

① 当前外商投资证券公司应满足股东为持续经营证券业务5年以上的金融机构,主要股东净资产不低于2亿元人民币,港澳机构仅可在上海市、广东省(不含深圳)、深圳市各设立1家合资全牌照证券公司。当前中外合资基金公司境外股东应为金融机构,且满足实缴资本3亿元人民币以上。2017年底以来,外资持股内地证券、基金、期货公司比例达51%,且3年后持股比例不受限制,外商独资证券、基金、期货公司成为可能。

② 珠海试点特别针对港澳企业或个人将认缴出资门槛由1 500万美元降至600万美元,对于澳门企业或个人可"一事一议",继续放宽。

续表

城市	推出年份	主要政策性规定
重庆	2011 年	管理人注册资本不少于 200 万美元,QFLP 注册资本不少于 1 500 万美元;于重庆注册,采用公司制或合伙制;单个有限合伙人出资不得低于 100 万美元;合格境外投资人自有资产规模不低于 5 亿美元或管理资产规模不低于 10 亿美元;不允许投资禁止外商投资的领域
深圳	2013 年推出、2017 年修订	管理人注册资本不少于 200 万美元,QFLP 注册资本不少于 1 500 万美元;于深圳注册,采用公司制或合伙制;境内、境外投资者出资额分别不低于 100 万美元、100 万元人民币;合格境外投资人自有资产规模不低于 1 亿美元或管理资产规模不低于 2 亿美元
平潭	2018 年	管理人注册资本不少于 200 万美元;于平潭注册;在投资门槛、认缴出资方面对港澳台投资者放宽;不允许投资禁止外商投资的领域
珠海	2019 年	管理人注册资本不少于 200 万美元;于珠海注册,采用公司制或合伙制;境外投资者认缴出资额不低于 1 500 万美元,港澳投资者放宽至 600 万美元;港澳投资人净资产规模不低于 600 万美元或管理资产规模不低于 1 200 万美元
广州	2019 年	不设最低注册资本或认缴出资额限制,在首次出资比例、货币出资比例、出资期限等方面无限制;不允许投资禁止外商投资的领域

资料来源:课题组整理。

四是澳门特区政府在金融机构"准出"程序上仍可进一步简化。澳门《金融体系法律制度》第十九条规定,澳门银行在异地设立子公司、分行、代理办事处时,需要经过澳门金管局和澳门特别行政区行政长官的双重审批,且没有规定明确的审批期限。以上规定可能使审理时间相对较长、流程烦琐,建议可放宽审批标准,银行只需要经过澳门金融管理局审批即可设立异地分支机构并开展业务。

第二节　广东金融机构在澳门的发展历程: 银行、保险影响力明显弱于港资金融机构

中资、港资银行和中资保险机构在澳门金融业中占据重要地位,但广东金融机构在澳门的影响力较低。截至 2017 年如表 15-3 所示,澳门有中资银

行和港资银行共 15 家(中资 7 家,港资 8 家),分支机构共 100 个(中资 79 个,港资 21 个),其中中国银行澳门分行作为中资银行的领导者,其 2017 年总资产占澳门银行业的 40%。在保险业方面,当前澳门的保险公司共 24 家,其中中资保险公司在寿险领域和非寿险领域各 1 家,分别为中国人寿和中国太平,均处在行业领导者地位,2017 年中国人寿行业净资产占比达 58%,中国太平行业净资产占比接近 30%。同时,广东金融机构在澳门的影响力较低,截至 2017 年底只有成立于 1993 年的广发银行澳门分行在澳门开设了 5 家分支机构,2017 年其总资产规模达 340 亿澳门元,行业占比仅约 2%。

表 15-3　澳门中资和港资银行名单和分支机构数量

中资银行		港资银行	
名称	分支机构数量	名称	分支机构数量
中国银行股份有限公司	39	华侨永亨银行股份有限公司	11
中国工商银行(澳门)股份有限公司	23	东亚银行有限公司	3
中国建设银行股份有限公司	9	香港上海汇丰银行有限公司	2
广发银行股份有限公司	5	星展银行(香港)有限公司	1
中信银行(国际)有限公司	1	创兴银行有限公司	1
交通银行股份有限公司	1	恒生银行有限公司	1
中国农业银行股份有限公司	1	永隆银行有限公司	1
		华南商业银行股份有限公司	1
合计	79		21

资料来源:澳门金管局。

　　移动支付、线上小额借贷等互联网金融业务将是广东金融机构赴澳展业的突破口。考虑到当前港澳本地金融业已较为发达,且其银行业、保险业中存在中资金融机构和本地金融机构的激烈竞争,广东或珠海金融机构以传统方式赴澳门展业的动力和发展空间有限。但由于港澳目前在支付方式上仍以现金、信用卡为主,银行保险体系业务模式以线下为主,内地互联网公司、金融科技企业以电子化形式赴澳门开展线上零售银行业务、提供移动支付服务存在较大的空间。香港目前已推出虚拟银行[①]牌照,图 15-4 为香港虚拟银行牌照发展历程,获得牌照的机构有望实现金融服务的纯线上化和远程开户,将在移动支付和小额借贷等当前相对薄弱的领域有所突破,牌照申请者包括蚂蚁金服、腾讯、平安科技等内地机构。同时,中银香港提供了"代理见证开立内地个人银行账户业务"、微信香港钱包接入中国银联提供跨境双向支付,提升了香港居民使用跨境移动支付服务的便利度。澳门金管局也可考虑响应、鼓励广东金融科技企业在澳门开展类似业务。2019 年 4 月,蚂蚁金服于澳门筹备成立星汇银行开展互联网银行业务,澳门金管局在表示欢迎的同时也提出了按季提供营运管理报告、设有确保数据安全性及保密性的机制等监管要求。

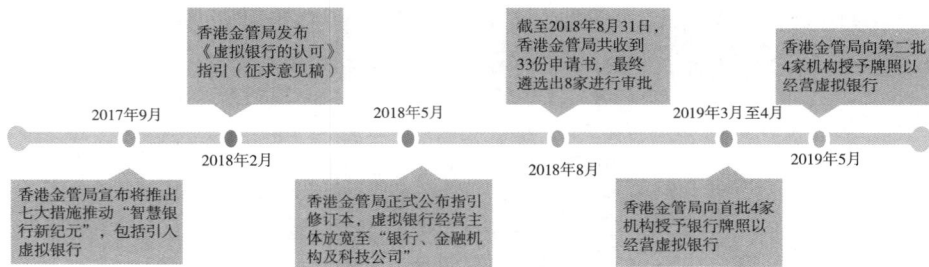

图 15-4　香港虚拟银行牌照发展历程

资料来源:课题组整理。

第三节　珠澳金融机构协同发展思路——一个基于两类跨境成本的理论模型

珠澳金融机构协同发展的主要模式为两地金融机构的跨境互设与展业,

---

①　根据香港金融管理局的定义,虚拟银行是指通过互联网或其他形式的电子渠道而非实体分行提供零售银行服务的银行,其主要针对个人客户以及中小企业客户。2018 年 5 月正式发布相关指引,截至 2019 年 5 月初,金管局已向 8 家申请机构(Livi VB Limited、SC Digital Solutions Limited、众安虚拟金融有限公司、Welab Digital Limited、平安壹账通有限公司、蚂蚁商家服务(香港)有限公司、贻丰有限公司、洞见金融科技有限公司)颁发了虚拟银行牌照。

本小节参考 Brander 和 Krugman[①]、Haufler 和 Wooton[②] 等,就珠澳两地银行跨境互设、展业提出一个理论模型,并结合珠澳两地实际来分析金融机构协同发展的可能路径。

(一)模型构建

珠、澳两地银行的跨境贷款业务既面临两地差异化的货币、监管与税收体系带来的合规成本,也面临自身对外地借款者情况不熟悉的信息成本。基于此,我们构建模型分析两类成本变化对两地银行效益及两地税收的影响。

用 $i \in \{1,2\}$ 表示珠、澳两地,假设两地企业处在完全竞争市场下,企业只能在本地贷款与外地贷款中做选择,i 地和 j 地企业选择 $m \in \{i,j\}$ 地银行贷款 L_{im} 后成功生产的概率分别为 q_{im} 和 q_{jm},成功则产出标准化为 1,失败则产出为 0,贷款成本为 R_{im};企业生产成功则还本付息,企业失败则银行面临贷款拖欠与违约。由此可以给出 i 地商品的期望价格及 i 地企业的期望利润表达式:

$$P_i = A - b(q_{ii} L_{ii} + q_{ij} L_{ij}) \tag{15-1}$$

$$\pi_{im} = q_{im}(P_i - R_{im}) \tag{15-2}$$

在完全竞争市场下,企业最终获取零利润,则 i 地两类银行的贷款利率均为 P_i,即可将某地的贷款需求视为对当地企业生产产品消费需求的引致需求。

银行贷款来源于银行权益资产与存款,本模型假设一个完备的存款保险制度,i 地银行存款主要来自 i 地居民,两地银行均受到资本充足率为 k 的约束,需要将事先给定的贷款总量分配给本地贷款和异地贷款。例如,m 地银行在 i 地的权益资产为 E_{im} 的分支机构,其贷款业务需满足下式:

$$\frac{E_{im}}{L_{im}} \geqslant k_i \tag{15-3}$$

与贷款在两地的分配类似,总权益资产为 E_m 的 m 地银行需要在本地与

---

① BRANDER J, KRUGMAN P. A "reciprocal dumping" model of international trade[J]. Journal of international economics,1983,15(3/4):313-321.

② HAUFLER A, WOOTON I. Cross-border banking in regulated markets:is financial integration desirable? [J]. Cesifo working paper,2016.

异地机构中分配权益资产,用 γ_m 和 $1-\gamma_m$ 表示分配比例。由式 15-3 可知,银行有动力在单一约束下使其贷款量最大化,因而可将 i 地银行在 j 地的贷款表示为:

$$L_{ii} = \frac{\gamma_i E_i}{k_i}, \ L_{ji} = \frac{(1-\gamma_i) E_i}{k_j}, \ \forall \, i,j, i \neq j \qquad (15\text{-}4)$$

银行的资本成本可以从权益资本成本和存款成本两个角度来分析,两者单位成本可标准化为 1,并考虑完备存款保险制度对银行成本的补贴效应,i 地银行在本地和异地的资本成本可写为:

$$C_{ii} = 1 - (1-q_{ii})(1-k_i) \qquad (15\text{-}5)$$

$$C_{ji} = 1 + \tau - (1-q_{ji})(1-k_j) \qquad (15\text{-}6)$$

其中,τ 表示珠、澳两地银行跨境放贷面临的合规成本。

同时,两地银行跨境放贷也会面临对异地企业了解不足的信息成本,因而主要通过将银行对贷款企业的监督行为纳入模型,来考虑这一类型成本。具体而言,q_{mi} 的银行监督行为将决定企业成功生产从而偿还贷款的概率,i 地银行提供监督的成本在本地和异地分别为 $\frac{s q_{ii}^2}{2}$ 和 $\frac{s(1+\sigma) q_{ii}^2}{2}$,$\sigma$ 即为跨境放贷面临的信息成本加成。i 地银行将选择对本地与异地企业的监督行为以最大化其净利润方程:

$$\Pi_i = \alpha_{ii} L_{ii} + \alpha_{ji} L_{ji} \qquad (15\text{-}7)$$

$$\alpha_{ii} = R_i q_{ii} - C_{ii} - \frac{s q_{ii}^2}{2}, \ \alpha_{ji} = R_j q_{ji} - C_{ji} - \frac{s(1+\sigma) q_{ii}^2}{2} \qquad (15\text{-}8)$$

根据式 15-7、式 15-8,解得一阶条件为:

$$q_{ii}{}^* = \frac{R_i - (1-k_i)}{s}, q_{ji}{}^* = \frac{R_j - (1-k_j)}{s(1+\sigma)} \qquad (15\text{-}9)$$

由式 15-9 可知,银行的最优监督行为是与贷款利率和资本充足率限制正相关的。其经济学逻辑在于,更高的贷款利率强化了贷款成功对银行效益的作用,更高的资本充足率限制在完全存款保险制度下放大了贷款失败对银行的冲击。

i 地银行最优权益资产分配可由 Π_i 对 γ_i 求导,并代入式 15-1、式 15-4 中得到:

$$\gamma_i^* = \frac{1}{\theta}\left[\frac{2b\,E_i\,\varphi_j^2}{k_j^2} + \frac{\varphi_i^2 s\,(1+\sigma)^2}{k_i} - \frac{\varphi_j^2 s(1+\sigma)}{k_j} + \frac{2\tau\,s^2\,(1+\sigma)^2}{k_j}\right]$$

$$(15\text{-}10)$$

$$\theta = 2b\,E_i\left[\frac{\varphi_i^2\,(1+\sigma)^2}{k_i^2} + \frac{\varphi_j^2}{k_j^2}\right], \varphi_m = R_m - (1-k_m), m \in \{i,j\}$$

$$(15\text{-}11)$$

出于模型简化的目的,本节后续分析将假设两地将会有相同的资本充足率要求和均衡贷款利率,即 $k=k_i=k_j$, $R=R_i=R_j$,则式 15-10 可以简化为:

$$\gamma_i = \frac{1}{\frac{bE_i}{k}\left[(1+\sigma)^2 + 1\right]}\left\{\frac{bE_i}{k} + \frac{s(1+\sigma)\sigma}{2} + \frac{\tau\,s^2\,(1+\sigma)^2}{\left[R-(1-k)\right]^2}\right\}$$

$$(15\text{-}12)$$

同时,银行的借贷行为对 i 地税收的净影响可视为企业贷款后经营失败、无法偿还时,完全存款保险制度对银行存款的赔付而造成的税收损失。

$$T_i = -(1-k)\left[(1-q_{ii})\,\gamma_i L_i + (1-q_{ij})(1-\gamma_j)L_j\right] \quad (15\text{-}13)$$

(二)跨境信贷成本降低对两地银行净利润及两地税收的影响

基于以上构建的模型,下面我们从理论上分析银行跨境展业的合规成本 τ 和信息成本 σ 降低对两地银行净利润及两地税收的影响。

根据式 15-1 和式 15-12, τ 变动对权益资产分配和贷款利率的影响如下:

$$\frac{\partial \gamma}{\partial \tau} = \frac{s^2\,(1+\sigma)^2}{\phi^2 bL\varepsilon} > 0, \quad \frac{\partial R}{\partial \tau} = \frac{-s^2\,\sigma(1+\sigma)^2}{\phi\varepsilon} < 0 \quad (15\text{-}14)$$

其中, $\varepsilon = \left[(1+\sigma)^2 + 1\right]\left[s(1+\sigma)+bL(1+\gamma\sigma)\right] - \tau s^2\sigma\,(1+\sigma)^2 > 0$。

在其他因素不变的情况下,合规成本下降,银行会提升其总贷款中异地贷款的比重,而增加的这部分贷款的生产成功概率明显降低,贷款利率下行。

根据式 15-7、式 15-8 和式 15-9, τ 变动对银行净利润的影响如下:

$$\frac{\partial \Pi}{\partial \tau} = -(1-\gamma)L + \frac{s(1+\sigma)}{2\,\phi^2 b\varepsilon}\left[\phi^2\sigma\eta + 2s\tau(1+\sigma)\mu\right] \quad (15\text{-}15)$$

$$\eta = s(1+\sigma) - bL(1+\gamma\sigma), \quad \mu = s(1+\sigma) + bL(1+\gamma\sigma) \quad (15\text{-}16)$$

式 15-15 中第一项为负,指的是合规成本下降使异地贷款更加便宜,从而对银行利润产生正面影响;第二项的正负取决于 η(η 为正表明银行开展异地贷款的信息成本高于存款保险制度带来的补贴效应)，$\eta > 0$ 时式 15-15 的第二项符号为负，即异地贷款的边际盈利能力下降。故合规成本下降对银行净利润影响的方向取决于这两种效应的大小。

$$\frac{\partial T}{\partial \tau} = (1-k) \frac{s^2 \sigma (1+\sigma)^2}{b \phi \varepsilon} > 0 \tag{15-17}$$

由式 15-17 可知，随着合规成本下降，银行借贷行为带来的税收损失增加。

接下来将研究信息成本 σ 降低对 Π 和 T 的影响。

首先依然需要测算信息成本 σ 对异地贷款比重和贷款利率的边际影响：

$$\frac{\partial \gamma}{\partial \sigma} = \frac{s[(1+\sigma)^2 + (2\sigma+1)] - 4bL(1+\sigma)}{2bL[(1+\sigma)^2 + 1]} \tag{15-18}$$

$$\frac{\partial R}{\partial \sigma} = \frac{\phi b L}{\mu} \left(\frac{1-\gamma}{1+\sigma} - \sigma \frac{\partial \gamma}{\partial \sigma} \right) > 0 \tag{15-19}$$

再根据式 15-7、式 15-8 和式 15-9，得：

$$\frac{\partial \Pi}{\partial \sigma} = \frac{-\phi \eta}{2bs(1+\sigma)} \frac{\partial R}{\partial \sigma} \tag{15-20}$$

式 15-20 表明，信息成本变化对银行净利润的边际影响特征与合规成本变化较相似，也受到 η 取值的影响：$\eta > 0$ 时，信息成本降低的边际利润影响为正，$\eta < 0$ 时，边际影响为负。

$$\frac{\partial T}{\partial \sigma} = \frac{-(1-k)}{b} \frac{\partial R}{\partial \sigma} < 0 \tag{15-21}$$

由式 15-21 可知，信息成本下降会使两地税收水平上升。

(三)模型结论及其对珠澳合作的政策启示

本模型的基本结论可概括为：

(1)商业银行异地贷款的合规成本下降，对两地银行的净利润影响是不确定的，这取决于异地贷款的信息成本和资本充足率。当监管限制较松时，合规成本下降会使新增异地贷款的风险明显提高，并对贷款地较安全的本地贷款产生挤出效应，银行总利润会受到负面影响，且完全存款保险制度下的贷款风险提高导致政府和纳税人承担更多税收损失。只有在信息成本有效降低、银行业监管不失位的前提下，合规成本降低才会促进两地银行业发展。

(2)商业银行异地贷款的信息成本下降，则银行对异地企业进行监督的成本下降,银行对异地贷款监督的均衡水平提升,从而提升两地的税收水平。在监管限制(资本充足率要求)较高的情况下,信息成本下降也将使银行净利润增加。

结合当前珠澳信贷类金融机构合作实际,基于以上结论的政策建议包括:

(1)逐步降低银行等金融机构跨境展业的合规成本至合理水平,避免盲目放开对银行等金融机构的监管限制,避免忽视跨境展业风险。

当前,珠海和澳门两地在货币体系上存在以人民币为主和以澳门元、美元为主的差异,在税收体系下分属不同的关税区,在监管体系下存在差异化的金融监管机构与监管要求,内地的资本账户尚未实现完全可兑换,港澳金融机构在内地开展业务仍存在较多限制。整体来看,金融机构跨境展业的合规成本仍然较高,仍有进一步在两地推行如欧盟的"单一银行牌照"①等政策便利以促进融合发展的必要。与此同时,也应关注两地金融机构特别是澳门银行业的跨境经营风险,加强资本监管、流动性监管和审慎监管,这也符合《纲要》指出的"建立粤港澳大湾区金融监管协调沟通机制,加强跨境金融机构监管和资金流动监测分析合作"。具体举措可包括:建立粤港澳监管部门联席会议机制,推进信息互换和政策协调,组织粤澳银行同业公会签署合作备忘录。

(2)在关注降低合规成本的同时,更应拿出降低信息成本的切实举措。

《纲要》指出,要加快推动横琴澳门青年创业谷、以中医药科技园为代表的粤澳合作产业园等粤澳合作项目建设。集聚于横琴的大量中小型科创企业将可能是澳门银行及其内地分支机构提供跨境金融支持的主要对象,此类企业有较强烈的资金需求,又难以提供实质担保,降低银行机构对这类企业提供跨境金融支持的信息成本将有重要意义。此外,澳门银行、保险进入内地展业的总资产等要求取消,一方面会降低澳门银行、保险机构达到标准的合规成本,但另一方面也可能使澳门中小银行、保险机构进入珠海等地贷款的行为大量增加,由此可能引致贷款风险偏好升高、不良率提升等问题。这

---

① 1992 年,欧共体通过《第二银行指令》(The Second Banking Directive),其中确立了银行业的单一许可原则,凡在欧共体一成员国内获得许可的信用机构,有权在其他成员国内自由设立分行并提供经许可的服务,而无须取得东道国的另行许可或授权。

需通过粤、澳两地合作降低信息成本、加强金融监管来应对。

从珠海市政府及横琴新区政府角度来看,可以积极推动两地金融机构应用金融科技手段转型,建设大数据服务平台,对高新技术企业、创新创业企业全覆盖,帮助本地及澳门银行创建一套评估体系以识别客户。2019 年 3 月 15 日,横琴新区推出全国首个跨境信用平台"信易得",澳门和横琴的首批 255 家商户已全部上线,用户可以便捷查询两地商户的信用、产品与服务信息。下一步应将该平台涵盖范围扩大至珠澳全境,且从主要面向游客、消费者扩大至为金融机构提供信用信息。

从澳门特区政府角度来看,长期以来澳门依靠"街坊文化""砖头文化"[①]解决征信问题的做法存在严重的信息不对称问题,明显抬高了金融机构跨境展业的信息成本。特区政府应高度重视征信系统的建设,处理好征信系统建设与个人隐私保护的关系,并推动在澳占主导地位的中资金融机构率先实行行业内征信体系共建、共享。

从粤、港、澳三地政府规划角度来看,有必要整合粤、港、澳三地相对割裂的信息数据资源。目前广东省范围内正在搭建中小企业服务中心体系,帮助中小企业完善企业信息,规范企业经营。后续也可以探索建设粤、港、澳三地中小企业融资服务平台,运用人工智能、大数据、云计算等手段对其进行风险画像和信用评级,自动匹配供给需求,大幅降低澳门金融机构在大湾区跨境展业的信息成本。

---

　　① "街坊文化"指通过熟人间口口相传、互相打听来获取个人信用信息;"砖头文化"指通过房屋局查找相关个人或企业有没有抵押房产。参见徐奇渊.以金融业为突破口培育澳门经济新动能,推动大湾区建设[J].银行家,2019(3):44-45.

第十六章

珠澳金融机构协同发展方向
之一："单一通行证"模式

"单一通行证"制度主要于欧盟内部推行,指只要金融机构所在成员国批准,该金融机构便可在欧盟其他成员国自由开展业务,其他成员国原则上不能施加额外监管要求。在"单一通行证"模式推行之前,欧盟金融机构跨境展业须取得每一个其有意开展业务的成员国的许可。作为欧盟单一金融市场的核心制度,其主要通过减少成员国之间提供跨境金融服务的壁垒,大幅推动了欧盟国家间金融服务的一体化。在粤港澳大湾区统一推行"单一通行证"制度,将为珠澳金融机构跨境互设、展业提供制度保障,有助于两地金融机构协同发展。

第一节 推行"单一通行证"制度的理论探讨与现实意义

(一)理论探讨:跨境金融服务的理论内涵及利弊得失

理论上,跨境金融服务作为区域金融一体化程度的重要标志,主要作用在于提升金融运行效率、形成风险共担机制。[1]

首先,跨境金融服务引入了外部竞争机制,新的金融产品、服务乃至金融科技等新技术的应用将提升一国金融中介机构的整体运行效率与水平,也将促使该国金融监管体系加快革新。[2] 其次,两类跨境金融服务具备明显的风险共担性质:一是银行的跨境借贷能够通过减少银行本地贷款的风险暴露分散银行贷款的总体风险,减少其波动性,从而使区域内各地经济的风险实现共担,且外地银行的进入也会给本地银行业带来更多竞争,提升经济效率,如

---

① Financial integration in Europe,ECB,April 2016.

② CLAESSENS S. Competitive implications of cross-border banking[M]//CAPRIO G, EVANOFF DD,KAUFMAN GG.Cross-border banking:regulatory challenges. Singapore:World Scientific Publishing Company,2010.

贷款利率会在竞争中下降从而有利于借款者;[①]二是权益类资产的跨境投资
(如 FDI、股票市场投资等)基于异地资产的所有权转让,由于其具有无期限
的特征,因而一般较跨境债务类投资在总量上更稳定和持续。[②]

然而,全球金融危机与欧洲主权债务危机的爆发使学界对于欧洲的金融
一体化提出了质疑,其中也包括对金融机构提供跨境服务可能存在的风险点
分析:一是外地资本的波动性会自然高于本地资本,即当贷款地出现动荡导
致其投资吸引力下降时,相对于本地银行,提供跨境贷款的银行能更迅速地
转移其资本;二是信贷冲击的"传染病效应",例如银行总部所在地面临经济
基本面恶化和信贷收缩,可能使该银行收缩其在其他区域或者国家的贷款,
导致信贷冲击传染至异地,这方面最经典的例子就是次贷危机爆发后发达国
家银行的收缩行为加速了危机向新兴市场的传导;[③][④]三是"净传染效应",一
国面临金融市场动荡时,仅投资者心理预期调整,会导致恐慌在存在经济、政
治或文化相似性的国家的资本市场间传导。[⑤]

由以上梳理可知,区域金融服务一体化的核心问题是在何种条件下跨境
金融服务的优势能够得到最大程度的发挥、风险能够得到有效控制。

——从跨境金融服务的性质与形式看,部分服务与产品的风险相对更可
控。现有研究表明,由于固定成本的存在,相比于直接提供跨境贷款,银行设
立异地分支机构或子公司的行为将使异地贷款更加稳定。此外,跨境资产的
构成是其稳定性的重要影响因素,权益类资产相对债务类资产、长期限资产
相对短期限资产、银行与异地企业间的跨境借贷相对于银行间的跨境拆借,
是区域金融一体化较稳定和积极的表现。[⑥] 这也解释了为什么世界主要自由

① ALLEN F, BECK T, CARLETTI E, et al. Cross-border banking in Europe:
implications for financial stability and macroeconomic policies[J]. Centre for economic policy
research, 2011.

② KOSE M A. Frontiers of research on financial globalization[J]. IMF staff papers, 2009,
56(1):1-7.

③ PEEK J, ROSENGREN E S. Collateral damage: effects of the Japanese bank crisis on
real activity in the United States[J]. American economic review, 2000, 90(1):30-45.

④ CETORELLI N, GOLDBERG L S. Global banks and international shock transmission:
evidence from the crisis[J]. IMF economic review, 2011, 59(1):41-76.

⑤ MASSON M P R. Contagion: monsoonal effects, spillovers, and jumps between multiple
equilibria[M]. International Monetary Fund, 1998.

⑥ Financial integration in Europe, ECB, May 2018.

贸易区金融服务贸易自由化一般由银行保险业务先行、设立分支机构或子公司先于直接提供跨境服务。

——从跨境金融监管角度看,区域内良好的监管合作与协调是发挥跨境金融服务风险共担优势的重要因素。在金融一体化过程中,垄断、负外部性、信息不对称等传统的金融现象依然存在,且呈现出新的特征,包括各国监管者之间的利益冲突和"逐底竞争"[①]、监管范围的重叠和真空、监管职责的授权问题和代理问题等[②],这要求各国监管者以及超主权性质的监管机构之间形成有效的监管协调机制。

(二)现实意义:跨越制度限制,弥合体系差异,服务跨境需求

如本章第一节所述,当前澳门银行、保险、基金等金融机构进入广东展业仍存在较严格的限制,而内地直接购买港澳的金融产品、服务又存在资金出境、换汇、支付等方面的限制。由此可见,准入门槛与资本流动限制、货币体系与关税体系的差异是限制粤、港、澳间金融产品及服务跨境需求长期无法充分满足的主因。

以居民购买保险产品为例,除粤港澳跨境车险这一特殊安排,当前内地居民想要投资港澳保险产品必须前往港澳签约,否则即为非法的"地下保单",需要申请在港澳开设银行账户并以港币、澳门元、美元等外币形式办理后续保费缴纳、理赔等事宜;外币形式的理赔金转回内地同样面临外汇管制额度的限制,且港澳保单不受内地法律保护,遇到理赔纠纷也必须赴港澳处理相关法律事宜[③]。

此外,内地居民对于港澳的保险等金融产品有着稳定的需求。尽管港澳特别是香港的重疾险与高端医疗险较内地同类产品在承包范围、危疾定义等方面有优势,但需求的主要来源仍在于联系汇率制度下的港澳外币保单(储蓄分红险),它是内地中高净值人士多元化资产配置的良好选择,这也反映在内地居民赴港购险总规模的趋势变化上,如图 16-1 所示,寿险保费收入在人

---

① 逐底竞争(race to the bottom)指在全球化的过程中,资本为了寻找最高的报酬率而在世界各地流动,发展中国家政府有吸引国际资本的动力,在福利体系、环境标准和劳工保障方面的政策执行因此受限。

② 涂晟. 论国际证券监管中的相互认可制度[D].北京:对外经济贸易大学,2017.

③ 参见《中国保监会关于内地居民赴港购买保险的风险提示》,2016 年 4 月。

民币走低的 2015—2016 年均呈上涨趋势,此后伴随着人民币汇率企稳以及相关监管的强化而渐渐走弱。

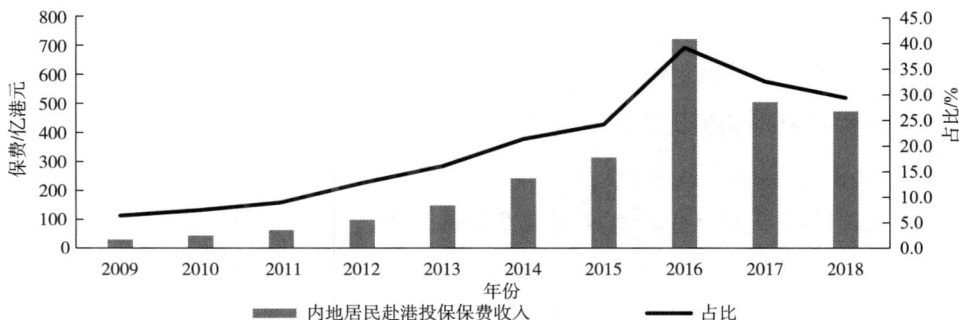

图 16-1　2009—2018 年内地居民赴港购买寿险总保费及其占比

资料来源:香港保险业监理处。

在粤港澳大湾区建立"单一通行证"制度及配套制度体系,即意味着仿照欧盟框架允许粤、港、澳三地监管机构授予当地合格金融机构"单一通行证",获准"单一通行证"的合格金融机构可以在大湾区自由开展业务,无须展业地监管机构的进一步审批(可由银行、保险业务逐步放开至证券、投资业务)。对珠、澳而言,这一制度的逐步完善将打破当前两地存在的金融产品、服务的跨境限制,大幅降低金融机构跨境业务的合规成本,弥合监管体系上的差异,满足银行跨境贷款、居民购买跨境保险产品、跨境私募股权投资等需求,从而提高珠澳金融业整体运行效率和竞争力,提升存款人、投资人和投保人等金融服务消费者的福利水平。

第二节　发展"单一通行证"制度的国际经验:以欧盟为例

(一)从法律体系建设看欧盟金融服务一体化发展历程

欧盟早期的金融服务一体化整体呈现由设立自由到服务自由[①]、银行保

---

①　设立自由是指任何成员国国民在任何成员国境内设立营业性金融机构不受限制,服务自由是指成员国国民向其机构所属国以外联盟成员国提供服务不存在立法性、行政性限制。参见《欧洲联盟运作条约》。

险业先行的特点。早在欧共体时期,《欧洲经济共同体条约》即提出要推动金融服务一体化,但直至20世纪80年代中期,欧共体虽然推出了《银行业指令》(1973年)、《第一银行业指令》(1977年)、《第一人身险指令》(1979年)等方案,但实际并没有涉及重复许可和重叠监管等核心问题,证券和投资服务市场一体化更是几乎无进展。随着1986年《单一欧洲法》推出,相关法律指令出台有了明显成效,至1992年底《第二银行业指令》《第三人身险指令》《第三非人身险指令》出台,基本实现了欧盟内部银行、保险服务由设立自由发展到服务自由。但对于证券和投资服务市场的一体化,欧共体的立法长期滞后,特别是1989年《第二银行业指令》出台后,兼营证券和投资业务的信贷机构可由"单一通行证"制度获得较高程度的跨境服务自由,而专营证券投资业务的投资机构跨境展业仍受限制,这实际导致了该领域的不对等竞争。直到1993年,这一局面才由于欧共体《投资服务指令(1993年)》创设了证券投资服务领域的"单一通行证"制度而被打破(表16-1)。

表16-1 欧元诞生前欧盟(欧共体)金融服务一体化立法进程

金融服务一体化立法	生效年份	类别	具体内容	评价
《欧洲经济共同体条约》	1958年	总体	提出在过渡期内制定一系列指令,消除针对设立自由和服务自由的限制性措施	由于成员国数量持续增加,立法效率低下,既定立法任务远未完成
《银行业指令》	1973年	银行服务	强调应遵循国民待遇原则,取消成员国法律中对其他成员国银行的歧视性规定	并没有涉及重复许可和重叠监管等核心问题
《第一银行业指令》	1977年	银行服务	对成员国之间关于信贷机构设立和经营的法律做了初步协调	没有涉及机构跨境展业重复许可问题
《第一非人身险指令》	1973年	保险服务	实现设立自由,但在成员国境内从事非人身险业务应取得成员国主管部门批准	没有实现服务自由,也未解决成员国间监管指标协调问题
《第一人身险指令》	1979年	保险服务	实现设立自由,但在成员国境内从事人身险业务应取得成员国主管部门批准	没有实现服务自由,也未解决成员国间监管指标协调问题
《单一欧洲法》	1986年	总体	确定于1992年底实现"单一市场计划",致力于消除技术壁垒和税收壁垒	使欧洲共同体跨境金融服务的相关指令的立法效率明显提升

续表

金融服务一体化立法	生效年份	类别	具体内容	评价
《第二银行业指令》	1989年	银行服务	创设"单一通行证"制度，并设立一整套银行许可和审慎监管最低标准	初步建立了单一银行服务市场的法律框架
《第二非人身险指令》	1988年	保险服务	从事非人身险业务的保险公司可以自由展业而无须当地主管部门许可	基本建立了单一非人身保险市场的法律框架
《第二人身险指令》	1990年	保险服务	从事人身险业务的保险公司可以在投保人同意的情况下自由跨境展业	基本建立了单一人身保险市场的法律框架
《欧洲联盟条约》	1991年	总体	提出于1999年建立单一货币、统一成员国货币政策	为金融服务一体化消除了资本流动和汇率障碍
《第三非人身险指令》《第三人身险指令》	1992年	保险服务	取消此前在"大众风险"（mass risk）方面自由提供服务的限制	基本实现了人身险和非人身险在批发和零售领域的设立与服务自由
《投资服务指令》	1993年	证券投资服务	创设证券、投资服务领域内的单一通行证制度，统一信贷机构和投资机构的审慎监管标准	打破了信贷机构与投资机构在跨境证券投资服务领域的不平等竞争

资料来源：课题组整理。

注：欧盟金融服务一体化立法主要包括条例（regulation）、指令（directive）、决定（decision）三类：条例指对所有成员国直接适用的具有法律效力的规范性文件；指令指的是对特定成员国有约束力的，要求特定成员国通过转化为国内法的方式加以实施的规范性文件；决定指针对特定事项做出的法律文件，具备完整的法律约束力。具体参见《欧洲联盟运作条约》。

1999年欧元推出后，逐渐形成的单一货币体系促进了各成员国金融市场的迅速扩张，金融机构国际化水平显著提升，且信息技术发展带来了网上银行等新型跨境金融服务形式，进一步完善金融服务一体化法律体系成为主要趋势。1999年11月欧盟委员会推出的《金融服务行动计划》提出2005年底前在42个领域采取立法和非立法措施的时间表，此后的《第一银行业综合指令》《第二银行业综合指令》《人身险综合指令》《再保险指令》等银行保险业相关方案均源于《金融服务行动计划》的规划。此外，《金融服务行动计划》也推动了证券和投资服务领域的一体化进程，其中具有代表性的《金融产品市场指令》(2004年)完善了共同投资计划管理公司跨境设立分支机构和直接提供跨境服务的法律体系,如将跨境投资范围拓展至货币市场工具、共同投资计划份额及银行存款等。欧盟证券和投资服务市场一体化立法过程可见图16-2。

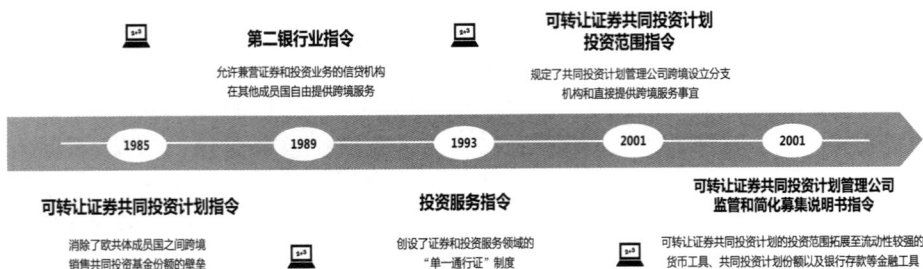

图 16-2　欧盟(欧共体)证券和投资服务市场一体化立法过程梳理

资料来源:课题组整理。

2008年全球金融危机以及此后的欧债危机爆发,对欧洲银行业造成巨大冲击(2009年欧盟对银行业的救助总额占其当年GDP的13%),欧洲金融服务一体化水平出现明显下降。此后一段时间内,欧盟金融服务一体化相关法律建设主要专注于对原有指令的修订以适应《巴塞尔资本协议Ⅲ》等新监管标准,如《信贷机构、投资机构审慎监管指令》(2013年)即在欧盟层面上完善了银行资本标准等方面的新要求,《保险业综合指令》(2009年)对原有的人身险、非人身险、再保险、保险公司市场退出等方面的指令做了系统的整合。此外,在充分意识到两地危机中暴露的银行体系监管不足、各成员国清算机制不健全、金融体系过度依赖银行等问题后,欧盟于2012年推出"银行业联盟"路线图。其后随着统一监管机制(SSM),统一处置机制(SRM)和共同存款保险机制(DGS)三大支柱①的逐步确立,欧盟银行服务一体化基本完备,金融服务一体化水平明显回升。欧元诞生后欧盟金融服务一体化指数与相关立法、事件如图16-3所示。

---

① 2014年11月起,SSM实现欧元区商业银行均在欧盟层面上接受欧洲央行监管;2016年1月起,SRM实现欧盟单一清算委员会与各成员国清算机关共同履行银行重组与清算职能;2013年12月17日DGS协议达成,预计从2017年起至2024年,欧洲存款保险基金逐步替代各国存款保险基金。

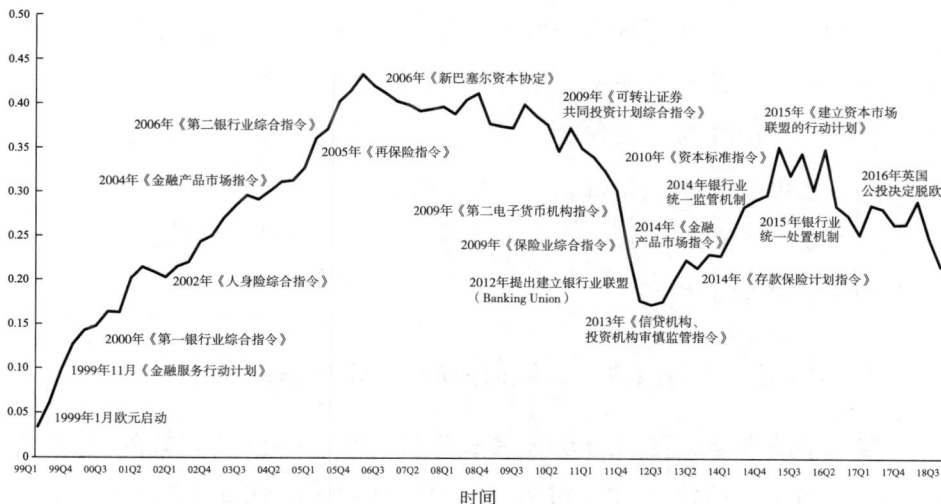

注：这里采用欧洲央行基于欧盟内部跨境借贷等数据使用量基法（quantity-based）构建的指标，纵坐标"0"表示完全的金融服务市场分割，"1"表示完全的金融服务一体化；横坐标 Q 表示季度。

图 16-3　欧元诞生后欧盟金融服务一体化指数与相关立法、事件梳理

资料来源：欧洲央行（ECB）；课题组整理。

在基本完成银行保险业的服务一体化后，欧盟于 2015 年适时提出"资本市场联盟"倡议，以推动建立欧元区统一的资本市场。金融危机暴露了欧元区经济过度依赖银行体系融资、欧盟银行间跨境信贷泡沫造成金融不稳定等问题，欧盟委员会认为解决方案之一在于发展、完善一体化的资本市场。针对当前欧元区资本市场存在的股票流动性差、个人投资者对资本市场参与不足、成员国对于风险资本的征税较高导致跨境资本流动受限、中小企业上市障碍较多等问题，"资本市场联盟"倡议提出促进投融资双方信息交换便利化以鼓励风险投资发展、简化招股说明书等中小企业进入资本市场的程序、推进资本市场投资主体多元化，具体通过修改《招股说明书指令》《欧洲风险资本基金条例》《欧洲社会创业基金条例》《偿付能力监管Ⅱ号指令》等相关法规来实现。

2016 年 6 月 23 日，英国公投决定退出欧盟，尽管其尚未正式退欧，但相关连锁反应已引发欧盟金融一体化水平下滑。在将近 3 年的脱欧谈判过程中,全球各大银行已做了针对性的业务调整,如将受欧洲业务经营结构和法律实体关系调整影响的业务从英国转移到欧洲大陆各国。截至 2019 年 5 月,英国议会尚没有通过英国政府与欧盟达成脱欧协议,无协议脱欧风险加大。如果无协议脱欧,英国将无法继续享有欧盟单一市场的服务贸易待遇,英国与欧盟的经贸关系将退回 WTO 基本贸易框架,英国金融机构进入欧盟市场的壁垒会大幅提升。

(二)欧盟关于金融机构跨境展业的第三国机制

除内部基本建立各类跨境金融服务的"单一通行证"模式外,欧盟在 2018 年正式实施的《金融工具市场指令 II》(MiFID II)明确了第三国机构向欧盟客户提供金融服务的准入模式,其核心是设置了监管对等的第三国机构准入原则。监管对等原则是指由欧盟委员会评估第三国相应领域的金融法律和监管法规是否符合欧盟相关法规,如果通过评估则欧盟允许符合第三国监管要求的该国金融机构向欧盟客户提供金融服务,以减少重复监管;如果无法通过欧盟评估,则第三国金融机构需要通过在欧盟设立子公司等实体来获取市场准入资格(包括存款、贷款、支付在内的欧盟绝大多数零售金融业务是不存在第三国对等机制安排的[①])。

英国脱欧后,其金融机构赴欧盟展业将不再适用欧盟金融一体化框架,也就不再拥有欧盟"单一通行证"。如果直接推动英国适用当前欧盟的第三国机制,英国金融机构在大多数业务领域进入欧盟均需要欧盟重新评估,这一方面导致金融机构的合规成本大幅增加,另一方面也给欧盟带来了更大的监管压力。为此,英国设想了一个新的跨境金融服务和金融监管合作框架,希望能够维持当前的英欧跨境金融业务不受重大影响,包括以咨询业界和专家委员会的形式评估双方监管框架是否对等、建立有序的互认退出机制等。目前这一设想能否实现还有待观察。

---

① 邢毓静,丁安华.粤港澳大湾区金融融合发展研究[M].北京:中国金融出版社,2019.

第三节 欧盟经验总结及其对粤港澳发展 "单一通行证"制度的启示

总体来看,欧盟以推行"单一通行证"制度为核心的金融服务一体化进程是有明确的路线图与时间表、充分协调各方矛盾并凝聚各方共识的成功发展案例。从《欧洲经济共同体条约》确立设立自由和服务自由的一体化方向,到《单一欧洲法》致力于 1992 年前消除阻碍"单一市场"的技术和税收壁垒,此后银行业、保险业、证券投资领域的"单一通行证"制度逐步确立,再到《金融服务行动计划》、"银行业联盟"路线图、"资本市场联盟"倡议,欧共体以及欧盟在自上而下推行金融服务一体化的过程中,在每一时期都有重要的纲领性文件规划好路线图、完成期限,并且在立法中充分尊重了各成员国在金融监管方面的灵活性。这既有利于形成稳定的政策预期,也有助于提升改革推进的效率。

欧盟"单一通行证"模式发展至今,坚持了设立自由、服务自由、最低限度协调、相互承认、母国控制五个重要理念(图 16-4)。从金融服务法理论看,设立自由和服务自由原则属于一体化方法中的消极一体化模式,即各成员国承诺不会维持或采取限制金融一体化的法律或行政措施,这一模式主要体现在《欧洲联盟运作条约》中。与之对应的是积极一体化模式,指欧盟立法机构为了协调各成员国跨境监管规则而出台的一系列条例、指令、指引等法律文件,这些法律文件集中体现了最低限度协调、相互承认、母国控制等理念。欧盟的金融一体化主要以消极一体化为平台和基础,而在积极一体化方面取得了诸多突破[①],如最低限度协调允许成员国对本国注册的金融机构施加较欧盟更严格的监管标准,但不能把更高的标准施加于在该国展业的其他成员国机构。

---

① SAUVE P, STERN R M. GATS 2000: new directions in services trade liberalization[J]. Foreign affairs, 2000, 79(5):134.

图 16-4　欧盟"单一通行证"模式基本原则①

资料来源：课题组整理。

欧盟"单一通行证"模式的发展历程可归纳为由设立自由走向服务自由、由东道国优先走向母国控制②、由银行保险走向全部金融市场与业务三大特征。如前文所述，在理念上，设立自由和服务自由均在《欧洲经济共同体条约》中提出，此后欧共体在 20 世纪 70 年代末和 80 年代末先后实现了银行保险跨境展业的设立自由和服务自由，而证券投资领域的服务自由至欧元推出后才逐步实现。此外，早期（《第二银行业指令》之前）欧共体法案维持了东道国优先或国民待遇原则，跨境金融机构既要接受东道国的监管，也要遵守母国监管规则，不一致时优先适用东道国的监管准则，这实际上没有解决重复监管问题。直到 1986 年《单一欧洲法》实行，此后的一系列法令基本要求跨境金融机构主要遵循其母国监管规则，将主体监管责任由母国转移到了东道国。

由此，我们认为在粤港澳大湾区推行"单一通行证"，应充分吸收借鉴欧盟已渐趋成熟的制度理念与实践证明可行的发展路径，具体方向包括：

一是在大湾区范围内，初步建立起"单一通行证"制度，其核心是将仅限于银行、保险机构的设立自由推广为港澳各类金融机构均享有服务自由。随

---

① 刘轶. 金融服务市场一体化的法律方法[M]. 北京：法律出版社，2015.

② 关于母国和东道国的定义，欧盟一般认定以跨境金融机构的总部（head office）、注册地（registered office）或管理中心（main administration）所在成员国为其母国，而东道国为其分支机构所在地或服务提供地。

着内地金融业对外开放,港澳外资银行、保险机构赴内地展业即将实现设立自由,下一步应优先推动在大湾区范围内试行涵盖各类型金融机构的"单一通行证"制度,允许符合条件的港澳金融机构在粤展业达到服务自由水平。在逐步推行"单一通行证"制度的过程中,也可以借鉴欧盟先银行保险后其他金融机构、先设立自由后服务自由的路线图,需逐步将银行、保险的设立自由扩展到各类型金融机构均有机会获得"单一通行证"、实现服务自由,通行证的授予权由金融机构所在地监管机构掌握,例如获得通行证的港澳金融机构在大湾区跨境展业时首先向港澳金融监管部门报备,港澳监管部门随后通知广东和深圳金融监管部门即可,而无须内地监管机构的再次审批,也无须在内地单独设立子公司。在具体推行过程中,内地监管部门也可考虑设立总资产等方面的准入门槛,先行授予符合条件的 5～10 家港澳银行保险机构"单一通行证",后续再逐步取消授予门槛。

二是借鉴欧盟在金融监管协调方面的制度理念和一体化法律体系构建经验。欧盟在金融立法方面主要通过莱姆法路西框架(Lamfalussy framework,如图 16-5 所示)来提升立法效率,包括四个侧重立法实施不同阶段的层次,粤港澳大湾区也可借鉴该程序。此外,在三地金融监管协调方面,应借鉴欧盟最低限度协调、相互承认、母国控制等原则。首先应推动三地金融监管报告标准化和监管信息共享,特别是东道国监管机构应要求母国监管机构共享跨境展业金融机构的相应监管信息,并以定期召开三地监管机构联席会议的形式对跨境金融业务适用的监管标准释疑[①]。待到经验充分积累、时机成熟时,可考虑推动金融机构跨境展业监管由东道国控制走向母国控制,如港澳金融机构于广东展业仅需适用港澳金融监管标准,内地与广东相关监管机构认可港澳对该金融机构的监管,不再重复监管。

---

① 粤港澳大湾区三地金融监管部门可成立联合委员会。负责开展三地金融监管规则的协调;建立定期例会制度,促进三地监管信息共享、机构处置、危机解决方面的信息共享,同时及时解决合作中出现的相关问题;统筹制定三地开展监管协调与合作过程中信息共享机制、司法互助机制的详细规则。

图 16-5　欧盟金融立法的莱姆法路西框架

资料来源:《粤港澳大湾区金融融合发展研究》,中国金融出版社 2019 年版。

三是明确粤港澳大湾区金融融合与欧盟金融一体化在目标、阶段、约束条件上的重大差异,利用大湾区的独有优势,走有特色的金融机构协同发展道路。欧盟金融服务已基本实现一体化,其银行业联盟、货币联盟、资本市场联盟的发展路径建立起了欧盟内部的单一金融市场,其各成员国的金融监管规则与标准在欧盟委员会的立法与协调下已基本趋同,存在差异的规则也不适用于跨境金融机构。从发展目标看,粤港澳大湾区金融融合并不是建立如欧盟一般的单一货币、单一市场,而是在保持三地差异与特色的条件下尽量减少金融资源跨境流动壁垒。大湾区的法律与监管体系向港澳趋同则内地难以接受与实践,向内地趋同将动摇港澳作为内地市场与国际市场之间"超级联系人"的地位。因此,中短期内不应追求粤、港、澳三地的单一货币或完全一致的金融监管体系(三地金融机构监管框架如表 16-2 所示)、法律体系,而可以从相互认可、相互借鉴、增强协调这几个方向发力,适当借鉴欧盟的第三国准入机制、英国退欧后与欧盟的跨境金融设想。具体在金融法律事务协调方面,由于传统的英美法是跨境金融交易中主要适用的法律,几乎所有的国际金融中心均采用英美法,故可考虑利用广东的地方立法权将部分与跨境金融业务密切相关的香港金融判例法通过立法转换为大湾区地方金融法规与规范性文件。此外,也可考虑设立大湾区跨境金融事务法庭,并加强广东与港澳在商法领域的仲裁合作,建立高效率的跨境金融纠纷处理机制。

表 16-2　粤、港、澳三地金融机构监管框架

地区	广东	香港	澳门
监管模式	分业经营、分业监管	混业经营、分业监管	分业经营、统一监管
监管框架　银行	风险为本，合规监管并重。资本监管为核心、流动性风险监管为重点、公司治理和风险监管为支撑。关键监管指标举例如下：(1)资本监管：核心一级资本、一级资本、总资本充足率分别为5%、6%、8%，总资本分别为2.5%、0～2.5%，逆周期资本缓冲，系统重要性机构附加资本为1%。资本覆盖风险，市场风险及操作风险 (2)杠杆率：4% (3)拨备率：拨备/信贷余额、1.5%～2.5%，拨备覆盖率120%～150% (4)流动性风险监管：流动性100%，流动性比例不得低于25%	以风险为本的监管制度，认可机构应保持充足的流动性①及资本遵守有关任何一单一（或单一组别）客户，董事或雇员放款限度；以及就任命重事,行政总裁及雇员向香港金融管理局申请审批。关键监管指标举例如下：(1)资本监管：必须维持普通股权一级资本比率不低于4.5%，一级资本比率不低于6%及总资本比率不低于8%。资本覆盖风险包括信用风险，市场风险及操作风险 (2)流动性风险管理架构及职责；建立流动性管理风险识别、计量和风险控方法及措施，流动性维持比率、净稳定资金比率，流动性覆盖资金比率不低于100%。第Ⅰ类机构流动性覆盖率100%	注重合规监管与风险监管并重，在监控银行对法律法规严格遵守的同时，确保银行具备适当的内部监控及反恐融资风险管理程序以及反洗钱及恐怖融资措施等。信用机构自有资金的金额不得低于法定最低公司资本，即1亿澳门元。澳门本地信用机构每年必须从利润净额中将不低于20%的份额拨作法定准备金，直至该准备金额达到公司资本的50%。达到该金额后，信用机构应开始从每年利润净额中将不低于10%的份额拨作法定准备金，直至该准备金等同公司资本为止
监管框架　证券	从合规监管走向风险监管，以资本监管为基石，注重对公司资本的充足性和结构性监管，通过风险识别、评估、评级等对证券公司的风险进行全面、动态监控	风险为本，就证券机构的风险管理系统及内部监控措施评估其风险状况，重点监控业务操守②及财政稳健⑥程度，以维护投资者及业界利益	公司资本不得低于特别法律或做做出许可的有关训令中规定的最低限额。人员资质、职务、内部控制等应符合相关监管要求

续表

地区	广东	香港	澳门
监管模式	分业经营、分业监管	混业经营、分业监管	分业经营、统一监管
监管框架（保险）	偿付能力、公司治理、市场行为®"三支柱"保险监管指标举例如下：偿付能力不足100%的保险公司（指偿付能力公司），充足 I 类公司，偿付能力充足率在100%~150%的保险公司（偿付能力公司）及充足 II 类的保险公司偿付能力充足率高于150%的保险（公司）	充足的股本及偿付准备金，有适当资格，足够的再保险安排。(1)经营一般业务的保险公司，偿付准备金应为"有关保费收入在2亿港元以内部分的五分之一"，另加有关保费收入超过2亿港元超逾2亿港元以内部分的十分之一"，或"有关未决申索在2亿港元的五分之一"，另加未决申索超过2亿港元的十分之一"的较大者。如保险公司经营业别保险法定经营准备金最少为2000万港元，则偿付准备金最少为1000万港元的直接业务，偿付准备金规定保险业（偿付准备金）及风险准备金的4%及风险准备金 (2)经营长期业务按照《保险公司（保险业务）规则》所厘订的数额（大概为保险资本的0.3%）中的较大者	谨慎性规则的监管包括对主要持股量的管控，主要股东或管理层成员需符合的管制偿金的要求以及通过合并账目监制偿金的要求以及通过合并账目监管财团等；偿付能力监管，具备直接用于其所经营的财务担保，包括设立技术准备金®及偿付准备金®，并每年呈交由有关数值备相应资格的精算师出具的准备金所需要金额的再保险公司或利润中拨出一定比准备金所需金额的证明书。同时，澳门本地保险公司或再保险公司还需从每一营业年度的利润中拨出一定比例的附属利润设立法定准备金

注：①明确流动性风险、制定应对方法及措施。主要监管指标包括偿付能力充足率、资本充足率、净稳定资金比率。

②完善资金监管比率，监督其业务操守及维持适当入选资格。

③满足最低资本额要求，安善管理其财务风险，维持与安善经营业务而承担的风险水平相称的财务资源，每家机构为市场风险和交易对手风险做出拨备后，须维持足够的速动资金。

④包括保单款准备金。

⑤技术准备金包括数理准备金，数理准备金偿付准备金应以资本计算，用于偿付准备金（经营人寿保险）、现存风险准备金（经营一般保险）、损失率偏差准备金（经营商业信用保险）。

⑥澳门地区的资本；给予本地成立的保险公司偿付准备金公司资款；其他无抵押的贷款（人寿保单的贷款除外）；在所属经济集团的联号公司内的资本投资。

率、未定资金比率及其监督其适当维持适当资金比率。

或其配偿债资本；给予隶属同一经济集团的联号公司资款；在所属经济集团的联号公司内的资本投资。

四是要明确跨境分支机构"注册地"与"展业地"监管权限划分。对于适用"单一通行证"的主体准入后监管,珠、澳两地应通过双边或多边协议,明确对于直接提供跨境服务或通过设立分支机构方式提供金融服务的金融机构监管的合作框架,明确"注册地"与"展业地"监管权限划分,提供单一、明晰的法律监管框架。考虑到欧盟母国控制原则实施的实际情况,以及东道国监管机构对金融机构分支机构监测及机构违规介入管理的便利性,初期建议对于跨境分支机构仍然主要遵循分支机构所在辖区监管机构监管,即"展业地"监管为主。"展业地"监管机构应确保分支机构在其辖区的相关业务行为符合"单一通行证"制度下两地协调确定的相关监管要求,如出现违规行为,分支机构所在辖区监管机构可采取适当措施,要求其改正。若分支机构仍不满足监管要求,分支机构所在辖区监管机构可在通知总部所在辖区监管机构后,采取相关惩罚措施。

东道国("展业地")监管并不完全排除母国("注册地")监管,对于不同的监管事项,监管权限划分也会存在不同。例如,欧盟规定银行跨境分支机构虽然遵循母国控制原则,但其流动性监管由东道国监管机构负责,市场风险监管由母国和东道国共同承担。因此,对于跨境提供服务或跨境分支机构的具体监管事项,建议两地监管机构(广东与澳门)提前明确"展业地"和"注册地"监管机构的监管合作义务。待监管规则协调、监管互认逐步发展成熟,可考虑由"展业地"监管逐步转为"注册地"监管,降低跨境金融机构的监管成本。

第十七章

珠澳金融机构协同发展方向
之二："飞地＋自贸区"模式

《纲要》指出，有序发展"飞地经济"，促进泛珠三角区域要素流动和产业转移，形成梯度发展、分工合理、优势互补的产业协作体系。当前，大湾区范围内已有深汕特别合作区、澳门大学横琴校区等"飞地"先例，珠澳金融合作可考虑以"飞地＋自贸区"模式作为突破口，在由珠海横琴主导的自贸试验区内设立一块由澳门主导的"经济飞地"，并在区内试点珠澳范围内特色金融机构"单一通行证"制度。该模式对于促进澳门经济适度多元化、于横琴打造粤澳深度合作示范区，具有较大的现实意义。

第一节 "飞地经济"与自贸区模式的内涵与先例

（一）"飞地经济"的内涵及在粤港澳大湾区的发展先例

1．"飞地经济"的理论内涵与现况梳理

"飞地经济"（enclave economy）是以"飞地"为主要依托的一种新型经济现象与区域合作模式。"飞地"作为一个国际法与地理概念，本意指"一国位于他国国境之内不与本国毗连的领土"[①]或"属于某一行政区管辖，但不与本区毗连的土地"[②]，历史上的"飞地"如俄罗斯的加里宁格勒州、美国的关塔那摩、西班牙的利维亚等的形成主要与政治、军事相关，背后并没有发展经济的动因。21世纪以来，我国部分沿海城市在城市化进程中面临生产要素集聚、建设用地需求骤增、土地资源不足等问题，其探索突破行政区划，与欠发达地区合作共建异地园区，欠发达地区让渡经济事务管理权，发达地区将先进产业转移至园区，彼此共享收益，从而形成以各地共建园区为主要形式的"经济飞地"[③]。由此"飞地经济"可定义为两个彼此独立、经济发展存在差距的行政

---

① 曾庆敏. 精编法学辞典[M]. 上海：上海辞书出版社，2000.
② 马永立. 地理学词典[M]. 上海：上海辞书出版社，1983.
③ 秦贤宏. 飞地经济与共建园区：苏沪合作试验区规划前期研究[M]. 北京：科学出版社，2017.

地区打破原有体制机制限制,通过规划、建设和税收分配等合作机制进行跨空间的行政管理、经济开发与利益共享,实现两地优势互补、共同发展的经济现象与区域合作模式,一般具备空间分离性、人文相通性、优势互补性和产业关联性等特征[1][2]。

现代区域经济学对"飞地经济"的产生逻辑提出了多种解释。根据区域比较优势理论,区域间生产要素禀赋的比较优势差异带来合作发展的空间,"飞出地"一般在资金、管理、人才、技术等方面具有比较优势,而"飞入地"在土地、劳动力的数量与成本方面具有比较优势,"飞地经济"有利于两地要素整合,突破发展瓶颈,比较优势是"飞地经济"形成的直接原因。从区域经济梯度转移理论角度看,每个国家或地区都处于不同的经济发展梯度上,梯度层次主要由创新活动决定,而随着时间的推移及工业生命周期阶段的变化,一些已过创新阶段的产业会通过多层次的城市系统逐渐从高梯度地区向低梯度地区转移[3],我国"飞地经济"多数产生于这种转移过程。法国经济学家Perroux最早提出的增长极理论则认为区域发展是非平衡的,首先出现在区域内条件优越、具有区位优势的少数地点(增长极),形成资本与技术高度集中、具有规模经济效益的产业集聚,接着通过不同渠道向外扩散,辐射周边区域发展。"飞地经济"就是一种创新型的扩散渠道[4]。

当前国内以独立行政区间合作共建工业园区为主要形式的"飞地经济",总体可从投入方式、管理方式、主要推动力量、利益享受主体等角度划分(图17-1)。按基础设施投入的出资方来划分,可分为飞出地投资型、飞入地投资型、双方共同投资型,飞出地投资型如江苏江阴-靖江工业园的投资开发以江阴市为主;按共建园区的管理方式划分,可分为飞入地管理型、飞出地管理型和两地共管型,如苏州宿迁工业园区以飞出地苏州管理为主;按政府合作的推动力量划分,可分为上级政府推动模式、本级政府推动模式、同级政府推动模式,如深汕(尾)特别合作区成立初期为广东省政府主推,此后逐步转变为深圳市政府主推;按税收、GDP考核指标等利益的享受主体划分,可分为一

① ZHOU M. Chinatown: the socioeconomic potential of an urban enclave[J]. Journal of American ethic history,2010,14(3):64.

② 李瑜.飞地经济发展模式研究[J].科技信息(科学教研),2007(31).

③ 李国平,赵永超.梯度理论综述[J].人文地理,2008(1).

④ 黄丹晨.产业飞地的形成与发展[J].科协论坛(下半月),2010(1).

方独享和多方共享两种模式,现有多数合作园区收益为多方共享。

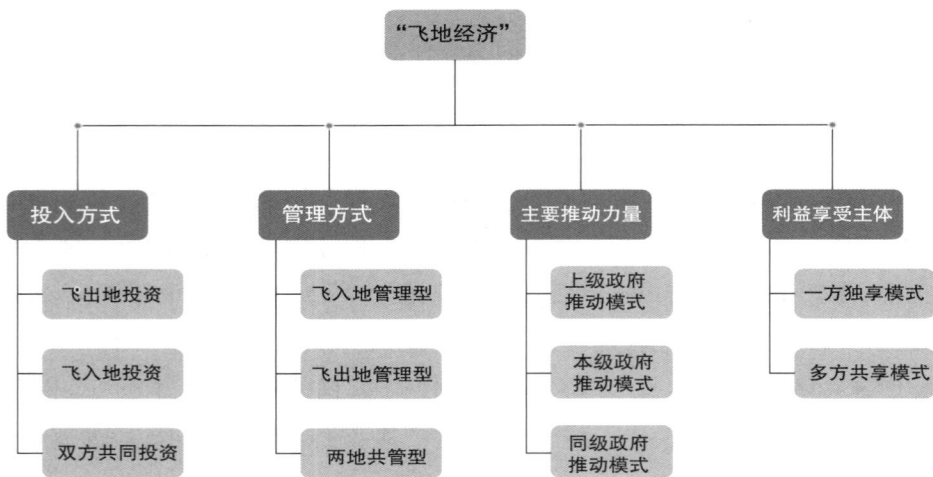

图 17-1　"飞地经济"模式分类

资料来源:课题组整理。

传统的合作共建工业园区形式难以解决合作激励缺失、管理机构权能定位不清晰等问题,须创新"飞地经济"发展思路。传统的"飞地经济"主要是两个独立行政区合作共建的工业园区,在全国已有众多发展实例,但普遍存在管理权定位模糊、利益分配机制协调与执行效率低等问题。此类合作园区多面临"签协议、无机制、无落实、无跟踪""重前期、轻后期、重投资、轻产业"等困境[①],这在长株潭城市群、昆曲玉楚城市群等合作区均有不同程度的体现[②]。2017 年 6 月,国家发展改革委等部门印发的《关于支持"飞地经济"发展的指导意见》也提出鼓励按照市场化原则开展"飞地经济"合作,在主体结构、开发建设、运营管理、利益分配方面创新合作模式。

2."飞地经济"在粤港澳大湾区的发展先例

"飞地经济"于市场化导向的粤港澳大湾区已率先实现了模式创新,其代表性案例为深汕特别合作区的改革再出发。深汕特别合作区位于粤港澳大湾区最东端,西接惠州,东连汕尾,距离深圳 60 千米,总面积 468.3 平方千米,由原汕尾市海丰县鹅埠、小漠、赤石、鲘门四镇和圆墩林场组成。合作区

[①]　范轶芳,赵弘.新时期跨区域合作共建园区的核心机制研究[J].中国高新区,2015(1).

[②]　张衔春,栾晓帆,马学广,等.深汕特别合作区协同共治型区域治理模式研究[J].地理科学,2018,38(9).

前身为 2008 年成立的深圳(汕尾)产业转移园,2011 年扩容升格为特别合作区,此时的合作区管委会为省委、省政府派出机构,委托深圳、汕尾两市共同管理,行使地级市一级管理权限,但直到 2014 年底才明确两市分工及管理权限——深圳主导经济建设、汕尾负责征地拆迁和社会事务。2017 年 9 月 21 日,广东省印发《深汕特别合作区体制机制调整方案的批复》,确认合作区纳入深圳市 "10+1" 区管理体系。2018 年 12 月 16 日,深圳市深汕特别合作区工作委员会、管理委员会揭牌,标志着合作区由深汕共管模式正式迈入深圳全面主导模式,成为一块"推动力量明确、产权和收益明晰、运作上具有完全意义的深圳'飞地'"[①]。深汕特别合作区发展历程如图 17-2 所示。

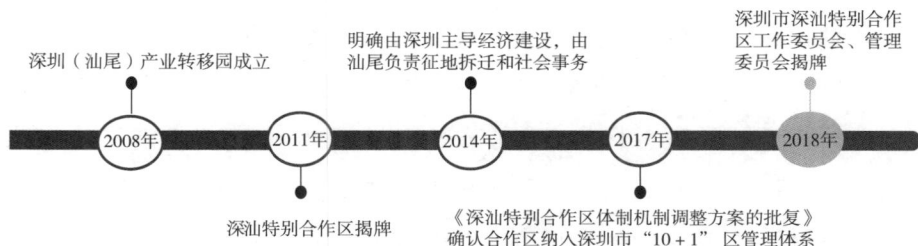

图 17-2　深汕特别合作区发展历程

资料来源:课题组整理。

改革后的深汕特别合作区较各地"飞地经济"的创新点在于其形成了飞出地(深圳)全面主导、飞入地(汕尾)积极配合的格局,实现经济建设和社会事务管理统一以深圳为主,且在利益分配方面,上级政府明确了深、汕两市在GDP、财税、土地收益方面的利益分成。从激励机制角度看,深圳主导的新格局意味着深汕特别合作区在全国"飞地经济"中最贴近"飞地"的本意,可视其为深圳的一个"飞地"和"新区",成为深圳拓宽相对狭窄的发展空间、纾解大城市功能等的"试验区",深圳也就有动力以一个经济功能区的标准全力投入合作区建设。在管理体制上,由深圳市主导的合作区管理委员会、法院和检察院,解决了以往深、汕两地在合作区管理当中面临的业务交叉问题,如公安消防、社会保险、环保审批等事宜同时含经济管理和社会管理成分,其管理的权能定位不清晰导致了低效率发展。此外,从发展模式看,深圳市为合作区

---

① 产耀东.“飞地经济”模式视阈下的深汕特别合作区发展研究[J].中国经济特区研究,2018(0).

的发展带来了市场化的运作模式,包括产业融资、产权融资、股权融资代替土地融资等方式,并将发展方向定位为"粤东沿海经济带新中心""深圳自主创新拓展区"[①],重点发展"新一代信息技术、新能源、新材料、海洋产业、生命健康"等新经济产业,2018 年 87% 以上的合作区落户企业来自深圳,在建和投产重大项目中科技类占比超 80%。在利益分配机制上,突破了 GDP 统计的属地原则,2018 年以来深汕特别合作区 GDP 已纳入深圳市统计,而不再纳入汕尾市统计,财税体制由广东省直管转为深圳市管理,明确 2020 年前省财政、深圳市、汕尾市三方获得财税分成全部留给合作区,土地出让收入也全额返还合作区,2021 年后的财税分成方案另行研究[②]。

深汕特别合作区之外,粤港澳大湾区范围内的澳门大学横琴校区对于"飞地经济"创新亦有借鉴意义。2009 年,澳门大学横琴校区方案得到批准,学校举行奠基仪式,新校区位于珠海横琴岛,总面积 1.092 6 平方千米,比老校区大 20 倍。澳门特区政府得到中央授权,在新校区内实施澳门法律和行政体系,授权有效期 40 年,2014 年澳门大学正式迁入新校区。澳门大学横琴校区属于澳门在珠海横琴新区管理的"飞地",属于区域高等教育合作的特殊案例,由于其不存在合作开发性质和经济属性,故不能算作"飞地经济",但其作为港澳在内地的第一个完全意义上的"飞地",是珠澳合作发展"飞地经济"的较好的参照对象。

(二)横琴自贸区在珠澳特色金融合作中的作用

中国的自由贸易试验区肩负着建立开放条件下较为完善的市场经济使命,是中国经济金融改革开放的试验田。2013 年 9 月,中国(上海)自由贸易区正式建立,此后 2014 年党中央、国务院又批准了广东、天津、福建三大自贸区,至 2019 年 5 月全国已有 12 个自贸试验区。自贸试验区的建立与推广是中国在新的经济发展阶段下深化经济改革,寻求对外开放新窗口、新平台的战略性举措。

---

① 参见《深汕特别合作区高质量发展三年行动计划(2019—2021 年)》,2019 年 3 月。
② 参见《关于深汕特别合作区体制机制调整方案的批复》,2017 年 9 月。

　　中国(广东)自由贸易试验区珠海横琴新区片区是内地唯一与港澳陆桥相连的自贸区,具备鲜明特色与独特定位,相较于广州南沙、深圳前海两个自贸片区,其特色在于深化对澳合作的先天优势,促进澳门经济多元化的定位。《纲要》指出要在横琴推进建设粤港澳深度合作示范区。2019 年 4 月,《横琴国际休闲旅游岛建设方案》获国务院批准,提出要在横琴构建以休闲旅游业为核心的现代产业体系,配合澳门建设世界旅游休闲中心。关于这些主要面向澳门的特色定位,横琴自贸区的金融优惠与创新政策带来的两地特色金融合作已经并将继续发挥重要作用。

　　横琴自贸区挂牌 4 周年来,为建设粤港澳深度合作示范区,已推出众多支持珠澳金融机构协同发展的创新政策,主要可分跨境投融资与区域金融合作两类。

　　在跨境投融资领域,全国层面的自贸区外资准入“负面清单”模式与横琴自贸区主推的跨境投融资便利化改革是主要特色。广东自贸区自 2015 年开始与上海、天津、福建三地自贸区共同适用外商投资“负面清单”模式、审批备案制,此后每年更新的负面清单中金融服务业的投资限制逐步减少,开放程度不断提升(图 17-3),特别是 2018 年的负面清单允许外资企业在自贸区内控股期货公司、证券公司和寿险公司,且港澳资企业在横琴自贸区内投资可享受比广东自贸区与 CEPA 协议[①]准入政策中更优惠的开放措施。此外,横琴自贸区推动资本项目收支便利化改革[②](图 17-4),为企业跨境投融资带来了支付便利,鼓励澳门投资者在横琴发起设立 QFLP,为其资金投向实体经济提供便利化支持。自贸区的便利化改革提高了澳门企业赴横琴投融资的便利化程度。

---

　　① 2017 年内地与港澳分别签署的《CEPA 投资协议》和《CEPA 经济技术合作协议》在内地市场准入方面开始实行“负面清单”管理模式。

　　② 2018 年 4 月 26 日,国家外汇管理局批复同意《中国(广东)自由贸易试验区广州南沙新区、珠海横琴新区片区资本项目收入支付便利化试点实施细则》。根据该细则,横琴自贸区内符合条件的试点企业的合法资本项目外汇收入(主要包括外商投资企业外汇本金、境内企业外债资金和境内企业境外上市调回资金等)在用于境内支付使用时,银行无须事前逐笔审核资金使用的真实性证明材料,而以事后检查为主。

图 17-3　自贸区外商投资"负面清单"中金融业限制措施演进

资料来源:课题组整理。

图 17-4　横琴自贸区跨境投融资便利化改革亮点

资料来源:课题组整理。

从区域金融合作看,横琴自贸区针对港澳金融机构入驻发展特色金融推出政策优惠,并创新琴澳跨境便利化机制,推动珠澳金融机构合作与跨境金融发展。CEPA框架下澳门金融机构在横琴设立总、分支机构的数量型标准较内地其他区域更低,横琴自贸区在这一优势的基础上允许澳门金融机构入驻,适用自贸区的产业培育奖励与人才补贴,比如对于承诺 5 年内不迁出的金融机构总部、分支机构,横琴给予不同程度的现金补贴[①],对于在横琴工作的港澳居民,补贴其实际缴纳的个人所得税税款与其按港澳地区税法测算的应纳税款的差额[②]。在政策支持下,截至 2018 年底,在横琴注册的澳资金融

①　参见《广东自贸试验区横琴片区产业培育和扶持暂行办法》(珠横新办〔2015〕11 号)。
②　参见《广东省财政厅关于在珠海市横琴新区工作的香港澳门居民个人所得税税负差额补贴的暂行管理办法》(粤财法〔2012〕93 号)。

类企业 25 家,注册资本 115.37 亿元,其中 2017 年开业的大西洋银行横琴分行是内地首家以"准入前国民待遇加负面清单"模式设立的外资银行。此外,横琴自贸区在琴澳跨境便利化领域也推出了大量新政策,除了前文已述的跨境投融资便利化,主要包括跨境金融、跨境办公、跨境通勤、跨境科创、跨境信用、跨境维权、跨境医保等领域的政策创新,多维度的跨境政策创新为珠澳金融合作创设了更佳的软硬性条件,具体如表 17-1 所示。

表 17-1　横琴自贸区跨境创新政策及其代表性案例

类别	代表性案例
跨境金融	(1)广东金融资产交易中心有限公司(简称"广金中心")2013 年底于横琴揭牌运营,2017 年底横琴自贸区提出支持琴澳两地金融机构开展融资租赁资产、信贷资产跨境转让业务合作,2018 年 5 月外管局批准广金中心开展银行不良资产跨境转让业务试点; (2)2018 年 5 月 4 日,由恒健控股公司、南粤集团出资设立的广东粤澳合作发展基金管理有限公司落户横琴,采用"合格境外有限合伙人"形式,与澳门金融管理局委托代理人发起设立粤澳基金,将澳门财政资金引入大湾区基础设施建设领域
跨境办公	澳门企业(除博彩业及内地法律明确禁止的行业)经备案后可在横琴自贸区内试点的楼宇租赁办公,允许开展服务本企业的内部管理业务活动,可直接使用其澳门银行账户支付其在横琴发生的办公费用,且横琴新区管理委员会给予租金补贴
跨境通勤	横琴-澳门跨境通勤专线于 2019 年 3 月开通,每日往返琴澳 24 个班次,主要面向横琴澳资企业员工和在横琴工作生活的澳门居民,班车运行范围覆盖澳门半岛、氹仔岛、横琴新区
跨境科创	2019 年 3 月,横琴新区管理委员会与澳门大学签署合作协议,共建横琴·澳门大学产学研示范基地,具体包括微电子、中医药、智慧城市、先进材料等领域的研发中心,推动科研成果进行产学研转化,并在横琴新区落地
跨境信用	2019 年 3 月 15 日,横琴自贸区推出全国首个跨境信用平台"信易得",首批澳门和横琴的 255 家商户已全部上线,用户可以便捷地查询两地商户的信用、产品与服务信息
跨境维权	2018 年,横琴自贸区设立跨境消费维权网络处理平台,截至当年年底成功办理涉澳跨境消费维权案件 19 件,为澳门消费者挽回损失 331.9 万元
跨境医保	2019 年 7 月 1 日起,常住横琴的澳门居民可参加珠海市基本医疗保险试点。参保财政补贴费用由澳门特区政府财政承担,个人缴费额由个人缴纳后向特区政府申请补贴

资料来源:课题组整理。

此外,横琴自贸区对澳合作的另一个亮点是结合自身定位,以特色金融助力横琴旅游岛建设,配合澳门建设世界旅游休闲中心。从金融支持旅游产业发展角度看,当前横琴自贸区主推"旅游＋金融",鼓励港澳资本、境外资金以政府和社会资本合作融资体系(如拟设立的横琴旅游产业发展促进基金)投资区内旅游项目开发,并推动各类金融机构积极为区内旅游休闲企业提供固定资产贷款、项目融资贷款、流动资金贷款、融资租赁、票据贴现、现金管理等综合金融服务,允许港元、澳门元在旅游区域内兑换使用,支持横琴与港澳符合条件的旅游企业开展集团内跨境双向人民币资金池业务。以上举措在促进两地旅游业发展的同时,为特色金融业务发展带来机遇,涉及琴澳跨境金融的政策创新亦推动了金融合作。

第二节　珠澳金融合作推行"飞地＋自贸区"模式的路径与意义

1. 从继续推进珠澳两地金融合作、促进澳门经济适度多元化角度看,一个可考虑的选项是在由横琴主导的自贸试验区内设立一块由澳门主导的"经济飞地"

如前文所述,当前广东自贸区横琴片区在跨境投融资、金融机构跨境合作等领域较内地其他区域对港澳拥有更大的政策吸引力,吸引澳门与内地各类金融机构集聚,促进了横琴旅游金融、融资租赁、财富管理、量化金融等特色金融发展。但要想进一步促进两地经济金融合作,特别是有效突破澳门地域空间狭窄、市场规模小、金融产业单一等发展瓶颈,仍有必要考虑借鉴深圳特别合作区的"飞地经济"模式。

可考虑在由横琴主导的自贸试验区内设立一块5平方千米左右的由澳门主导、主打特色金融合作的"经济飞地"(可考虑命名为"澳门特色金融服务基地"或"珠澳特色金融合作区",简称"合作区"),区内社会管理、经济建设可由澳门特区政府以选派合作区管理委员会成员等形式主导,实行澳门法律体系、关税体系以及自由贸易制度,允许澳门元、港币和人民币在合作区内兑换流通,由澳门特区政府承诺未来一定期限内将合作区税收七成用于合作区建设,剩余三成补贴给珠海市或横琴新区,合作区内GDP由两地协商共享。

此外,探索在合作区与横琴自贸区之间实现金融服务一体化,即允许符合条件的两地特色金融机构在琴澳范围内自由提供跨境服务,合作区内机构在横琴展业只需遵守澳门监管标准（涉及在内地展业而澳门监管体系不涉及的制度安排，可参考并遵守内地监管标准），即在两地之间试点推行特色金融领域的欧盟“单一通行证”模式，同时大幅减少两地特色金融机构设立合资机构的限制。由此，形成一个在横琴自贸区内由澳门主导的自由贸易港与特色金融合作区，正是本节所提议的“飞地＋自贸区”模式。

2. “飞地＋自贸区”模式能有效促进两地金融机构协同发展与特色金融合作，对于促进澳门经济适度多元化、于横琴打造粤澳深度合作示范区均有节点意义

对于澳门而言，其陆地面积 32.8 平方千米，一块 5 平方千米左右的“经济飞地”会将其经济发展空间以接近“零转换成本”的方式拓宽约 1/6。原先被博彩业挤占的产业、被传统金融业务挤占的特色金融业务将获得新的发展机遇，澳门的银行信贷业务、融资租赁、国际商业保理、跨境支付清算等传统与特色金融机构入驻合作区后，拟试点推行的琴澳范围内金融机构“单一通行证”制度将明显拓展其业务辐射区域，降低其跨境展业合规成本，如注册在合作区内的澳门融资租赁企业可与珠海融资租赁企业开展跨境联合租赁，澳门银行可向横琴自贸区内各类企业、居民（不限于澳资企业与澳门居民）提供信贷和结算服务，从而推动澳门各类金融业务伴随两地金融机构协同而迅速发展。

对于横琴而言，此制度下，除澳门方面承诺的部分税收返还之外，相较于注册在合作区的澳门金融机构的自由展业范围限于横琴，注册在横琴的各类金融机构拥有了向澳门自由展业的机遇，如注册在横琴的财富管理机构拥有更多参与澳门低税率、财富管理需求旺盛的财富管理市场的机会，这将使横琴在现有的吸引内地金融机构、高端金融人才的优惠政策基础上，极大地增加自身对于内地金融机构入驻的吸引力。

3. 珠澳可考虑在已有制度创新的基础上，寻求各方支持以实现再突破，尽早在横琴自贸区内试行“飞地＋自贸区”模式

当前广东自贸区珠海横琴片区在建设粤澳合作产业园区的基础上，又推行了诸多涉及跨境金融、跨境办公、跨境通勤、跨境科创、跨境信用、跨境维权的琴澳跨境便利化政策，其中跨境办公鼓励澳门机构经备案后可在区内试点楼宇租赁办公。以上举措实际上已为发展“飞地经济”迈出了重要的一步。

未来,可综合考虑将跨境办公试点楼宇集中区域整体划为澳门"飞地",在中央支持下,初步建立起由澳门主导的合作区管理委员会和地方法庭,合作区与横琴自贸区实行隔离式管理。在自由贸易制度方面,可效仿上海自贸区自由贸易港区在合作区试行"境内关外";在行政与法律体系方面,合作区由澳门管辖,适用澳门法律体系。

此外,合作区在战略上可主打"产业飞地""金融飞地""人才飞地"三个方向:在产业合作领域,应主要依赖两地政府合作共建,借鉴现有的粤澳合作产业园区(如中医药科技产业园)发展经验,以"澳门资源+全球先进技术+国际化人才+合作区载体"为主要方向,巩固两地政府在准入门槛制定、项目遴选、项目评审方面的联合机制;在特色金融合作领域,应主要吸引澳门特色金融机构入驻,鼓励横琴与澳门金融机构以合资形式入驻合作区,合作区为其提供优质完善的配套办公场地、行业资源和业务场景,并协调推动珠澳"单一通行证"制度在合作区内试行;在人才合作方面,应在合作区范围内解除落户横琴的人才赴合作区就业的政策限制,符合规定的横琴金融人才可赴合作区金融机构就业。

第五部分
城市群金融创新
与合作中的基础设施保障

本部分主要聚焦于为发展两地特色金融及促进两地金融协调发展而建设的配套金融基础设施，主要包括政府政策的顶层设计和硬件、软件建设。一方面，需要完成顶层设计，建立更为聚焦特色金融的咨询委员会和反馈机制；另一方面，可从融资租赁、人民币清算及一些促进两地金融融合发展的硬件基础设施，以及法律、语言、人才、创新等软件基础设施出发，进一步助力两地特色金融发展。

第十八章

完善顶层设计，统筹推进

特色化金融业务

2018 年 8 月,为了统筹粤港澳大湾区的发展,中央成立了粤港澳大湾区建设领导小组,中共中央政治局常委、国务院副总理韩正任组长,香港特首林郑月娥及澳门特首崔世安均担任小组成员。这是港澳特首首次被纳入中央决策组织。

在金融融合领域,尽管在粤港澳大湾区统筹层面上没有专设机构,但不同地区之间此前已成立了一些统筹机构,其中包括香港金融发展局小组、深圳市金融决策咨询委员会和横琴新区发展咨询委员会等。为更好地发展珠澳特色金融,建议单独设立聚焦金融业的合作委员会或专业委员会,加强与业界的紧密联系,统筹机构的跨区域金融融合。

第一节　地方金融发展咨询机构对比
——以香港、深圳、珠海(横琴)为例

作为改革开放的最前沿,粤港澳大湾区各地在金融发展领域进行了各具特色的顶层设计。政府在做规划决策时,往往会召集相关领域的专家学者和业界人士,针对发展战略、政策制定、监管方案等进行广泛的咨询,这里主要介绍香港金融发展局小组、深圳市金融决策咨询委员会和横琴新区发展咨询委员会。

(一)香港金融发展局小组

香港金融发展局小组于 2012 年 6 月底筹备成立,定位于促进香港金融业发展,向外地推广香港的金融业,提高香港国际金融中心的地位,扩大香港的金融活动范围。为深入研究金融业的个别范畴,以及展开有助于发展的相关举措,香港金融发展局已成立六个小组,分别为政策研究小组、内地机遇小组、拓新业务小组、市场推广小组、人力资源小组和机构管治小组。各小组的具体工作和召集人信息如表 18-1 所示。

表 18-1　香港金融发展局各小组的具体工作和召集人信息

小组名称	小组工作	召集人	职务
政策研究小组	善用香港金融发展局成员广泛代表性和人脉的优势，深入研究与发展香港金融服务业息息相关的课题，集思广益，提出务实可行的建议，以供政府、监管机构、业界及其他相关各方考虑	陈翊庭	达维律师事务所合伙人
内地机遇小组	研究内地金融改革和内地市场与货币国际化的事宜，及其对香港金融服务业的影响。在研究过程中，由小组找出香港所担当的独特角色，鼓励内地与香港相关层面的对口单位多加沟通，并争取政府、监管机构及业界支持，协作推出活动，以达到两地互惠互利的目标	丁晨	南方东英资产管理有限公司总裁
拓新业务小组	专注于拓展各类能够提升香港竞争力和突显其独特定位的金融服务业务，目标是吸引资金流入本港的资本市场。小组与香港金融发展局辖下其他小组、业界团体和相关各方紧密合作，协力研究在本港具有发展潜力的新业务，以及探讨如何进一步发展本港的资产管理业务	黄子逊	亚洲保险有限公司行政总裁
市场推广小组	推广金融服务业，使其不论是在香港、内地还是海外，都广为人知。小组担当策略协调者的角色，汇聚业界相关各方的力量，以确立宣传工作的目标并提高其成效，务求全面推广香港金融服务业的品牌。小组与香港金融发展局辖下其他小组互相配合，并邀请相关人士参与其事，一同推广香港形形色色的金融服务，使香港成为环球及内地企业首选的金融服务中心	范鸿龄	彩港有限公司董事总经理
人力资源小组	全面研究金融服务业的人力资源发展策略，以促进金融人才的供求双方协作。鉴于金融服务的发展一日千里，而金融服务业也愈来愈重视亚洲以至全球各地的商机，人力资源小组支持业界培育本地人才，以及找出可能妨碍香港吸引海外合适人才的原因	黄元山	团结香港基金副总干事兼政策研究院主管
机构管治小组	——	韦安祖	毕马威会计师事务所香港首席合伙人、毕马威中国副主席

资料来源：香港金融发展局官网，课题组整理。

　　从委员的背景（图 18-1）看，香港金融发展局小组委员主要以金融机构背景为主（占 60%），其余为会计师/律师/咨询机构（占 17%）、政府官员（占 11%）等。其中，市场化机构背景的委员占比在 80% 以上，这为小组的专业性和与市场的贴合度提供了保证。另外，从这些机构的属地情况（图 18-2）

看,45％来自香港,21％来自内地,由于香港是开放的国际金融中心,还有34％的外资机构,这也与当前香港的金融业格局相匹配。

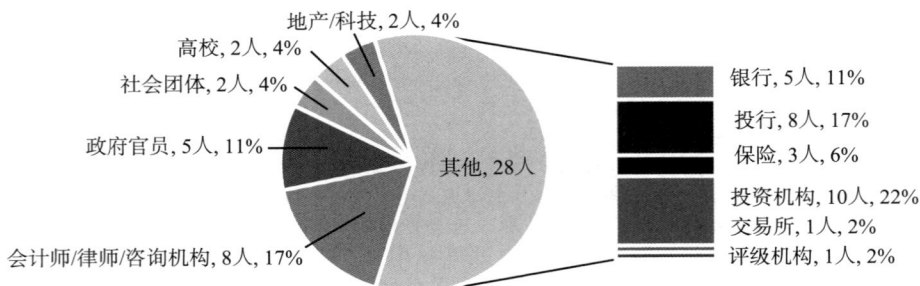

图 18-1 香港金融发展局小组委员背景

资料来源:香港金融发展局官网,课题组整理。

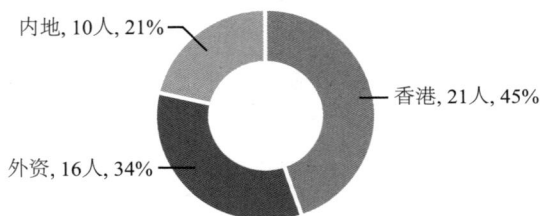

图 18-2 香港金融发展局小组委员机构属地情况

资料来源:香港金融发展局官网,课题组整理。

(二)深圳市金融决策咨询委员会

深圳市金融决策咨询委员会成立于 2004 年 6 月,每年召开会议,围绕深圳金融改革发展的重点、热点和难点问题建言献策,是推动深圳金融业持续健康发展,推动金融工作决策民主化、科学化的重要力量。深圳市金融决策咨询委员会每三年换届一次,2019 年为换届之年,为提高行业代表性,金融决策咨询委员会的委员由 21 名增加到 27 名,分别由中央驻深金融监管机构、地方金融工作部门的主要负责人,以及来自银行、证券公司、基金公司、保险公司、创投企业等本土重点金融机构的代表担任,同时还邀请了新引进的重点金融机构代表、学术科研界代表、首席经济学家代表、新兴金融行业协会代表以及香港、澳门的金融机构代表等。此外,深圳市金融决策咨询委员会还承担了深圳市金融创新奖、金融科技专项奖和金融创新推进奖等的评选工作,深圳金融"领军人才提升计划"研修项目人员名单的审计工作等。

(三)横琴新区发展咨询委员会

第二届横琴新区发展咨询委员会于 2016 年 12 月成立,有主任委员 1 人、委员 27 人,任期至 2019 年 12 月。咨询委员每年对横琴自贸片区发展建设过程中具有全局性、综合性、战略性、前瞻性的问题开展调查研究,为横琴自贸片区改革创新、促进粤港澳紧密合作提供高质量的决策建议和咨询意见;围绕横琴自贸片区建设主题,开展课题研究并提交高质量的书面研究报告等。咨询委员会每年召开年度例会,并不定期开展专题研讨、课题研究、专题调研和临时提供咨询意见等活动。

需要注意的是,横琴新区发展咨询委员会与香港金融发展局小组、深圳市金融决策咨询委员会不同,其工作范围更广,不仅涉及金融业,横琴新区其他产业的发展也属于其工作范畴。从委员背景(图 18-3)看,来自金融机构的委员占比为 15%,而政府官员(占 30%)、研究机构(占 22%)、高校背景(占 18%)占比较多,显示出具有市场化机构背景的委员较少,具有学术或研究类机构背景的委员较多。从地域(图 18-4)看,来自内地的委员占 74%,而来自澳门的委员仅占 19%,且均非金融机构背景。因此,亟须引进市场化机构、特色金融及具有澳门背景的相关业界专家,以对横琴新区和澳门特区的特色金融协调发展提供咨询和监督。

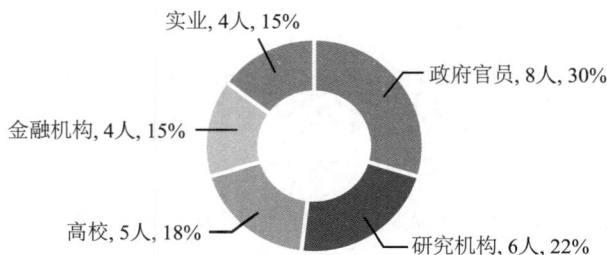

图 18-3 横琴新区发展咨询委员会委员背景

资料来源:横琴新区内部文件,课题组整理。

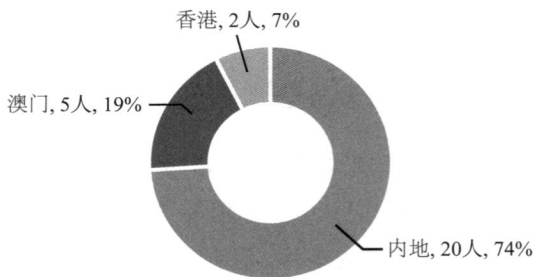

图 18-4　横琴新区发展咨询委员会委员地域分布

资料来源：横琴新区内部文件，课题组整理。

第二节　如何建立聚焦金融业的咨询委员会

（一）建立合作委员会，自上而下构建协同发展新格局

根据《纲要》，在粤港澳大湾区发展特色金融需要考虑当地禀赋和环境，并与周边城市有机结合。以珠澳为例，从体量看，目前珠、澳是规模相对小的一方，其发展特色金融的差异化战略有必要与港、深两大金融中心保持沟通，并关注港、深金融市场动向。因此，横琴新区作为连接澳门与粤港澳大湾区其他城市金融市场的重要通道，除服从大湾区总体规划外，有必要主动建立特色金融特定领域的沟通渠道，与之增加协同，减少不必要的竞争和发展成本。

具体来说，合作委员会的设立可考虑邀请涉及相关领域的中央部委（如中国人民银行、银保监会、证监会等）领导参与其中，以提出他们觉得可改进的思路和方法；同时邀请粤港澳大湾区其他城市的金融政策制定者、金融决策咨询机构的主要负责人组成合作委员会，建立常态化的政策与市场动向跟踪沟通机制，在珠澳特色金融产业链和相关业务方面做重点跟踪，可根据粤港澳大湾区其他金融市场的发展情况，对当地特色金融政策做出前瞻性判断和安排。

（二）建立专业委员会，为区域金融协同发展献策

除香港和深圳外，大多数城市的咨询机构在具体的特色金融业务方面，

比如融资租赁、财富管理、不良资产、金融科技、数字金融等，目前仍缺乏对应的专业人才。

因此，可考虑邀请国际国内相关业务领域的业界专家组成合作委员会下设的专业委员会，交流国际前沿实践，参与区域特色金融发展规划，制定相应的配套政策并推动落地。可考虑进一步增加在内地和港澳相关监管机构、金融机构、会所、律所等任职或有丰富经验的专家加入专业委员会，为执行层面的具体问题出谋划策。在人员构成上，以当地相关监管机构和区域重要金融机构为主，同时邀请部分周边市场的相关专家参与。

具体而言，专业委员会可每半年或每年召开会议，围绕特色金融和金融融合相关领域国际国内的发展近况和业务进展情况，以及发展过程中面临的困难、挑战进行讨论，并提出具体的建议，以期成为推动这些领域改革的重要抓手。

（三）建立与业界紧密联系的反馈机制，关注政策落实和反馈

香港金融发展局小组和深圳市金融决策咨询委员会都邀请了大量当地的市场化金融机构参与，而目前横琴新区尚缺规范的金融业业界反馈机制。从效果来看，建立与业界紧密联系的反馈机制，一方面可以更紧密地关注行业动态，另一方面可及时追踪相关政策的落实效果和反馈。

所以，可以考虑规范和加强当地主要金融机构，以及有代表性的特色金融相关机构的沟通，以例会、简报等形式，建立常态化的调查、反馈、统计、政策更新机制，这在特色金融业务的起步阶段尤为重要。从深圳、珠海横琴和香港的相关经验看，可考虑以提交季度简报和召开年度会议的方式，重点对政策执行和特色金融业务动态进行跟踪反馈。

第十九章

金融基础设施的硬件建设

本节的金融基础设施硬件是指处理金融机构之间交易和结算的系统,以及这些系统之间的联网。金融基础设施硬件建设是金融业健康持续发展的必要条件,同时,推动金融基础设施硬件建设也有利于加强粤港澳大湾区区域内的金融合作,实现特色金融的快速稳定发展。下面将对澳门金融基础设施的发展现状、改进空间进行分析,并从金融基础设施硬件的视角,进一步提出推动澳门特色金融发展的实施建议。

第一节　澳门特色金融基础设施硬件的发展现状

(一)澳门即时支付系统发展现状

为配合澳门"中葡金融服务平台"及"人民币清算中心"的发展方向,澳门建设了一系列的即时支付结算系统。支付结算系统是金融基础设施建设的关键组成部分,主要用于金融机构之间的资金流转。实时全额支付系统(RTGS)大大缩短了银行同业间的资金结算时间,特别是在跨境资金结算方面,为加快跨行资金转账及跨境汇款创造了必要的条件。

1.澳门元即时支付结算系统(MOP RTGS)

该系统于2013年1月正式投入使用,致力于提供快速的澳门同城资金调拨服务,帮助银行为澳门居民及企业提供快捷安全的跨行资金转账服务。在MOP RTGS系统的基础上,银行可以通过网上银行、手机应用等为客户提供便利、快捷、免费的本地澳门元跨行转账服务。该系统为业界提供了澳门元跨行转账的新渠道,同时跨行资金转账的安全性也得到提高。

2.澳门人民币即时支付结算系统(RMB RTGS)

澳门人民币即时支付结算系统(RMB RTGS)由澳门金融管理局构建,于2016年3月正式开始投入使用,并与中国现代化支付系统(CNAPS)相对接。该系统主要为参与银行客户的人民币汇款及银行间的人民币资金交易提供即时结算服务,简化了资金跨行转账流程,提供了便利的人民币跨境资金转账服务。目前,澳门人民币即时支付结算系统主要业务有本地汇款和跨境汇款两个方面,2018 年该系统处理的人民币资金已达 1 300 亿元。

3.港元即时支付结算系统(HKD RTGS)筹备中

为了满足粤港澳大湾区的金融互联互通需求,同时适应澳门金融业的发展,港元即时支付结算系统(HKD RTGS)目前正在筹备中,希望能通过该系统开展港元在澳门银行间的支付结算业务,并向银行提供在澳门地区内更高效及安全的港元资金支付结算渠道。

(二)澳门本地及境外系统联网发展现状

1.粤澳跨境电子直接缴费系统(eBilling)筹备中

澳门跨境电子直接缴费系统由澳门金融管理局提出构建,既是配合大湾区金融基础设施互联互通的试点项目,也是便利澳门居民在内地支付结算的民生金融服务建设,可帮助澳门居民便捷缴付广东收费商户账单。

该系统主要分为两个部分:其一是讯息流,其二是资金流。澳门用户可以通过澳门当地银行的服务渠道(如手机银行、网上银行),选取广东收费商户,输入内地账单资料及余额;eBilling 对银行转入的信息进行即时处理,并通过广东地区银行通知收费商户,进行账单核销处理;在 T+1 日,eBilling 通过 RMB RTGS 进行跨境缴费资金结算,缴费资金即转至广东收费商户在内地银行的账户。截至 2019 年 4 月,广东省参与的银行有中国人民银行广州分行、广州银行电子结算中心,澳门本地银行有澳门人民币清算行。

2.内地银行卡在线监控系统(KYC ATM)

内地银行卡在线监控系统由澳门金融管理局组织构建,于 2017 年 5 月正式投入使用。该系统为全澳自动取款机(ATM,澳门称"柜员机")安装"认识您的客户"(Know-Your-Customer ATM,简称 KYC ATM)。内地银行卡持卡人于 KYC ATM 进行身份认证及面容识别后便可正常取款;澳门银行卡及其他地区银行卡客户则可照常在所有自动柜员机进行取款操作。截至 2019 年 4 月,该系统已经覆盖全澳超过 90% 的接受内地银行卡的柜员机,取款成功率为 95%,有效遏制了不规则的取款活动,有助于维护澳门金融安全。

第二节　香港金融基础设施硬件的发展现状

(一)香港即时支付系统发展现状

香港的支付系统由香港银行同业结算有限公司运作,可进行港元、美元、欧元及人民币的银行同业资金转拨,以提供各种银行同业结算及交收服务。

港元即时支付结算系统(RTGS 系统,又称"港元结算所自动转账系统")于 1996 年推出。银行同业支付交易在香港金融管理局所设的账册上以持续方式逐笔交收,而不是净额处理。除交收银行之间的大额支付项目外,该系统也处理批量结算及交收,包括支票、股票相关支付项目及其他小额批量电子支付项目,如"易办事"、自动记账与扣账交易,以及自动柜员机转账。

在港元 RTGS 系统的经验基础之上,香港又先后推出了美元 RTGS 系统、欧元 RTGS 系统和人民币 RTGS 系统。从覆盖币种和延展空间来看,香港的即时支付系统要远远领先于澳门。人民币 RTGS 系统(又称"人民币结算所自动转账系统")于 2007 年 6 月通过提升人民币交收系统的功能而成,由中国银行(香港)有限公司担任清算行。清算行于中国人民银行设有交收账户,并为 CNAPS 的成员。因此,从技术层面而言,香港的人民币 RTGS 系统可视为 CNAPS 的延伸,但受香港法律监管。人民币 RTGS 系统不但以即时支付结算方式处理银行同业人民币支付项目,亦处理人民币批量结算及交收支付项目,功能类似港元 RTGS 系统。

同时,香港 RTGS 系统还设立了"外汇交易同步交收"的服务机制。为了给外汇交易提供交收服务,保证涉及的两种货币的支付程序于同一时间完成,采用了外汇交易同步交收机制。香港的港元、美元、欧元及人民币 RTGS 系统互为相连,让银行可以以同步交收方式进行美元与港元、美元与人民币、欧元与美元、欧元与港元、欧元与人民币,以及人民币与港元的外汇交易。同步交收服务大大提高了交收效率,并消除了因交易时差及不同时区所引起的交收风险。

此外,香港在实践中不断对 RTGS 系统进行优化,以便使支付流程更加顺畅,流动资金使用更有效率,如即时支付优化器、流动资金优化器、跨境转汇即时支付优化器、即时支付系统中央结算优化器。

澳门即时支付结算系统起步较晚,目前只有澳门元即时支付结算系统和人民币即时支付结算系统,港元即时支付结算系统正在筹备中。着眼于澳门特色金融的定位以及粤港澳大湾区互联互通的需求,澳门建设港元即时支付结算系统是势在必行的选择。考虑到葡语人民币清算中心的定位,澳门的人民币即时支付结算系统也可以借鉴香港"外汇交易同步交收"的机制设计,以提高同步交收服务的效率,降低因葡语国家所在地区时差所造成的交收风险。

在操作平台的选择上,自 2009 年 5 月起,香港人民币 RTGS 系统、港元 RTGS 系统、美元 RTGS 系统、欧元 RTGS 系统以及债务工具中央结算系统(CMU 系统)从原有的专用操作平台转至环球银行金融电信协会系统的开放式平台(SWIFT Net)。澳门 RTGS 系统可以借鉴这一经验,改用开放式平台以大大提高澳门本地及国际支付指令之间的互通性,方便本地及海外的机构使用并参与澳门的 RTGS 系统,同时也扩大澳门 RTGS 系统的覆盖面。

(二)香港本地及境外系统联网发展现状

在本地及跨境的经济活动中,其他地区的支付和证券系统的联网,有助于形成方便的支付及交收平台,也是处理跨境经济交易及金融中介活动的重要平台。纵观香港境外联网的发展历程(见表 19-1),香港境外联网整体呈现由近及远、由点带面的特征,澳门可以率先与珠海横琴地区推出联合结算机制。澳门正在筹办的粤澳跨境电子直接缴费系统 eBilling 即是一次有益的尝试。在此次尝试的基础之上,澳门可以进一步深化与广东、香港的合作。

表 19-1　香港本地及境外联网的发展历程

联网对象	具体联网举措
与广东省(包括深圳)联网	自 1998 年 1 月起分阶段推出,涵盖与广东省(包括深圳,现时美元支票的联合结算机制只适用于深圳)的港元及美元的跨境 RTGS 支付交易,以及港元、美元及人民币的支票结算。这些联网有助于加快香港与广东省之间的支付及汇款程序。随着内地和香港经济日渐融合,这些联网的使用量亦逐步增加
与内地的跨境支付安排	与内地的境内外币支付系统的跨境支付安排于 2009 年 3 月推出,以促进内地银行的外币集资及流动资金管理,以及商业支付交易。目前跨境支付安排涵盖港元、美元、欧元及英镑四种货币

续表

联网对象	具体联网举措
与澳门联网	香港与澳门分别在 2007 年 8 月及 2008 年 6 月建立港元及美元支票的单向联合结算机制,把由香港银行付款,并于澳门兑存的港元及美元支票的结算时间由 4～5 日缩短至 2 日
与马来西亚联网	马来西亚的马币 RTGS 系统(RENTAS 系统)与香港的美元 RTGS 系统于 2006 年 11 月实现联网,使马币与美元外汇交易得以在马来西亚及香港营业时间进行同步交收,从而消除交收风险。这是区内首次在两个 RTGS 系统之间建立跨境联网,为两种货币提供外汇交易同步交收服务
与印尼联网	香港的美元 RTGS 系统与印尼盾 RTGS 系统之间的同步交收联网于 2010 年 1 月启用,为两种货币的外汇交易进行同步交收,消除交收风险
与 Continuous Linked Settlement (CLS)系统联网	CLS 系统由 CLS Bank International 运作,是处理跨境外汇交易的全球性结算及交收系统。这个系统以同步交收方式交收跨境外汇交易,因此能够消除交收风险。港元在 2004 年加入 CLS 系统
跨境转汇服务	将香港的 RTGS 系统往区内扩展。港元、美元、欧元及人民币的区内支付均可利用香港的 RTGS 系统平台,以促进这些货币的跨境、跨银行转拨

第三节　澳门特色金融基础设施硬件的发展空间和建议

澳门金融业结构较为单一且发展并不充分,这导致澳门金融基础设施硬件建设仍较为薄弱。从香港金融基础设施硬件和内地金融基础设施的情况来看,尤其在与内地、国际的互联互通方面,澳门仍有较大的改进空间。

(一)澳门证券登记结算系统的发展空间及建议

从澳门的金融发展情况来看,澳门证券登记结算业务起步很晚。2018年 12 月,中华(澳门)金融资产交易公司成立,是澳门首家提供债券登记、托管、交易及结算等业务的金融机构,截至 2019 年 6 月,已有三笔债券在中华金融资产交易公司发行或上市。

从香港的情况看,香港金融管理局于 1990 年设立 CMU 系统,为外汇基金票据及债券提供自动化结算交收服务。1993年12月,香港金融管理局将该项服务推广至其他港元债券,为港元债券提供高效率、安全及方便的结算托管系统。自1994年12月起,CMU系统逐步与区内及国际系统联网,借此让海外投资者参与港元债券市场,有助于向海外投资者推广港元债券。CMU系统于1996年1月将服务进一步推广至非港元债券,并于1996年12月与港元RTGS系统联网,为系统成员提供即时及日终货银两讫(DVP)结算服务。其后,CMU系统又分别于2000年12月、2003年4月及2006年3月与美元、欧元及人民币RTGS系统联网,为债券提供DVP结算服务,并为香港的美元及欧元支付结算系统提供即日及隔夜回购设施。另外,CMU系统与区内中央证券托管机构及国际中央证券托管机构建立了联网。1994年,CMU系统与全球两个规模最大的国际中央证券托管机构欧洲清算及明讯建立单向对内联网,让国际投资者可通过这些国际结算所机构持有及结算港元债券。这两项联网分别在2002年11月(欧洲清算)及2003年1月(明讯)发展至双向联网,让香港及亚洲其他地区的投资者在安全稳妥的环境下以DVP模式直接或间接持有及结算欧洲结算系统及明讯结算系统的债券。

从内地的情况看,中央国债登记结算有限责任公司、中国证券登记结算有限公司分别成立于1996年、2001年,之后银行间市场清算所股份有限公司(上海清算所)和银行业理财登记托管中心有限公司成立。作为金融市场支付清算系统的组成部分,中央国债登记结算有限责任公司等机构与CNAPS、银行业金融机构支付清算系统的各个子系统间互相连接。

从整体上看,虽然证券登记、交易、结算基础设施是金融基础设施硬件的重要部分,但澳门在这一业务领域仍然处于起点位置。从澳门目前的证券发行情况来判断,澳门证券登记结算业务的增长点在于嫁接内地企业海外融资的需求,但这对澳门证券发行、分销等业务也提出了更高的要求。从香港、内地证券登记结算基础设施的发展历程来看,基础设施既是证券登记结算业务的前提和配套,也在业务发展过程中逐渐改进并完善。因此,澳门证券登记阶段系统建设的着力点仍在于澳门证券业务的繁荣与壮大,仍系于澳门特色金融的发展水平。因此,澳门证券登记结算系统应在操作平台上与内地、香港互相连接,并在此基础上与国际登记结算机构建立联网。

(二)澳门特色金融基础设施硬件的发展空间和建议

从国家"一带一路"建设以及澳门的"中国与葡语国家商贸合作服务平台"特殊地位来看,发展特色金融是澳门经济适度多元化且未来持续稳定发展的客观需要。2017 年以来,澳门特区政府积极推动融资租赁、财富管理业务发展,并拓宽人民币清算的网络和渠道,这些金融细分服务领域有利于丰富澳门的金融业态,发挥澳门资金充裕的优势来支持粤港澳大湾区的建设。

1.融资租赁方向

融资租赁行业的发展离不开法律法规、会计制度、税收政策和监管体制的支撑。2019 年 4 月,澳门特区政府制定了《融资租赁公司法律制度》《融资租赁税务优惠制度》,并同步更新了《开设融资租赁公司的牌照申请指南》。新制定的《融资租赁公司法律制度》适度放宽了对融资租赁的监管,将融资租赁公司重新定义为非信用金融机构,不再适用《金融体系法律制度》对信用机构的规定,例如资本充足率及对单一客户风险敞口的限制等。在公司的设立形式方面,允许融资租赁公司以股份有限公司或有限公司的形式设立,对融资租赁公司资本的要求由 3 000 万澳门元降至 1 000 万澳门元。这些法律层面的调整对澳门来说是较大的突破,不仅降低了融资租赁公司的准入门槛,而且使融资租赁公司的经营更加便利,监管机构对融资租赁公司的风险管理措施也更加切合实际。

目前,澳门地区已有莱茵大丰(澳门)国际融资租赁股份有限公司和工银金融租赁澳门股份有限公司两家融资租赁机构。莱茵大丰(澳门)国际融资租赁股份有限公司是澳门首家融资租赁公司,成立于 2013 年,股东为澳门大丰银行与 Land-G(澳门)集团有限公司。工银金融租赁 2017 年 11 月在澳门设立分支机构,目标市场为亚太地区的公务机业务。

从金融基础设施硬件的角度来看,澳门仍处于起步阶段。融资租赁的特点之一是租赁物的所有者与占有使用者分离。动产以占有为权利公示手段,使得第三人依据占有的表象难以准确地判断租赁物的真正所有权人。如果承租人擅自处置租赁物,将导致出租人和取得租赁物的第三人的权利冲突,形成纠纷。融资租赁登记制度是解决租赁物之上物权冲突的有效方式。成熟完整的物权登记制度应当包括所有权登记、用益物权登记、担保物权登记、信托登记以及租赁登记。为了弥补内地相关法律的不足,中国人民银行征信中心于 2009 年 7 月建成了融资租赁登记公示系统,该系统在保护融资租赁交易和信贷资产安全方面发挥了重要作用。一方面,澳门可以借鉴内地的相关经验,建立融资租赁登记结算系统,提高各个环节的信息透明度和办事效率;另一方面,澳门也可以与内地的融资租赁登记结算系统相对接,共同推动两地的信息交流,可以倡导境内融资租赁机构在澳门登记其境外交易的融资租赁资产,为融资租赁资产及产品的跨境转让流通提供良好的土壤。

2.人民币清算方向

从战略意义上看,澳门作为葡语系人民币清算中心是人民币国际化的重要战略布局,可以加速人民币国际化,同时也与澳门特色金融的定位相契合。从金融基础设施硬件的角度来看,目前,澳门人民币清算网络和渠道正在不断拓宽,澳门人民币即时支付结算系统已投入使用;中银澳门与 30 多个葡语国家银行建立往来账户关系,并于 2018 年 5 月加入人民币跨境支付系统(CIPS)。澳门除拥有直连中国人民银行 CNAPS 的境外一级人民币清算行,还与上海、香港、横琴建立直通清算路径。中国于 2012 年开始建立 CIPS,作为人民币跨境银行间支付清算的主渠道,2018 年,CIPS(二期)开始运行。该系统启用后,CNAPS 主要从事境内清算,境外清算结算则由 CIPS 完成。不同于由央行拥有和运作的 CNAPS,CIPS 是企业拥有和运作的经营性机构,受央行监管,CIPS 直接成员限于境内中资和外资银行。

结合澳门与葡语国家的关系优势,可以倡导澳门人民币清算行与葡语国家银行进行合作,设立往来账户;同时,增加澳门人民币清算平台参加行的数量,鼓励澳门人民币清算行加入 CIPS。

第二十章

金融基础设施的软件建设

金融基础设施的软件建设,主要体现在法律、人才、语言、创新能力等方面。一是为两地金融协同发展提供法律环境和法律支持,针对法系和管辖权的差异,可考虑以跨境试点管理办法来支持特色金融发展。具体而言,需加强立法,重视质量司法和质量执法,加强建设国际商事仲裁系统,同时积极吸取香港和其他地区的经验。二是吸引和培养熟悉跨境金融市场的人才,注重复合人才的培养,同时抓住人才引进机遇。三是提升城市创新能力,助力特色金融业发展。一方面利用科技创新促进金融科技的发展,另一方面利用科技创新相关的新经济产业刺激包括投融资在内的金融服务业需求。

第一节 为金融协同发展提供法律环境和法律支持——以珠海和澳门为例

(一)澳门法律环境现状

随着 1999 年 12 月 20 日澳门回归祖国,澳门特别行政区成立,根据《澳门特别行政区基本法》和《司法组织纲要法》设置的特区三级法院体制即开始全面运作,负责行使国家赋予澳门特区的独立的司法权和终审权。

与内地的社会主义法系和香港的英美法系不同,澳门为大陆法系,在法理层面与内地和香港均不同。而对于金融领域而言,澳门律师事务所多是参与赌场的法律事务,对处理其他行业的法律事务经验相对不足。

当前,考虑到立法层面困难较多,周期较长,法系和管辖权等方面尚未厘清,而粤澳金融融合及跨境业务开展急需法律环境基础,因此需要选择出台一系列"试点管理办法"对一些特定事项做出规定。目前主要针对跨境办公、跨境金融企业经营、跨境律所开展业务三方面,从机制上创造可供探讨的空间。

（二）已实施的粤澳金融业相关跨境试点管理办法

1.跨境办公

2019年3月11日,横琴新区发布《关于鼓励澳门企业在横琴跨境办公的暂行办法》,给予跨境办公企业最高70元/(米²·月)的租金补贴,通过创新办法协助解决企业员工缴纳社保、子女入学等配套问题,跨境办公企业可依法委托专业人力资源公司购买社会保险,其内地员工也可以个人身份办理社会保险,同时符合相关条件还可参照在横琴注册的企业,享受同等的子女义务教育待遇和人才租房、生活补贴。

办法还明确,除博彩业及内地法律明确禁止的行业以外的澳门企业,无须在横琴办理工商登记注册和税务登记手续,仅需向横琴新区澳门事务局备案,便可与试点楼宇管理方签署办公场地租赁合同并入驻,手续十分简便。跨境办公企业可以使用澳门银行账户支付其在横琴发生的办公场所租赁、物业管理、工资薪酬等费用。香港企业也适用该办法。

办法还鼓励开通试点楼宇直通澳门的跨境交通线路,横琴新区管理委员会将对相关营运给予财政补贴。为了方便跨境办公企业职工往来两地,横琴将紧邻横琴口岸的横琴总部大厦作为首个澳门企业跨境办公试点楼宇,于2019年3月1日开通了首条琴澳跨境通勤专线。

2019年3月26日,全国首个跨境办公试点楼宇"横琴总部大厦"挂牌,首批有10家澳门企业入驻。

2.跨境金融企业经营:股权投资与商业保理

2018年12月21日,珠海市金融工作局下发《珠海市外商投资股权投资企业试点管理暂行办法》,标志着外商投资股权投资企业试点在珠海正式落地,珠海成为广东省内继深圳后第二个实行QFLP试点的城市。

QFLP是指由境外企业或个人参与投资设立的,以非公开方式向境外投资者募集资金,投资于国内非公开交易企业股权的企业。实施QFLP试点是促进港澳等境外资金投资境内实体产业的重要渠道,有利于引入境外资金,支持粤港澳大湾区实体经济的高质量发展和基础设施的建设。此办法的有效期为3年。

2012年12月7日,商务部下发《关于香港、澳门服务提供者在深圳市、广州市试点设立商业保理企业的通知》,允许港澳服务提供者以中外合资经营企业、中外合作经营企业或外资企业形式,在深圳市、广州市设立商业保理企业。

3.跨境律所开展业务

2014 年 9 月 1 日,《内地律师事务所向香港律师事务所驻粤代表机构派驻内地律师担任内地法律顾问试点工作实施办法》出台,港澳与内地律所的合伙联营自 2014 年起在广东省广州市、深圳市、珠海市开始试点;2017 年 12 月司法部下发通知,将合伙联营地域范围扩大到广东全省和上海市。2018 年 9 月 26 日,上海市司法局下发《关于香港、澳门律师事务所与内地律师事务所在本市开展合伙联营试点工作的实施办法(试行)》,上海成为继广东省之后全国第二个开展港澳律所与内地律所合伙联营试点的省市。

(三)政策建议

当前,在为发展珠澳特色金融提供的法律环境和法律支持方面,仍存在法系差异、管辖权分割等挑战,已采取的方案主要针对一些具体的事项以"试点管理办法"的形式"一事一议"。对于长期的、趋势性的、规模性的金融融合和特色金融发展,在法律环境和法律支持层面稍显不足,因此提出以下建议。

一是自上而下地加强立法,对深化改革、扩大开放进行统筹规划。在公法领域,应尊重地区差异,加强合作,而在商业、经济及金融活动方面的法律适用应大胆革新,更多地尊重商事主体的意思自治,尊重他们的自主选择与商业实践。内地和澳门在公法领域的立法和执法工作已自成体系,这些公法涵盖刑事、行政及社会管理等方面。应尊重彼此的差异和遵守"一国两制"原则,努力加强公法在立法和执法方面的交流合作,但不寻求统一立法、跨境执法。在金融活动中,如在跨境金融交易中,英美法在传统上是交易当中主要适用的法律,几乎所有的国际金融中心都采用英美法。在解决争端过程中,判例丰富及英美法本身的灵活性和与时俱进也回答了为何其具有广泛的适用性。具体而言,目前急需的是金融机构的破产法、个人破产法和个人担保法,以及完善信用体系建设、个人财产登记、收入报告等制度和监测系统。

二是重视质量司法和质量执法建设。高质量的司法体系不仅源于它的独立性、透明度、决策的一致性和公平正义的可及性,还源于它对商事合同条款的高效执行。法治精神包括人人知法、遵法和守法,也包括对行政专断决定司法审查的有效性。对专业性很强又很复杂的各种商业许可的司法审查,纠正行政部门可能发生的专断决定,重视涉及市场经济健康发展的重大事项,是维系市场信心的重要问题。

三是加强建设国际商事仲裁系统。内地仲裁界和香港国际仲裁中心的交流日益深入,运用广泛。深圳国际仲裁院理事及仲裁员三分之一都来自境外 49 个国家和地区,广州南沙的国际仲裁中心承认临时仲裁,优先适用境外法和联合国贸易法委员会的规则。但以往的跨境仲裁合作安排在执行上还是有不少问题。因此,如果要在更深、更广层面进行仲裁融合和经济上的对外开放,就必须在执行力度上有所提高。

四是积极吸取香港和其他地区的立法、司法、执法经验。具体而言,可依靠香港的力量来加强相关的有针对性的培训,邀请近十年来香港退休的、部分能流利使用普通话的法官到内地的法庭担任法官、法官助理或陪审员,邀请其他国际司法人才(包括由仲裁专家组成的智库或咨询小组)来参与具体问题的讨论等。

五是在适当的时机探索特区金融立法方案,从根本上解决两地金融监管法律、体制不同的问题。尽管立法周期长,理论和实践的难度、阻力大,但相对于目前和即将施行的试点管理办法,立法不但可以规范两地金融合作和特色金融发展方向,也可在法理上厘清两地金融融合发展的方式,为全面的(而不是单一子行业的)合作提供法律基础,在不违反基本法及两地相关法律的前提下,探索针对金融立法的新途径。

第二节　综合考虑当地教育和产业需求,制定相应的人才吸引政策——以香港、深圳、澳门、珠海(横琴)为例

(一)香港:多层次政策叠加,每年引进 2.7 万人左右,以内地为主

目前香港的人才吸引政策主要有输入内地人才入境计划、优秀人才入境

计划、科技人才入境计划、非本地毕业生留港/回港就业安排、科技人才入境计划等,相关内容见表20-1。截至2017年末,上述计划已累计引进人才18万人,预计此后每年引进人数在2.7万人左右,其中从人数上最主要的为内地人才入境计划(每年约1.4万人)和非本地毕业生留港/回港就业安排(每年约1.05万人)。

(二)深圳:大力精准引进多层次人才,在发展上和生活上引进和留住人才

自2016年开始,深圳每年人才工作预算达44亿元。截至2018年5月,深圳累计引进高层次人才10 993人,海外留学人员11万余人;截至2018年3月,深圳累计确认"孔雀计划"人才3 264人。截至2017年底,深圳各类人才总量超过510万人(主要指大专以上文化程度),占常住人口的40.7%。深圳人才引进的系列优惠政策详见表20-2。

深圳引进与留住人才的特色是对人才的社会服务措施到位,对引进人才在落户、子女入学、社保、医疗等方面,实行了较完善的保障措施。

在居住方面,深圳大力建设人才公寓,到2020年提供不少于1万套人才公寓房,提供给海外人才、在站博士后和短期来深工作的高层次人才租住。对杰出人才安居,可选择600万元奖励补贴,也可选择面积200平方米左右免租10年的住房。

在子女入学方面,设立人才子女积分入学制度,高层次人才的非本市户籍子女可以在本市就读义务教育阶段和高中阶段学校,并享受本市户籍学生待遇;对企业急需的高素质人才子女,可以不受积分的限制,直接入读公办学校;对重点引进培养的高层次人才,子女享受特殊照顾政策。

在医疗方面,杰出人才可享受一级保健待遇,国家级领军人才、地方级领军人才和除杰出人才外的其他海外A类人才、B类人才可享受二级保健待遇,后备级人才和海外C类人才可享受三级保健待遇。

表 20-1　香港人才引进计划梳理

计划	输入内地人才入境计划	优秀人才入境计划	非本地毕业生留港/回港就业安排	输入中国籍香港永久性居民第二代计划	科技人才入境计划
起始时间	2003 年 7 月	2006 年 6 月	2008 年 5 月	2015 年 5 月	2018 年 5 月，为期 3 年
每年配额	没有行业及配额限制	1 000 人	没有行业及配额限制	没有行业及配额限制	1 000 人，每个公司最多 100 人
人群限定	中国内地居民	除阿富汗、柬埔寨、古巴、老挝、朝鲜、尼泊尔及越南国民	在香港修读全日制获得学士学位或以上学历的非本地毕业生，除阿富汗、柬埔寨、古巴、老挝、朝鲜、尼泊尔及越南国民	已移居海外的中国籍香港永久性居民的第二代	非本地科技人才，从事研发工作，面向两大科技园区——香港科学园和香港数码港的 700 多家企业
评判维度	引进香港特区所需而又缺乏的拥有特别教育、知识或经验的中国内地申请人，只需要申请人从事的工作与其学历或工作经验有关	综合计分制：主要考虑的因素有年龄、学历、工作经验、语言能力、家庭能力、情况，满分 225 分，80 分符合资格的即可递交申请；成就计分制主要考量的是申请人在行业内所取得的国家级或国际级以上奖项如奥运冠军、诺贝尔奖等，或在行业内有重大贡献如业内终身成就奖	该政策无须雇主担保，无行业及配额限制，在港留学满足非通常性居住要求，进修文凭身份	—	要求申请人所从事的行业符合科技人才清单如生物科技、人工智能、网络安全、机器人技术、数据分析、金融科技或材料科学范畴
累计引进*	106 470 人	3 989 人，八成以上来自中国内地且呈上升趋势	70 083 人	315 人	截至 2019 年 2 月，24 人申请获批，申请人来自马来西亚、新加坡以及中国台湾和大陆

资料来源：香港入境事务处网站、公开报道、课题组整理。

注：* 累计引进除"科技人才入境计划"外截止日期为 2017 年末。

表 20-2　深圳人才引进的系列优惠政策

人才类型	优惠政策
大学毕业生入户深圳	一次性租房和生活补贴本科、硕士、博士分别为 1.5 万、2.5 万、3 万元
	可申请公租房轮候,不受"1 年社保"限制
	进入企业: 参加技能培训可申请最高 1 万元的培训补贴; 筹建技能大师工作室、技能工作站,可分别获得 50 万元、30 万元经费资助; 有机会赴国外参加研修培训
	自己创业: 可享受创业场租补贴; 创业项目被认定为优秀,在本市完成商事登记,可获最高 50 万元资助; 其他金融扶持政策
博士后人才	在深圳进行研究,可获不超过 24 万元的生活补贴
	出站后留在深圳从事科研,可获 30 万元科研经费资助; 外地博士后出站来深圳工作的,给予相同的科研经费资助
留学回国人才来深创业	符合条件的可以申请留学人员 30 万~100 万元的创业资助
	特别优秀项目资助 500 万元
创客人才	符合条件的个人和团队项目最高可获 100 万元资助
高层次人才	杰出人才、国家级领军人才、地方级领军人才、后备级人才分别补贴 600 万、300 万、200 万、160 万元
孔雀人才(海外高层次人才)	A 类、B 类、C 类分别补贴 300 万、200 万、160 万元
外籍人才	符合高层次人才条件的可享受一系列待遇
	不符合高层次人才条件的,在出入境居留、住房公积金缴纳和提取、子女入学等方面也能享受一些优惠待遇

资料来源:深圳市人力资源和社会保障局。

深圳不但注重引进人才,而且注重人才培养。2018 年 8 月,深圳推出"鹏城英才计划"。该计划的主要内容包括:高标准实施重点领域人才培养专项,高质量打造人才培养集聚平台,全周期给予人才创新创业激励,全链条深化人才发展体制机制改革,以及全方位营造更具吸引力的人才发展环境,并对以上各条做出具体实施细则。这样,无论是从发展上还是从生活上都对人才具有较强的吸引力,不但"引得来",而且"留得住"。

(三)澳门:开始研究设立优才先导计划

1999 年澳门回归后,受赌权开放的影响,本地人才日趋紧张,无可避免地输入外地劳工和专才,第 3/2005 号行政法规巩固了专才技术及管理人员的居留制度,技术移民和外地劳工引进逐渐增加,在 2007—2008 年达到顶峰(图 20-1)。这使得本地劳动市场泛起保护主义,对外来人员的输入持负面否定态度。2009 年以来,特区政府对于人才引进政策的关注度有所波动,2012 年人口政策咨询期达到最高峰,受到社会舆论阻力后转为了境外澳人回流政策。直到 2018 年,特区政府意识到粤港澳大湾区建设是澳门融入国家发展大局的重要契机,澳门要抓紧建设"广州-深圳-香港-澳门"科技创新走廊,打造大湾区国际科技创新中心和建设中医药科技产业发展平台。因此,人才引进计划才再次提上议程,澳门开始研究设立包括科技人才在内的优才先导计划,但目前仍未形成具体方案。

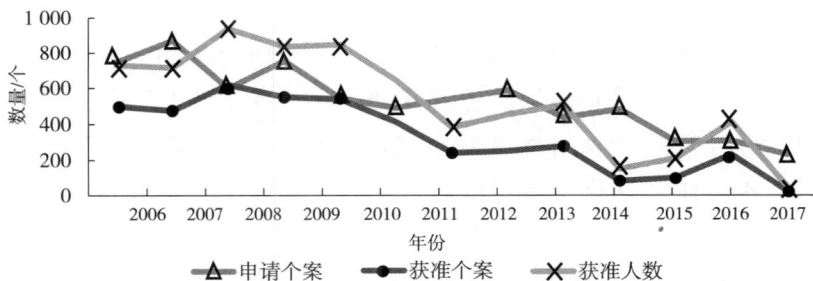

图 20-1　澳门以管理人员及具备特别资格的技术人员身份申请居留的个案数量
资料来源:澳门投资促进局。

可以看到,正是由于澳门对于人才引进的犹豫和反复,在回归后的近 20 年间尚未形成有体系的人才引进计划政策,而当前正是澳门融入粤港澳大湾区建设大局的重要契机,对于珠海横琴而言更是重要机遇。第一,澳门对人才的需求迅速增加,但政策出台迟缓,较长时间内存在较大人才缺口,而横琴可以利用其制度优势出台合理的人才引进政策,首先参与到珠澳发展中,占据主动地位。第二,横琴的人才引进也减少了澳门对本地人才被挤出的担忧,且不用纠结于居留权与工作权的争论。第三,在本地人才培养、海外人才回流和人才引进三条增加人才的路径中,本地人才培养是长期工程,珠海和澳门都需要重视;而与澳门不同,珠海没有大量海外人才可供回流。无论对于珠海还是澳门,在横琴引进人才均符合其利益。此外可以看到,在香港成体系的人才引进计划相竞争下,深圳的人才引进政策仍获得了较大成功,而横琴在珠澳的合力下,合理的人才引进政策使其更容易获得成功。

(四)珠海(横琴):基本借鉴深圳模式

整体上看,珠海的人才引进计划与深圳较为类似,主要对各层次人才进行划分并针对性鼓励,在生活和发展两方面均出台优惠政策。

2013年,珠海出台了《珠海经济特区人才开发促进条例》,并开始对重点培育企业新引进人才发放租房补贴。2015年,珠海开展创新创业团队、高层次人才、青年优秀人才申报工作。2016年,珠海横琴解读广东省外籍人才出入境便利化政策,支持外国留学生创新创业。2017年3月,珠海正式实施珠海市人才引进服务,半年后就有1.4万名人才落户。2018年11月,珠海出台《珠海市高层次人才支持计划实施办法》和《珠海市产业青年优秀人才培养计划实施办法》,对此前政策进行进一步细化。

与深圳各市辖区的人才引进政策类似,横琴新区也在珠海市人才引进政策下,配套推出一系列优惠政策,包括引进人才租房和生活补贴、特殊人才奖励、鼓励高层次人才团队落户、给予创新创业大赛优胜团队无偿研发费资助、港澳居民个税补贴、人才引进便利入户等。

第三节 培养熟悉跨境金融市场人才,
为特色化金融消除语言障碍——以珠海和澳门为例

语言和人才是金融基础设施软件建设的重要方面。葡语作为澳门的官方语言之一,尽管目前运用范围有限,但未来澳门在特色金融方面若成为葡语国家人民币清算中心,或是葡语国家中国金融机构海外离岸区域管理中心,会产生较大的葡语人才缺口。尽管近年来澳门高校的葡语人才培养规模逐渐扩大,但"葡语+经管"的人才仍较为缺乏。此外,除当地培养外,珠海和澳门也制定了一系列人才引进政策,在未来可针对特色金融进一步细化并做出相应安排。

（一）澳门高等教育人才培养概况

截至 2017 年，澳门共有 10 所高校开展本科及以上层次的高等教育，2017 年毕业人数共计 7 560 人，其中澳门科技大学（占 36%）、澳门大学（占 32%）、澳门城市大学（占 13%）位列前三，如图 20-2 所示；从获得学位看，本、硕、博的占比分别为 68%、25%、4%。2012—2017 年高等教育毕业人数年复合增长率为 4.1%，其中本、硕、博毕业人数年复合增长率分别为 7.3%、18.4%、27.3%，各年本、硕、博等毕业人数见图 20-3。

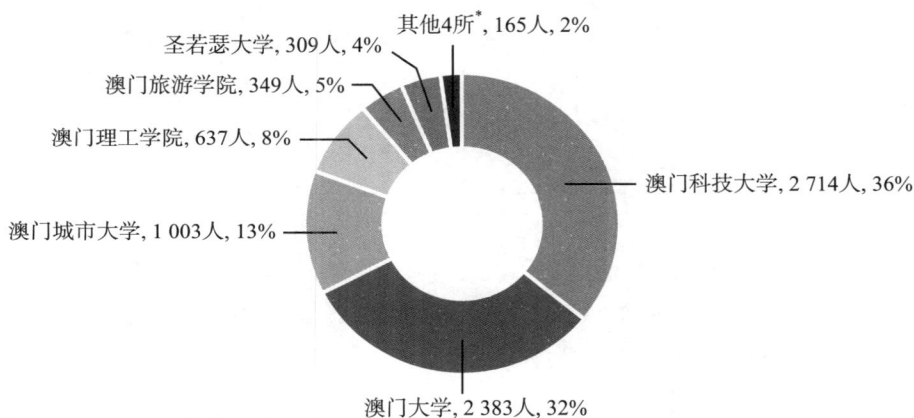

注：* 指澳门镜湖护理学院、澳门管理学院、中西创新学院、澳门保安部队高等学校。

图 20-2　2017 年澳门各高校毕业人数及占比

资料来源：澳门高等教育局，课题组整理。

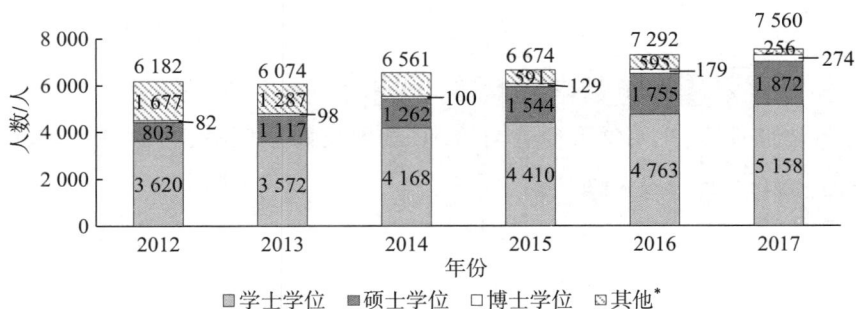

注：* 指学位后文凭课程、学士学位补充课程、高等专科学位课程、文凭课程。

图 20-3　2012—2017 年澳门高校毕业人数

资料来源：澳门高等教育局，课题组整理。

2012 年以来,澳门高校中来自内地的学生比重不断增加,而本地学生有所下滑。2012—2017 年,澳门高校中来自内地的在读学生注册人数由 8 774 人增长到 15 171 人,年复合增长率达 11.6％,占比从 32％增加到 46％(图 20-4)。2012—2015 年,澳门高校中本地在读学生注册人数在 1.85 万人左右,2016 年下降到 1.79 万人,2017 年继续下降至 1.69 万人,预计 2020 年来自内地的在读学生注册人数可能超过澳门本地学生。

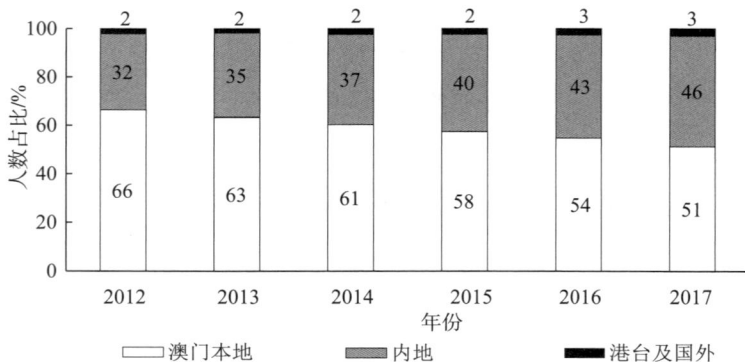

图 20-4　2012—2017 年按学生来源分类的澳门高校注册人数占比

资料来源:澳门高等教育局,课题组整理。

从所学专业看,澳门本地学生和外地学生在结构上有较大差异。如图 20-5 所示,2017 年的毕业生中,25％的本地学生的专业为旅游及娱乐服务,居首位,20％的本地学生为商务与管理专业,其余专业占比均低于 10％;而外地学生更偏好商务与管理,占比为 34％,旅游及娱乐服务专业居第二位(占14％),法律居第三位(占 9％),而本地学生中法律专业未进前五。

综上,可以看出澳门地区高校学生规模在不断扩大,其中来自内地的学生数量增加较快,主要学习商务与管理、旅游及娱乐服务、法律等专业,而澳门本地学生人数有所下降。

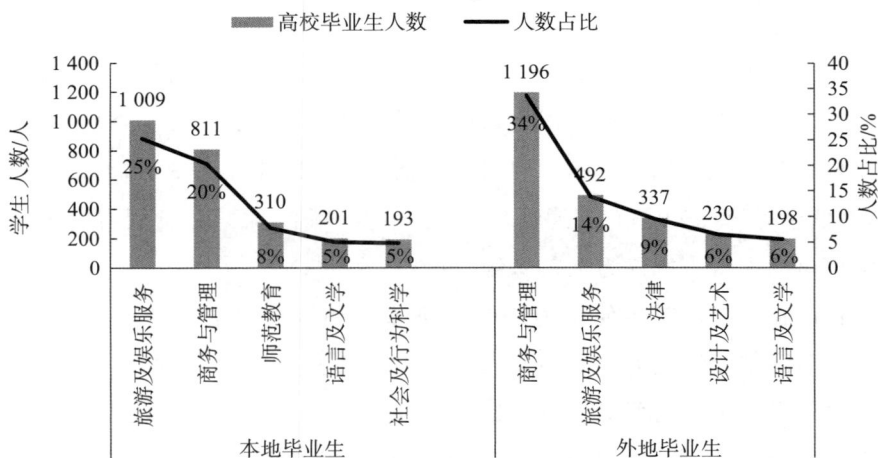

图例：
■ 高校毕业生人数　　── 人数占比

图 20-5　2017 年澳门高校本地和外地毕业生专业差异

资料来源：澳门高等教育局，课题组整理。

（二）当前澳门语言使用现状

1.整体情况

澳门的官方语言为中文（含粤语、普通话）和葡萄牙语（简称"葡语"）；当前澳门主要使用的语言有中文（粤语、普通话、福建话和其他）、葡语、英语和其他，日常用语和能讲语言的人口分布如表 20-3 所示。可见，澳门人口的语言以中文（粤语）为主，2001—2011 年普通话占比显著提升；而能讲葡语的人口占比略有下降，能讲英语的人口占比显著提升。

表 20-3　澳门人口的语言能力

语言	日常用语			能讲语言		
	2001 年占比/%	2011 年占比/%	差异/%	2001 年占比/%	2011 占比/%	差异/%
粤语	87.9	83.3	−4.6	94.4	90.0	−4.4
普通话	1.6	5.0	3.4	26.7	41.4	14.7
福建话	4.4	3.7	−0.7	7.3	6.9	−0.4
其他中国方言	3.1	2.0	−1.1	10.4	8.8	−1.6
葡语	0.7	0.7	——	3.0	2.4	−0.6
英语	0.7	2.3	1.6	13.5	21.1	7.6
其他	1.7	3.0	1.3	4.3	7.2	2.9

资料来源：澳门统计暨普查局。

2.葡语

葡语是澳门的官方用语之一,大多是占澳门人口1.5％的葡裔人口使用,而普通澳门华人很少以葡语作为第一语言。根据澳门统计暨普查局2011年人口普查数据,澳门居民仅有2.4％能讲葡语(而2001年为3.0％),约1.3万人,远低于粤语(90.0％)、普通话(41.4％)甚至英语(21.1％)。而将葡语作为日常用语的人口占比仅为0.7％,约4 000人。

目前在澳门最需要使用葡语的是法律界和使用双语文件的政府部门。澳门的司法制度沿袭葡萄牙而来,而澳门法律是"一国两制"的具体体现,因此在法律界正确使用葡语的重要性不言而喻。但澳葡政府统治期间并没有积极推行华人学习葡语,学校没有将葡语列为必修语言,以葡语授课的学校亦少,甚至低于以英语授课的国际学校。在澳葡时期,担任公务员的条件为葡籍且精通葡语,因此华人学习葡语的意愿较低,葡语仅在政府部门、葡语人家庭和葡语社交圈通行。

当前,在澳门,葡语主要在以下人员中使用:

一是政府行政人员。葡语是澳门的官方语言之一,在行政中有强制性的需求。

二是法律相关从业人员。澳门当地法律来源于葡萄牙法律,但不断进行本土化修改,在澳门回归后又设立了特区基本法。因此,法律从业人员和研究人员往往会学习葡语,以加强对法律的理解。在澳门法律实务中,在非诉讼争端解决、法律文书写作和律师事务实务中也常常需要使用葡语。

三是葡裔。2011年澳门有葡萄牙裔血统的共8 106人,较2001年微增333人,占总人口的比例下跌0.3个百分点,至1.5％。

四是与葡语国家开展贸易和跨国业务的从业人员。近年来,澳门对葡语国家的进口呈不断上升之势,2018年澳门对葡语国家的进出口总额达到7.9亿澳门元。未来澳门若成为葡语国家人民币清算中心,或是葡语国家中国金融机构海外离岸区域管理中心,对葡语人才的需求将极大提升。

综上,未来澳门因发展特色金融和金融融合而增加的对葡语人才的需求主要体现在建立葡语国家人民币清算中心和葡语国家中国金融机构海外离岸区域管理中心带来的大量葡语人才需求(尤其是"经管＋葡语"人才),以及发展特色金融和金融融合而按比例增加的政府和法律从业者中的少量葡语人才需求。

3.英语

尽管葡语是澳门的两种官方语言之一（另一种为中文），英语在澳门也有着广泛的应用。根据澳门统计暨普查局2011年人口普查数据，尽管只有2.3%的人口将英语作为日常用语（较2001年提升1.6个百分点），但21.1%的澳门人能讲英语（较2001年提升7.6个百分点），仅次于粤语（90.0%）和普通话（41.4%），高于葡语（2.4%）。

英语是国际通用语言，在国际金融业务中被广泛应用。目前，澳门K12教育中对英文逐渐重视，英文学校数较快增长；而高等教育中的经管项目一般采用英语教学或中英双语教学，所培养的相关专业学生可以较好地在工作环境中运用英语和专业知识。但从粤港澳大湾区整体上看，香港（香港大学、香港中文大学、香港科技大学、香港城市大学等）、广州（中山大学、华南理工大学等）、深圳（北京大学汇丰商学院、清华大学国际研究生院等）的多所高校在经管人才培养上也采用了英语或是中英双语教学，客观地说澳门高校在"经管＋英语"人才培养上面临较大竞争。对于珠澳特色金融发展而言，也可以更多地从引进这些人才的角度考虑。

4.汉语

澳门是华人社会，华裔人口占比超过90%。澳门人口的语言以中文（粤语）为主；2001—2011年能讲普通话的人口占比显著提升，达14.7%，能讲粤语、福建话和其他中国方言的人口占比略有下降，主要是因为内地移入人口和雇员增加。普通话的普及也推动了珠、澳两地的金融融合发展。

（三）澳门葡语语言教育及葡语授课情况

1.K12教育

澳门的K12教育主要分为正规教育和回归教育两种，覆盖幼儿教育、小学教育、中学教育和特殊教育四类。1997—2018年，中文学校校部数从110所逐渐减少至101所，占据主导地位；英文学校校部数从9所逐渐增加至15所；葡文学校始终在5所左右。当前，葡文学校有幼儿、幼小、中小、中学、中学（回归教育）各1所。具体如图20-6所示。

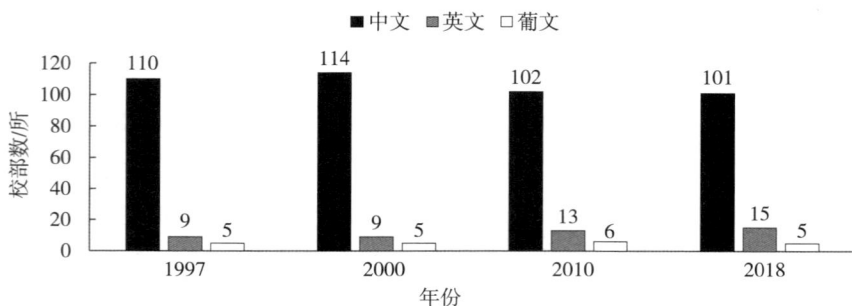

图 20-6　1997—2018 年各语种 K12 校部数变化

资料来源：澳门教育暨青年局，课题组整理。

从学生规模看，葡文学校学生人数较少。将不同学校相同年级的学生汇总来看，幼儿教育中葡文学校平均每年级有 117 名学生，而小学、初中、高中分别为 66、43、43 人（表 20-4）。需要注意的是，这种按照语言划分学校是以第一语言为准，其他学校中一部分第二语言为葡语，或是开设了葡语课程。

2017 年，澳门政府于两所公立学校（二龙喉中葡小学和郑观应公立学校）推出"中葡双语班"，在小学一年级、初中一年级开班，目标是使高中毕业学生的葡语能力可以达到日常会话的中上级水平。其中，有不少从内地来上"中葡双语班"的"跨境学童"。

表 20-4　澳门 K12 教育中葡文学校学生规模　　　　　单位：人

机构名称	类型	学生人数－幼	学生人数－小	学生人数－初	学生人数－高
鲁弥士主教幼稚园（私立）	幼儿	224			
二龙喉中葡小学（葡文部）	幼小	126	36		
澳门葡文学校（私立）	中小		357	117	121
高美士中葡中学（日间葡文部）	中学			11	
高美士中葡中学（葡文成人夜间课程）	中学（回归）				7
合计		350	393	128	128
平均每年级人数		117	66	43	43

资料来源：澳门教育暨青年局，课题组整理。

2.高等教育

2014 年,澳门政府整合澳门高等教育的葡语教育资源,成立"培养中葡双语人才工作小组"。2018 年,澳门高等教育辅助办公室与澳门大学、澳门理工学院、澳门科技大学、澳门城市大学、圣若瑟大学将该小组升格为"培养中葡双语人才联盟",共同推进多方面的合作,包括中文及葡语教师的培训、以汉语作为外语教学的教师培训课程、葡语教学范围的调查及研究、旅游业中葡双语人才培训、高等院校联合提供课程、联盟成员提出的具体合作项目或协议等。

目前,提供葡语相关及主要以葡语授课的高校主要有澳门大学、澳门理工学院、澳门科技大学和圣若瑟大学,其中澳门大学和澳门理工学院人数较多。2017 年,葡语专业和以葡语授课的高校注册学生人数达到 1 322 人(图20-7),其中男女比例约为 3：7(图 20-8),本、硕、博占比分别为 88％、8％、2％(图20-9)。

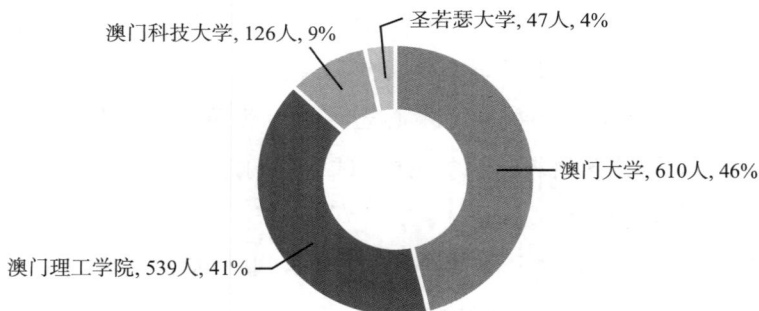

图 20-7　2017 年澳门葡语专业和以葡语授课的高校注册学生数
资料来源:澳门高等教育局,课题组整理。

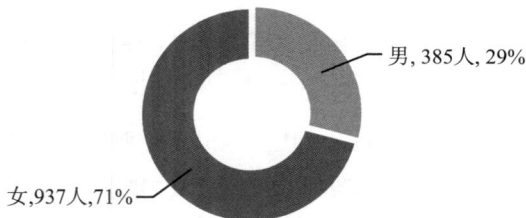

图 20-8　2017 年澳门葡语专业和以葡语授课的高校男女生注册学生数
资料来源:澳门高等教育局,课题组整理。

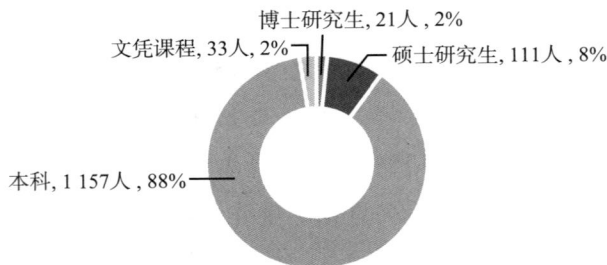

博士研究生, 21人, 2%
文凭课程, 33人, 2%
硕士研究生, 111人, 8%
本科, 1 157人, 88%

图 20-9　2017 年澳门葡语专业和以葡语授课的高校不同学历注册学生数

资料来源:澳门高等教育局,课题组整理。

目前,葡语相关及主要以葡语授课的澳门主要高校的情况如下:

(1)澳门大学:拥有亚洲最大的葡语教学机构——中葡双语教学暨培训中心,开设中葡双语授课的法学学士学位项目

2017 年 5 月,澳门大学成立中葡双语教学暨培训中心,该中心是亚洲最大的葡语教学机构。该中心将协助澳门大学葡文系优化现有的本科、硕士、博士葡语语言、文化课程,改革现有的课程安排,让专业学生尽快达到高级葡语水平;还将与澳门特区政府教育暨青年局合作,提供葡语提高班,共同建立"一条龙"培养双语人才的机制。中心还将出版优质葡语教材,推广科技应用、在线学习软件或葡语教科书等,并尝试与葡萄牙或巴西等国家的高校合办"4+1"本硕连读项目。

澳门大学葡语系开设本科、硕士、博士项目,其中葡语系研究生大部分来自内地。此外,自 2014 学年起澳门大学开办 5 年制的法学学士学位课程(中葡双语授课),截至 2018 年 11 月已有 110 名学生就读。

(2)澳门理工学院:下设语言暨翻译高等学校,近年热度回升

澳门理工学院下设的语言暨翻译高等学校当前开设中葡/葡中翻译学士和葡语学士等项目,2018 年中葡/葡中翻译学士项目有 150 名学生就读,葡语学士项目约有 120 名学生就读。其实,1999 年澳门回归后,澳门理工学院的中葡翻译学校报读学生一度降至 50 人以下,甚至只有 10 人报读,直到近年报读学生数才回升至数百人。

此外,澳门理工学院还设立葡语教学暨研究中心,为内地葡语教师提供葡语培训;并设立中葡英机器翻译联合实验室,主要研究领域包括中葡英语料加工处理、机器翻译引擎、语言大数据分析等。

（3）澳门科技大学：葡文系暑期课程人数超 450 人

自 2014 年以来，在澳门大学学习葡语的人数显著增多。

一是葡语系的学生人数增加。澳门科技大学国际学院开设本科和硕士的葡语项目，但目前规模仍较小，其中本科每届 10～20 人，澳门本地学生不超过 5 人。

二是由葡语系主办的暑期课程受欢迎程度逐年提升，2018 年报读人数超过 450 人，为 1986 年开班以来人数最多的一年。

三是其他科系学生学习葡语的人数也在增加，开设葡语公共选修课程，每学期 20～30 人选课，法学院本科生一般也会选修法律葡语课程，但商学院学生鲜有选修葡语课的。

（4）澳门城市大学：葡语国家研究院开设"葡语国家研究"博士和硕士项目

葡语国家研究院开设"葡语国家研究"博士和硕士研究生学位课程，法学院学生可选择中葡双语或中英双语项目；此外还开设应用葡语通识教育选修课。

3. 与经管法相关的葡语人才培养

如图 20-10 所示，在 2017 年澳门高校注册学生中，仅有 4％的学生为葡语专业或以葡语开设的经管法专业；在经管法专业中，以葡语教学的项目的学生数仅占 3％。

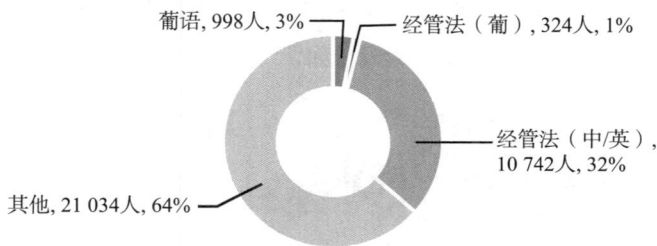

图 20-10　2017 年澳门高校注册学生专业构成
资料来源：澳门高等教育局，课题组整理。

如图 20-11 所示，在 2017 年澳门高校葡语相关及主要以葡语授课的各专业学生中，葡语翻译和葡语语言文学类为主要部分（共计 998 人，占 76％）；而以葡语教学的经管法专业共计 324 人（占 24％），其中以葡语教学的法律专业有 206 人（占 15％），以葡语教学的商务与管理专业（包括金融、会计、工商管理等)仅 74 人(占 6%),且只有本科项目,公共行政专业 44 人(占 3%)。

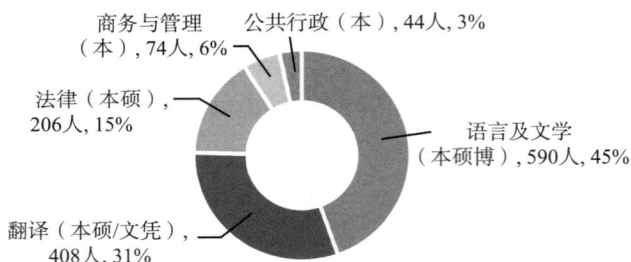

图 20-11 2017 年澳门高校葡语相关及主要以葡语授课的各专业注册学生数
资料来源:澳门高等教育局,课题组整理。

总体来说,对于当前澳门葡语的主流就业方向——法律界和使用双语文件的政府部门而言,对应的"法律+葡语"人才和"公共行政+葡语"人才较少;而对于未来发展澳门特色金融,展现其葡语优势的"经管+葡语"人才,尤其是"金融+葡语"人才更为缺乏。

4.葡语国家留学生培养

葡语作为官方语言的使用,葡语文化的积淀,以及高等教育的发展使澳门成为越来越多葡语国家留学生的理想之地。2017 年共有 226 名葡语国家留学生在澳门高校学习,留学生人数排名前三位的国家为葡萄牙(占 35%)、佛得角(占 30%)、巴西(占 12%),而澳门理工学院(114 人)、澳门大学(71人)和圣若瑟大学(37 人)拥有 98% 的葡语国家留学生,相关数据如图 20-12、图 20-13 所示。2017 年,来澳门高校就读的葡语国家留学生攻读学士、硕士、博士学位的分别为 199 人、20 人、7 人,如图 20-14 所示。

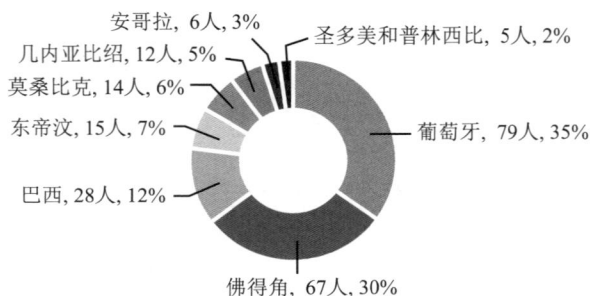

图 20-12 2017 年澳门高校各葡语国家留学生注册学生数
资料来源:澳门高等教育局,课题组整理。

圣若瑟大学,37人,16.4%

澳门理工学院,114人,50.4%

澳门大学,71人,31.4%

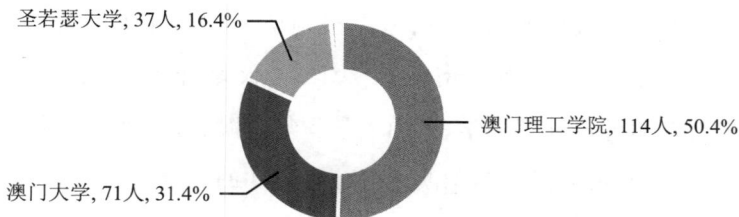

图 20-13　2017 年澳门各高校葡语国家留学生注册学生数
资料来源:澳门高等教育局,课题组整理。

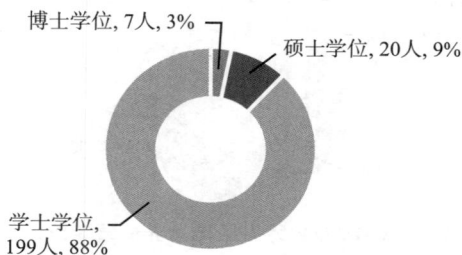

博士学位,7人,3%

硕士学位,20人,9%

学士学位,
199人,88%

图 20-14　2017 年澳门高校葡语国家留学生各学位攻读学生数
资料来源:澳门高等教育局,课题组整理。

澳门高校对葡语国家留学生的培养一方面加强了与葡语国家政治、经济、文化等方面的交流,另一方面也强化了澳门自身的葡语文化优势,可为澳门打造与葡语国家的金融中介平台提供帮助。

5.内地葡语人才补充

2006—2018 年,大量内地高校开始增设葡语专业,开设葡语专业的高校由 2006 年以前的 6 所增加到 2017 年的 37 所,另有 4 所高校申请的葡语专业已获教育部备案。如图 20-15 所示,2018 年,内地葡语专业培养人才 1 069 人,其中专科、本科、硕士研究生人才分别为 126 人、940 人、3 人,且本科葡语专业人才中超过一半为民办高校培养。

图 20-15　2018 年内地各层次培养葡语专业人才数
资料来源:教育部,各高校官网,课题组整理。

如图 20-16 所示,从地域看,内地高校葡语系学生主要分布在华北(占 37%)和华东(占 26%)。而华南地区 2018 年仅培养葡语人才 148 人,占 14%,主要有广东外语外贸大学、中山大学新华学院、海南外国语职业学院等高校。无论是从经济体量还是珠澳地区葡语人才的需求看,华南地区的葡语人才均相对不足。

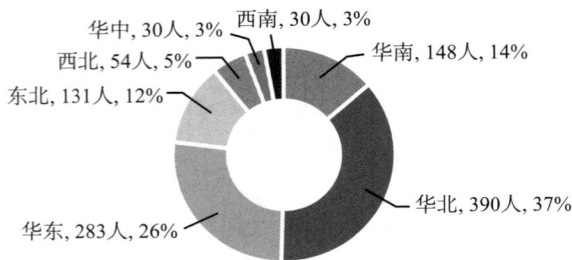

图 20-16 2018 年内地各区域培养葡语专业人才数

资料来源:教育部,各高校官网,课题组整理。

就整体葡语及相关专业人数看,2018 年内地高校年培养葡语及相关专业人才 1 000 余人,约为澳门高校年培养人才的 3 倍。然而,无论是内地还是澳门,"葡语+经管法"复合专业人才仍十分缺乏。这有一定的历史原因,但对于打造与葡语国家的金融中介平台而言,澳门亟须进行相关领域的人才培养。

(四)澳门高校经管法类专业人才培养

1.整体情况

如图 20-17 所示,2012—2017 年,澳门本地学生学习商务与管理专业的人数逐年下滑,而外地(主要为内地)学生学习商务与管理专业的人数反而不断增加,2017 年商务与管理专业澳门本地、外地毕业生人数分别为 811 人、1 196 人。法律专业的澳门本地学生人数逐年增加,但外地学生数增速更快,5 年增加了 1.6 倍。翻译专业的澳门本地学生数逐年下降,外地学生数先降后升,与 5 年前基本持平。计算机专业的本地学生数略有下降,而外地学生数 5 年增长了近 80%。

综上,在澳门高校内澳门本地学生人数总体缓慢减少、内地学生较快增长的前提下,本地和外地学生在各专业人数变化上也呈现结构性差异。在与澳门特色金融相关的专业中,商务与管理、翻译、计算机专业的澳门本地学生数逐年减少,但内地学生补充了商务与管理、计算机专业的生源;而学习法律专业的本地和外地学生均越来越多。

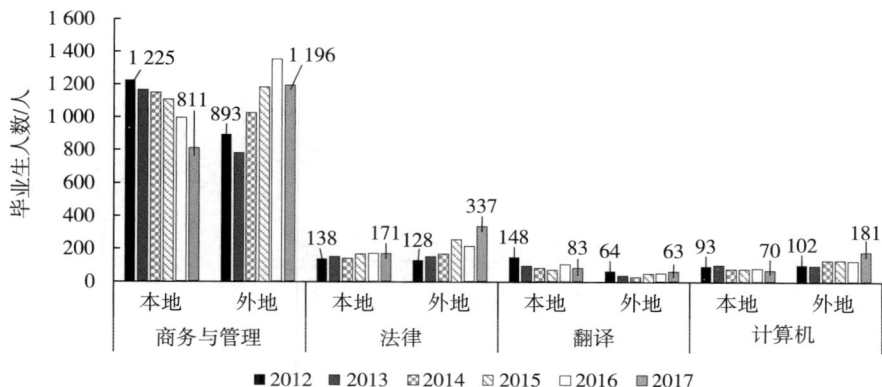

图 20-17　2012—2017 年澳门高校经管法、翻译、计算机专业毕业生人数

资料来源:澳门高等教育局,课题组整理。

2.与澳门特色金融的贴合度

以下选取澳门大学和澳门科技大学的金融、经济、法学等代表性本科和硕士项目,对发展澳门特色金融人才所需专业领域进行对照分析。如表 20-5 所示,对于融资租赁、财富管理、不良资产、离岸市场、大宗商品等金融领域,大部分金融学本科和硕士项目课程均有涉及,但并未有课程针对性地深入讲解,而法律专业中的商法课程也涉及融资租赁和不良资产的相关知识。而商科与计算机均有涉及的商业经济学、资讯系统专业则介绍了金融科技和电商市场的相关知识。大多数法律项目,尤其是本科项目,都必修或选修葡语,金融学和其他经管专业亦有选修葡语的机会,但实际上选修人数较少。

综上,当前澳门大学和澳门科技大学开设的经管法专业能够较好地讲授基础知识,但总体上没有涉及实操的澳门特色金融相关领域的配套课程,且经管类项目对葡语的重视程度较低,在课程设计和人才培养上有较大的改进空间。

表 20-5　澳门高校代表项目中澳门特色金融相关领域课程

高校	澳门大学							澳门科技大学				
专业	金融学	商业经济学	金融学	工商管理	葡文法学	葡文法学	法律翻译	金融学	资讯系统	金融学	法学	法律
学位	BSc	BBA	MSc	MBA	BL	ML	ML	BBA	BBA	MSc	BL	JM
融资租赁	√				√		*					√
财富管理	√		√	*				√		*	√	√
不良资产	√				√		*	√				
金融科技	√								√		√	
离岸市场	√		√	*								
大宗商品	√		√					√		*		
电商市场		*							√			
国际贸易		*	*	*	√	√	√	√	√		√	√
法律				*	√	√	√				√	√
葡语	*	*			√	√	√	*	*	*	*	

资料来源：各高校官网，课题组整理。

注：1. "√"为必修，"*"为选修。

2. BSc，理学学士；BBA，工商管理学士；MSc，理学硕士；MBA，工商管理硕士；BL，法学学士；ML，法学硕士；JM，法律硕士。

3.英文教学项目

1997—2018 年,澳门 K12 教育中的英文学校校部数从 9 所增加至 15 所,远高于中文及葡文学校的发展速度。而在澳门各高校的经管类项目中,大多采取全英文授课或中英双语授课。

在澳门的金融业中最广泛运用的语言为中文和英文,目前只有在少数涉及澳门或葡语国家的法律文本会使用葡语。因此,与法律专业对葡语的重视不同,澳门高校在开设经管类项目时,一般使用中文和英文作为教学语言。

如图 20-18 所示,澳门高校在经济/金融/工商管理项目中,55％的项目采用全英文教学,26％的项目采用中英/英葡/中英葡多语种教学,19％的项目采用中文教学,全英语教学和英文作为教学语言之一的项目成为主流(占81％)。而在法学/法律项目中,全英文教学和英文作为教学语言之一的项目占比达 41％,主要为国际法相关专业;而葡文、中文、中葡双语项目分别占14％、23％、23％,主要为与葡语国家和澳门当地相关的法学、法律专业项目。在公共管理/社会工作项目中,全英文教学和英文作为教学语言之一的项目占比最高,达 67％,其余为占比 28％的中文项目和占比 6％的全葡文项目。

总体而言,在英语受到广泛使用的金融领域,澳门高校在人才培养方面对英语较为重视,且在教材选取、培养模式等方面基本与国际接轨,在语言方面基本可以满足行业人才需求。

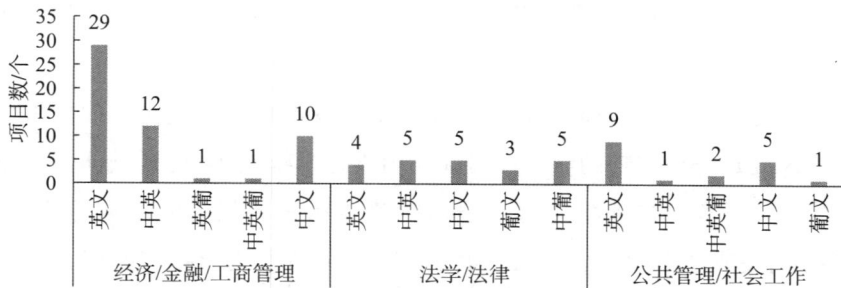

图 20-18　澳门高校各语种经管法类项目开设情况(截至 2019 年 5 月)

资料来源:各高校官网,课题组整理。

(五)政策建议

一是重视葡语教育。近年来内地学习葡语的人数有较快增长,但澳门地区本地学生学习葡语的人数未明显增加。为抓住澳门特色金融的发展契机,以及把握"一带一路"倡议下与葡语国家对接的天然优势,横琴凭借其区位优势可大力发展葡语教育。事实上,内地学生学习葡语的热情高于澳门本地学生,从"中葡双语班"的"跨境学童"、占比逐渐提升的澳门高校葡语系中来自内地的学生等均可见一斑。珠海本地已有中山大学珠海校区、北京师范大学珠海分校、暨南大学珠海学院等高校坐落,可考虑仿照澳门的"培养中葡双语人才联盟"进行葡语人才培养的协作,也可考虑申请加入该联盟。从区域看,填补华南地区高校葡语人才缺口还有很大空间。同时,可考虑开展 K12 葡语教育,弥补珠海现阶段的不足。

二是在葡语人才培养中注重复合人才的培养,尤其是"经管＋葡语"人才。考虑到澳门的殖民历史遗留原因与内地高校体系受苏联影响的外国语专才的培养模式,两地"葡语＋"人才均较为稀缺。针对珠澳特色金融发展对人才的需求,可考虑开展"经贸＋葡语""金融＋葡语""法律＋葡语"的高等人才培养。

三是在经管法、葡语、计算机等相关专业的本科和硕士项目中,设置针对珠澳特色金融的课程、专题、讲座。澳门高校本、硕经管法项目中大部分课程理论教学体系完备,但与业界接触较少;相对于内地主流的经管法类本硕项目,在职业发展、实务训练、业界前沿接触等方面有一定差距。可依托珠海高校,深度制定符合珠澳特色金融发展的部分课程和专题,进行有针对性的培养。同时,横琴本地金融及相关产业的发展也可为人才培养提供良好的实践基地。

四是与澳门高校继续深入合作,探索更好的异地办学途径。澳门大学横琴新校区就是一种成功的尝试。目前澳门本地生源减少,内地赴澳门求学需求保持快速增长。内地学生对与澳门特色金融发展相关的商务与管理、法律、葡语等专业更为重视。因此,可考虑以合适的方式继续与澳门几所高校加深合作,在发挥其师资优势的同时,为内地提供更多的教育资源,通过有针对性的培养,更好地为横琴发展助力。

五是抓住人才引进机遇。珠海(横琴)需根据城市(区)定位,明确人才引进模式,在借鉴深圳人才引进政策的同时,也要考虑自身与深圳,以及澳门与香港的差异。这样可以有针对性地完善人才市场,建立完善与规范的市场运作机制,完善人才市场的硬件和软件设施,精准定位人才引进类型,面向全球引进高端人才。目前在人才配套保障措施方面,珠海横琴基本能达到或超过深圳的标准,这些都需要专项资金保证财政投入力度。

　　六是开展葡语国家留学生教育,促进长期交流。相对于澳门而言,来内地留学对外国留学生的吸引力越来越大。随着珠海本地高等教育的发展及与澳门高校的深度合作,可有针对性地招收葡语国家留学生,逐步提高在建设与葡语国家的金融中介平台中的软实力。

第四节　提升城市创新能力,助力特色金融业发展
——以粤港澳大湾区城市群为例

　　对于特色金融业的发展,城市的科技创新能力主要体现在两个方面:一是科技创新促进了金融科技的发展,二是与科技创新相关的新经济产业带来包括投融资在内的金融需求。

　　根据首都科技发展战略研究院发布的《中国城市科技创新发展报告2018》,粤港澳大湾区中深圳、广州、东莞、珠海、中山位列中国城市科技创新发展总指数前 20 名(表 20-6),在国内各城市群中处于领先位置。

表 20-6　中国城市科技创新发展总指数排名前 20

城市	指数	排名	区域
北京	0.613	1	京津冀
深圳	0.549	2	珠三角
上海	0.507	3	长三角
广州	0.474	4	珠三角
南京	0.466	5	长三角
武汉	0.429	6	中部
苏州	0.427	7	长三角
天津	0.421	8	京津冀
杭州	0.419	9	长三角
西安	0.394	10	西北

续表

城市	指数	排名	区域
东莞	0.390	11	珠三角
长沙	0.370	12	中部
珠海	0.364	13	珠三角
成都	0.363	14	西南
无锡	0.346	15	长三角
青岛	0.342	16	环渤海
厦门	0.339	17	海峡西岸
合肥	0.338	18	长三角
中山	0.330	19	珠三角
大连	0.328	20	环渤海

资料来源:首都科技发展战略研究院《中国城市科技创新发展报告 2018》。

在分项指标中,粤港澳大湾区城市群中深圳和广州表现优异,在各细分项中大多位列前 10 强。此外,珠海在创新资源、创新环境中表现较好,排第 7 位;东莞在创新环境中排第 1 位。具体如表 20-7 所示。

表 20-7 中国城市科技创新发展指数分项排名前 10

排名	城市	创新资源得分	城市	创新环境得分	城市	创新服务得分	城市	创新绩效得分
1	北京	0.138 8	东莞	0.161 4	北京	0.112 1	北京	0.269 8
2	西安	0.134 0	深圳	0.155 6	上海	0.101 7	深圳	0.260 7
3	南京	0.123 1	伊春	0.120 9	天津	0.084 2	上海	0.211 5
4	武汉	0.123 1	本溪	0.117 7	南京	0.080 6	广州	0.192 6
5	广州	0.114 9	克拉玛依	0.112 9	苏州	0.073 0	苏州	0.188 2
6	太原	0.110 6	鄂尔多斯	0.112 6	广州	0.058 5	杭州	0.176 7
7	珠海	0.105 8	珠海	0.110 8	深圳	0.052 0	南京	0.174 1
8	兰州	0.102 8	白山	0.110 1	杭州	0.044 0	武汉	0.174 1
9	杭州	0.098 0	呼伦贝尔	0.109 8	武威	0.039 9	无锡	0.167 7
10	长沙	0.093 7	广州	0.108 2	武汉	0.039 6	天津	0.162 3

资料来源:首都科技发展战略研究院《中国城市科技创新发展报告 2018》。

　　因此,对于城市群金融创新与合作而言,若要提升创新能力,促进特色金融业发展,可从以下几方面着手。一是建立创新发展激励机制,形成科学合理的考核目标。不仅要提供良好的创新资源和创新环境,还需提升创新服务,重视创新绩效。在此基础上,对创新企业及其高管、创新人才等进行奖励,从而集聚金融人才,以期成为金融和科技人才的高地。二是发挥创新中心的辐射作用,与区域整体创新水平共同提升。比如,珠海横琴可抓住建设"广州–深圳–香港–澳门"科技创新走廊的历史性机遇,做好与澳门创新产业的对接与合作。三是打造公平竞争的科技创新营商环境,将人才集聚作为城市创新发展的核心工作。要构建符合相关产业发展的法律环境、语言环境,并注重人才培养和引进工作。

本章附录

附表 1-1　内地高校开设葡语专业情况

学校名称	项目开始时间	专科年招生人数/人	本科年招生人数/人	硕士年招生人数/人	备注
上海外国语大学	2006 年前		9	2	
北京外国语大学	2006 年前		15	1	
北京大学	2006 年前		8		
北京第二外国语学院	2006 年前		22		
中国传媒大学	2006 年前		21		
天津外国语大学	2006 年前		23		
西安外国语大学	2006 年		24		
中国传媒大学南广学院（民办）	2007 年				2012 年备案葡萄牙语，开设新闻学（葡萄牙语新闻），英语（英葡双语文化传播）
大连外国语大学	2008 年		30		
哈尔滨师范大学	2008 年		40		
吉林外国语大学（民办）	2008 年		61		
对外经济贸易大学	2009 年		16		
广东外语外贸大学	2009 年		27		
山东外事翻译职业学院（民办）	2009 年		73		
湖南外国语职业学院（高职）	2009 年	30			
河北传媒学院（民办）	2010 年		15		
北京城市学院（民办）	2010 年		70		2010 年开设西葡双语班
海南外国语职业学院（高职）	2011 年	16			
江西外语外贸职业学院（高职）	2011 年	80			

续表

学校名称	项目开始时间	专科年招生人数/人	本科年招生人数/人	硕士年招生人数/人	备注
四川外国语大学	2012 年		30		
兰州交通大学	2012 年		30		
北京师范大学珠海分校（公办独立学院）	2012 年				2012 年开设英葡双语班
北京语言大学	2013 年		17		
浙江外国语学院	2013 年		20		
北京师范大学	2013 年		20		2016 年备案葡萄牙语（尚未招生）；2013 年开设瀚德实验班（国贸/法学＋英语＋德/法/西/葡），葡语班不超过 20 人
北京交通大学	2015 年		15		
福建师范大学	2015 年		20		2015 年开设英葡双语班
浙江越秀外国语学院（民办）	2015 年		41		
四川外国语大学成都学院（民办）	2015 年				
湖北大学	2016 年		30		
广东外语外贸大学南国商学院（民办）	2016 年		35		
江西理工大学应用科学学院（民办）	2016 年		40		
复旦大学	2016 年				2016 年开设二外选修课
河北外国语学院（民办）	2017 年		110		2017 年升本科
南开大学	2017 年		17		
中山大学新华学院（民办）	2018 年		40		
北京体育大学	2018 年		21		

续表

学校名称	项目开始时间	专科年招生人数/人	本科年招生人数/人	硕士年招生人数/人	备注
山东师范大学	已备案				2015 年备案,已准备就绪,尚未招生
河北大学	已备案				2018 年备案,尚未招生
黑龙江外国语学院	已备案				2018 年备案,尚未招生
四川外国语大学重庆南方翻译学院(民办)	已备案				2018 年备案,尚未招生
合计		126	940	3	

资料来源:教育部,各高校官网,课题组整理。

附表 1-2　澳门高校经济/金融/工商管理类项目授课语言明细

高校	专业	学位	中文	英文	葡文
澳门大学	工商管理	BBA		√	
	会计学	BSc		√	
	金融学	BSc		√	
	商业智能与数据分析	BSc		√	
	工商管理	MBA		√	
	会计学	MSc		√	
	金融学	MSc		√	
	工商管理	PhD		√	
	工商管理	DBA		√	
	经济学	BSS		√	
	经济学	MSS		√	
	经济学	PhD		√	

续表

高校	专业	学位	中文	英文	葡文
澳门科技大学	会计学	BBA		√	
	金融学	BBA		√	
	人力资源管理	BBA		√	
	市场营销学	BBA		√	
	供应链管理	BBA		√	
	资讯系统	BBA		√	
	国际贸易学	BBA		√	
	商业分析	BBA		√	
	商务管理	BBA		√	
	应用经济学	BAE	√	√	
	工商管理	MBA	√	√	
	管理学	MM	√	√	
	会计学	MSc	√	√	
	金融学	MSc	√	√	
	应用经济学	MAE	√	√	
	商业分析学	MSBA	√	√	
	工商管理	PhD	√	√	
	工商管理	DBA	√	√	

续表

高校	专业	学位	中文	英文	葡文
澳门城市大学	工商管理	BBA	√		
	工商管理（非全日制）	BBA	√		
	工商管理	MBA	√		
	工商管理（非全日制）	MBA		√	
	工商管理	DBA	√		
	工商管理（非全日制）	DBA	√	√	
	应用经济学	DAE	√		
	金融学	MSc	√		
	金融学	PhD	√		
澳门理工学院	会计学	BBA		√	
	电子商务	BBA		√	
	管理学	BBA		√	
	工商管理（市场学）	BBA		√	
	国际贸易（中国与葡语系国家经贸关系）	BSS		√	√
圣若瑟大学	工商管理	BBA		√	
	工商管理	MBA		√	
	工商管理	PhD	√	√	√
澳门管理学院	工商管理	Diploma	√		
	工商管理	BBA	√		
	工商管理	ABA	√		
	工商管理	MBA		√	
中西创新学院	管理学	BC	√	√	
	管理学	AC	√	√	

资料来源：各高校官网，课题组整理。

注：不含博彩、娱乐、旅游等相关专业。

附表 1-3 澳门高校法学/法律类项目授课语言明细

高校	专业	学位	中文	英文	葡文
澳门大学	中文法学	BL	√		
	葡文法学	BL			√
	法学（中葡双语）	BL	√		√
	澳门法律导论	PGD	√		√
	法律实务及法律术语	PGD	√		√
	中文法学	ML	√		
	葡文法学	ML			√
	法学（欧洲法/国际法/比较法）	ML		√	
	法学（国际商法）	ML		√	
	法学（法律翻译）	ML	√		√
	法学（澳门法实务）	ML	√		√
	法学	PhD		√	
澳门科技大学	法学	BL	√	√	
	法律	JM	√		
	国际经济与商法	ML	√	√	
	法学	ML	√	√	
	刑事司法	ML	√		
	国际仲裁	ML		√	
	法学	PhD	√	√	
澳门城市大学	法学	ML	√		
圣若瑟大学	立法科学	PGD			√
	葡语系及国际公法	ML		√	

资料来源：各高校官网，课题组整理。

附表 1-4　澳门高校公共管理/社会工作类项目授课语言明细

高校	专业	学位	中文	英文	葡文
澳门大学	国际公共事务	BSS		√	
	公共管理	BSS		√	
	公共管理	MPC	√		
	国际关系和公共政策	MASS		√	
	政治科学	PhD		√	
	公共管理	PhD		√	
澳门科技大学	公共行政管理	MPA	√	√	
澳门城市大学	社会工作	BSW	√		
	社会工作	MSW	√		
澳门理工学院	公共关系	BA		√	
	社会工作	BSW	√		
	公共行政（中文）	BSS	√		
	公共行政（葡文）	BSS			√
圣若瑟大学	政府研究	MA	√	√	√
	社区发展	MA		√	
	政府研究	PhD	√	√	√
	社会工作	BA		√	
	社会工作	MA		√	

资料来源：各高校官网，课题组整理。